成都教育综合改革系列丛书

国家教育发展研究中心成都教育改革研究基地系列成果

Cases Study on Comprehensive Education Reform in Chengdu

成都市教育综合改革案例研究

成都教育综合改革系列丛书编写组　著

人民出版社

策划编辑：刘智宏
责任编辑：刘智宏　姚伟涛

图书在版编目（CIP）数据

成都市教育综合改革案例研究 / 成都教育综合改革系列丛书编写组著 .
—北京：人民出版社，2019.7
ISBN 978－7－01－020924－1

Ⅰ. ①成…　Ⅱ . ①成…　Ⅲ. ①地方教育—教育改革—研究—成都
Ⅳ. ① G527.711

中国版本图书馆 CIP 数据核字（2019）第 114211 号

成都市教育综合改革案例研究

CHENGDUSHI JIAOYU ZONGHE GAIGE ANLI YANJIU

成都教育综合改革系列丛书编写组　著

人民出版社 出版发行
（100706　北京市东城区隆福寺街 99 号）

环球（东方）北京印务有限公司印刷　新华书店经销

2019 年 7 月第 1 版　2019 年 7 月北京第 1 次印刷
开本：710 毫米 ×1000 毫米　1/16　印张：13.75
字数：210 千字

ISBN 978－7－01－020924－1　定价：39.00 元

邮购地址 100706　北京市东城区隆福寺街 99 号
人民东方图书销售中心　电话（010）65250042　65289539

序

新中国成立以来，尤其是改革开放以来，教育改革一直是我国教育事业发展的持续主题和重要组成部分。无妨说，新中国教育70年的历程，也是教育改革的历程。期间，《中共中央关于教育体制改革的决定》（1985）、《中国教育改革和发展纲要》（1993）及《国家中长期教育改革和发展规划纲要（2010—2020年）》（2010）等标志性文件，便是以政策文本的形式，各自引领一个时期内教育改革发展的总体方向。不过，随着教育改革进入“攻坚期”和“深水区”，社会各界对改革成效的评价也呈现出两极化的趋势。因此，党的十八大以来我国教育改革更加注重整体性、系统性、协同性，从“教育改革”到“教育领域综合改革”理念的调整也旨在强调两个方面：一是把教育领域的各种关系放在整体布局中考虑，避免左右失衡；二是明确各个时期教育改革的重点和难点，力图轻重得当。

教育领域综合改革并不容易。教育改革发展离不开先行者和改革试点，“率先”“首次”“第一”等改革关键词在给予行动者以信心和动力的同时，也意味着他们面临的重担和压力。事实上，与“做第一个吃螃蟹的人”不同，教育综合改革的先行者不仅需要“舍我其谁”式的胆量和勇气，还需要专业的知识、坚定的信念和孜孜不倦的探索精神，如此才能真正做到有勇有谋，才能更好地应对不断出现的改革难题，继而推动教育事业平稳健康发展。否则，毫无专业性可言的“乱改革”、毫无持续性可言的“胡改革”抑或毫无教育性可言的“政绩性改革”，就会花样翻新、层出不穷。因此，教育改革的先行者需要在领会国家教育改革相关政策精神的基础上，充分利用本地的独特资源和自身优势进行教育改革的区域性探索，并对改革过程中走过的弯路和有效的经验及时进行反思、总结,这样才能为我国教育改革顶层设计与基层探索的良性互动模式提供有价值的参考案例。

教育领域综合改革还充满着博弈和斗争。德国社会学家伊丽莎白·诺尔-诺依曼(Elisabeth Noelle-Neumann)曾提出一个著名的传播学理论——"沉默的螺旋"(The Spiral Of Silence):"人们在提出自己观点的时候,若其观点和大多数人一致,则会大胆表达;若自己的观点无人或只为少数人理会,则往往保持沉默,以防止由于单独持有某些态度而被孤立。长此以往,优势意见将如滚雪球般越来越大,而劣势意见则越来越无处发声,从而形成一个螺旋式过程。"① 事实上,教育领域综合改革恰似"摸着石头过河",在改革过程中,也势必会出现不同的声音:既有主流媒体的"官方语言",也有"沉默的大多数"的"低语暗流",甚至还会有一部分改革先驱的"曲高和寡",它们共同组成了一个"众声喧哗"的教育改革场域。不过,相对于占主导地位的教育改革者来说,当前数目庞大的"被改革者"和人数日增的"改革先驱"的声音还不够洪亮、不够自信,甚至只能采取"用脚投票"的方式"默默"地回应各项主流改革。多年来的改革实践反复告诉我们,教育改革不能仅有一种声音、一个样板、一类模式,让"先行者"发言、让"沉默者"发声是跳出"沉默的螺旋"的必由之路。

教育改革的案例研究或许是打破"沉默螺旋"的一种有益探索。张烨、戴晖的新著《成都市教育综合改革案例研究》,在总结区域教育改革发展经验、融合教育理论和实践方面具有独特的优势。

第一,案例的多样性展现的是一个多元的教育改革生态。入选该著的6个案例从不同角度论述了基础教育办学体制、管理体制和评价体制的改革,在囊括学校教育改革基本方面的同时,也给读者展现了一幅成都市教育综合改革的"生态图"。事实上,当前的教育领域综合改革不仅重视"改革",而且也强调"综合性","牵一发而动全身"是局部改革与系统改革之间关系的真实

① [德]伊丽莎白·诺尔-诺依曼:《沉默的螺旋:舆论——我们的社会皮肤》,董璐译,北京大学出版社2013年版,第6页。

写照。

第二,案例的鲜活性再现的是一场生动的教育改革实践。从结构上来看,该著6个案例依循同一种表达方式,从改革的背景、措施到改革的成效、启示,十分“慷慨”地向读者奉献着“成都教改”的经验之谈和成功之道,凝练了成都市教育综合改革的特色内容。不同于常见的同类作品,在该著中,我们少见内容死板的模式建构、冰冷生硬的政策表述、枯燥乏味的理论阐释和颐指气使的实践指令,而更多的是丰富的改革案例和生动的“幕后故事”。

第三,案例的代表性呈现的是一次成功的教育改革实验。目前,在城乡教育统筹、义务教育均衡发展等领域,成都市正走在全国教育改革发展的前列,“成都教育”作为地区重要名片,其本身的代表性毋庸置疑。俗话说,“麻雀虽小,五脏俱全”。该著正是以成都地区教育综合改革的6个案例作为典型个案,梳理区域性教育改革的历史轨迹和有益经验,总结改革过程中的理论创新和实践智慧,进而呈现带有地方特色的教育综合改革的“成都模式”。当然,任何个案和模式最终都需要面对区域性和全国性、特殊性和普遍性等两难问题,这一模式究竟能否复制、可否移植,尚待读者和后人去评断、去试验。

该著的6个案例既各自独立又相互联系,无论对国家层面的政策制定,还是对区域层面的实践探索,都富有启发。作为该著的第一个读者,我对各章节内容进行了摘要并附录于下,希望有助于其他读者从整体上把握本书梗概。

第一章,以“成都市中小学标准化建设工程案例”为出发点。该案例包括成都市农村中小学标准化建设工程(2004—2007)和成都市城乡中小学标准化提升工程(2012—2014)两个工程项目。在城乡教育一体化的背景下,成都市确立了以政府投入为主体、以消除薄弱学校为主线、以资源合理配置为核心、以缩小城乡教育差距为目的的工作思路,积极提升、改善农村学校和城镇薄弱学校的办学条件。尤其在第二轮标准化提升工程中,悬置了“城市”和“农村”概念,完全按照教学软件和硬件的统一标准进行达标与提升,为成都统筹城乡教育改革奠定了坚实的基础。

第二章,以“成都市教师‘县管校聘’管理体制改革案例”为立足点。中小学标准化建设虽然弥补了农村中小学校硬件的“短板”,但在教师资源配置方面,城乡之间的差距依然较大。从 2007 年开始,成都市积极探索“县管校聘”管理体制,即学校拥有教师“使用权”,而无“所有权”,实现了教师从“单位人”向“系统人”的实质转变。这为解决校际岗位短缺、调整优化教师结构和提高教师资源配置效率等难题提供了一个有益方向,也形成了具有成都特色的教师管理体制改革的实践“样本”。从当前趋势来看,“县管校聘”制度的未来走向在于突破编制局限,实现真正意义上的“县管岗位职数”“校聘非编制人员”。

第三章,以“成都市名校集团发展案例”为切入点。在城乡一体化发展的社会背景下,成都市名校集团于 2009 年应运而生,成为促进成都教育均衡发展的一种选择方案。成都名校集团以名校为原点,确立了“名校 + 农校”“名校 + 新校”“名校 + 弱校”等多种集团化发展方式,形成了以名校为中心的辐射状教育发展生态。作为推进教育公平的一种策略和手段,名校集团发展已逐渐形成促进优质教育资源全域覆盖的“成都模式”,特别是在满足人民群众需求、推进办学模式改革、创新区域教育制度、加快建设“优教成都”等方面做出了积极有效的探索与实践。

第四章,以“成都市教育均衡监测体系建设案例”为侧重点。2008 年以来,成都市开始突破单纯以成绩和升学率为标准来评价学校教育教学质量的固有模式,在全国率先建立以“校际均衡监测”“县域现代化监测”和“城乡教育一体化监测”为基本框架的全方位、多维度教育均衡发展监测体系。该体系不仅对成都市教育综合改革成效进行了客观真实的反映,也持续地助推着成都教育的科学决策和精准督导,更为国家贡献了教育均衡发展监测评估的地方经验。随着人民群众对教育改革发展满意度的不断提升,成都市成为全国首个整体达到“义务教育基本均衡”评定标准的副省级城市,也就在情理之中了。

第五章,以“成都市武侯区‘两自一包’改革案例”为着力点。所谓“两自一包”,是指 2014 年在新建的四川大学附属中学西区学校实施“教师自聘、管理自主、经费包干”的管办评分离改革。“两自一包”改革力图破解公办学校普遍存在的教师编制困局、教师“出”“入”困局和绩效工资困局,在教育管理部门“财权”“人权”和“事权”下放的前提下,打破平均主义观念,坚持按劳分配、按岗取酬、绩优酬高、薪随岗变的分配原则，并实现了治理结构从金字塔形向扁平化的方向转变。此举不仅提升了学生、教师和家长的满意度，同时也获得全国教育相关部门的广泛关注，尽管目前仍存在不少改革难题，但为推动教育治理体系和治理能力现代化还是提供了一个可参考的真实经验。

第六章，以"成都市探索推进学区制改革案例"为落脚点。如何破解"择校热"？如何在家门口就能上到好学校？这些现实难题需要新的改革思路予以攻克。为此，成都积极学习全国各大城市在学区制探索中的先进经验，以学习者的姿态初步生成了具有区域特色的多种学区实践方式。自2014年以来，探索出了以锦江区为代表的教育主题学区、以温江区为代表的相同学段学区、以青羊区为代表的直对入学学区和以金堂县为代表的学区督导等四种不同的学区制实践方式。这个指向全域的探索方式，尽管也面临着诸如招生入学、学区管理、学区激励评价等现实问题，但通过"大城市带动大农村"的教育实践，在教育公平和均衡发展方面取得了实质性的成果，也为成都推进教育现代化奠定了坚实的基础。

以上的内容梳理显示，该著的受众将具有丰富的社会多样性。无论是教育改革发展的理论研究者，还是教育行政管理的实践工作者，抑或是中小学校的管理者和教师等不同的"教育角色"，都可以在不同程度上对标各自的"教育场域"，从而有助于更好地塑造自己的"教育身份"。

《成都市教育综合改革案例研究》一书，建立在实地调研、政策搜集和理论阐释的基础之上，凝结着"成都市教育综合改革案例研究"课题组的集体智慧。张烨兄命我作序，深感肩负责任之余，昔日岳麓山下求学之景也浮于眼前。一路走来，既曾求学于同一屋檐，现又皆以中国教育改革为关注点和兴趣点的熟识，不能说没有，总归不多也。有道是，"同师为朋，同道为友"。以上寥寥数语，权充之为序。

程天君

2019年6月4日

于南京仙林

目 录

第一章　成都市中小学标准化建设工程案例

十余年来，成都市深入推进城乡教育一体化、促进成都教育全域优质均衡发展的改革实践有目共睹、成绩斐然。追其起点和原点，当从2003年开始。针对差距巨大的城乡教育现实和矛盾突出的城乡二元结构，成都市确立了以政府投入为主体、以消除薄弱学校为主线、以资源合理配置为核心、以缩小城乡教育差距为目的的城乡教育一体化工作思路，从2004年开始以农村中小学标准化建设为突破口，着力解决农村教育的“硬件”问题。截至2007年，农村中小学标准化建设工程全面完成。2012—2014年，为进一步缩小差距，提升水平，全面实现成都市教育现代化，加快推进教育国际化，推动教育向更高目标迈进，成都市又实施了城乡中小学标准化提升工程。因此，本案例研究的成都市中小学标准化建设工程，包括成都市农村中小学标准化建设工程（2004—2007年）和成都市城乡中小学标准化提升工程（2012—2014年）这两个工程项目。经过多年的不懈努力和创新实践，成都市中小学标准化建设工程为缩小成都市城乡、区域以及校际之间的教育差距，提升教育公平和提高教育质量作出了重大贡献。

第一节　成都市农村中小学标准化建设工程（2004—2007年）

一、实施背景

（一）成都市城乡教育差距巨大的现实与教育公平诉求的尖锐矛盾

成都市是西南地区特大中心城市。根据《四川省统计年鉴（2004）》显示，成都市面积为12390平方公里，下辖9个市辖区、6个县，代管4个县级市，

2003 年年末总人口为 1044.3 万,其中农村人口约占 63%,具有典型的大城市带大农村特质。[①] 虽然成都 1996 年就普及了九年义务教育,但城乡教育二元结构矛盾突出,城乡教育差距明显的问题依然存在。特别是随着经济社会的快速发展,在"普九"阶段缩小的城乡教育差距又有了新的扩大,农村教育整体薄弱的状况没有得到根本改变。比如在农村教育投入方面,长期以来,城市义务教育主要由国家财政负担,而农村义务教育则较多地由农民承担,导致农村少年儿童受教育条件和水平明显不足。2003 年,全市义务教育阶段除财政预算内拨款 70.1% 投向农村外,教育税费只有 30.6% 用于农村,更多的教育资源集中在城镇,城乡小学、初中生均预算内公用经费最高差分别达 10 倍、22 倍,城乡教育资源配置存在明显的二元特征[②](见图 1—1)。

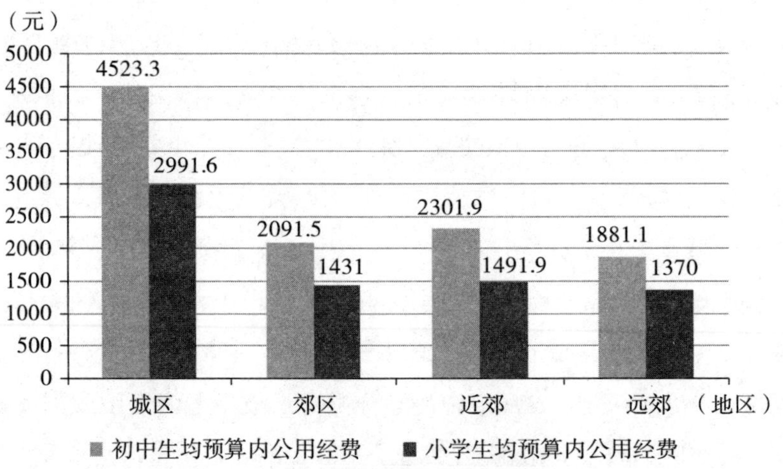

图 1—1 2003 年成都教育经费情况

在办学条件方面,大部分农村中小学校的基础条件不够完善,教室简陋拥挤,布局结构也不尽合理。根据 2003 年的调查,成都市农村中小学校舍极其简陋,且存在安全隐患的小青瓦平房 130 多万平方米,约占农村中小学校舍总面积的 39.2%。另外,农村师资力量也非常薄弱。由于农村教师专业化发展

---

① 四川省统计局编:《四川统计年鉴(2004)》,中国统计出版社 2004 年版。

② 葛红林:《消除薄弱 均衡发展——成都市促进城乡义务教育均衡发展的探索与实践》,《成都日报》2008 年 4 月 24 日。

政策支持力度不足，全市广大农村中小学校普遍存在师资队伍素质不高、不配套、不稳定的情况，在经济发展相对滞后地区尤为突出。据统计，郊区（市）县中学教师具有本科学历的仅为城区的56%，中学高级教师比例比城区低9.4个百分点，特级教师数量不到城区的一半。城区中学在国家、省、市、县（区）级培训人数方面分别是农村中学的1.96倍、6.9倍、1.71倍、1.72倍。[①]

此外，"一乡多校、一村一校"的学校布局结构也不尽合理，浪费了大量教学资源，导致农村中小学校生源流失，管理不良，教学质量较低。城乡之间的教育差距，直接导致了"择校热""乱收费"等教育热点问题的产生，成为制约成都市基础教育事业发展的一大"瓶颈"。在巨大的教育差距现实下，社会大众特别是广大农村受教育者对教育公平的诉求异常高涨。

（二）建设标准模糊的现实困境

1985年我国颁布了《中共中央关于教育体制改革的决定》，指出"实施九年制义务教育，实行基础教育由地方负责、分级管理的原则"，基础教育实行的分级办学、分级管理体制，主要是把办学的责任向镇（乡）、村（管理区）延伸，让这两级政权机构负起发展农村基础教育的责任，因此，镇（乡）、村（管理区）成为普及农村基础教育的投入主体。县、乡、村三级办学，扩大了基层办学自主权，一定程度上减轻了国家财政经费的负担，也调动了各级地方政府和广大人民群众办学的积极性。但是受各乡（镇）之间，村与村之间经济状况、教育发展水平、地理位置、人口规模和执政能力等因素的影响，农村基础教育的投入参差不齐。

随着我国市场经济体制的逐步建立以及"分级办学，分级管理"教育体制的弊端不断凸显，1994年，我国将义务教育管理体制确立为"以县为主，以乡为辅"，同年，我国的财政体制改革也从包干体制向分级分税的体制转变，这导致县、乡、镇财政困难，教育投入锐减，滋生了拖欠教师工资和乱收教育费等乱象。2001年，农村义务教育管理体制进一步完善，"实行在国务院领导下，由

① 葛红林：《消除薄弱　均衡发展——成都市促进城乡义务教育均衡发展的探索与实践》，《成都日报》2008年4月24日。

地方政府负责、分级管理、以县为主的体制”[①]。“在‘以县为主’管理体制下，各地情况差异很大，经济发达地区较好地实现了国家预期的管理目标，但是在经济落后地区，无论是经费的筹措、配置还是使用均存在一些问题，具体表现为农村中小学学杂费被挪用或被上级提成，政府下拨的转移支付经费立项审批比重较大，造成了人为的‘跑部钱进’无序竞争，经费管理和使用过程不透明，有些学校‘搭车’收费、乱收费，群众意见较大，等等。”[②] 上述管理体制的弊端，导致我国农村中小学长期没有稳定、统一的教育投入比例，继而缺乏较为清晰、科学的建设标准。

从《中华人民共和国义务教育法实施细则》（以下简称《实施细则》）相关规定来看：“实施义务教育，应当具备下列基本条件：（一）与适龄儿童、少年数量相适应的校舍及其他基本教学设施；（二）具有按编制标准配备的教师和符合义务教育法规定要求的师资来源；（三）具有一定的经济能力，能够按照规定标准逐步配置教学仪器、图书资料和文娱、体育、卫生器材。地方各级人民政府和其他办学单位应当积极采取措施，不断改善实施义务教育的条件。”[③] 可以说，国家层面对于义务教育实施标准的界定存在着一定的模糊性。尽管，1994 年我国对普及九年义务教育县普及程度的基本要求，包括师资水平和办学条件及教育经费等作了相关规定，甚至制定了部分硬性规定，比如，办学条件和教育经费均应达到省级制定的标准，但省级的标准又因省情差异而差别很大。至于村小，则归属于无一级行政机构建制的村委会管理。尽管《实施细则》也对村小的建设有一些标准：“对 2000 年前只能普及初等义务教育县的村办小学，可先要求做到：班班有教室，校校无危房，学生人人有课桌凳，教师教学有教具和必备的资料。”[④] 但政策话语中的“可先要求做到”明显带有柔性政策倡导特征，并无行政强制以及量化指标要求，其约束力

① 国务院：《关于基础教育改革与发展的决定》（国发〔2001〕21 号），2001 年 5 月 29 日。

② 袁桂林：《新机制　新希望　新问题——农村义务教育财政政策回顾与展望》，《人民教育》2006 年第 10 期。

③ 教育部：《中华人民共和国义务教育法实施细则》，法律出版社 1992 年版。

④ 国家教育委员会：《普及义务教育评估验收暂行办法》（教基〔1994〕19 号），1994 年 9 月 24 日。

明显较弱。

综上所述,因不同阶段我国农村义务教育管理体制和城乡二元结构的制约,国家和地方并没有形成统一或者清晰的义务教育阶段学校的建设标准,更没有形成依托标准倒逼政府履责的机制,因而,成都市农村中小学呈现出总体水平极低,学校布局不合理,缺乏标准引领,欠缺规范化管理等诸多堪忧状态。成都市 2003 年底的官方数据显示,成都市 14 个郊区(市)县有初中 338 所,在校学生 302073 人;小学 1708 所,在校学生 611382 人;大部分中小学分布在农村地区,其中村小 1280 所,在校学生 217805 人,平均每所村小学学生数仅有 170 余人,为全市小学校均学生数的 41%,学生数最少的村小仅有 9 名学生。可以说,成都市在这一时期的中小学布局结构总体失衡,农村学校数量及学生人数所占比例很大,村小更是呈现出学生人数总量大,学校数量多,校均规模小,办学条件差等特点。如不从建设标准等问题入手找准改革"抓手",缩小城乡教育差距,满足老百姓教育公平的诉求将无从谈起。

(三)成都市政府优先发展教育和前瞻性规划的远见卓识

成都市农村中小学标准化建设由成都市委市政府直接推动实施。面对大量村小破败不堪的现状以及城乡巨大的教育差距,2003 年底,成都市以优先发展教育和前瞻性规划的远见卓识确立了以政府投入为主体、以消除薄弱学校为主线、以资源合理配置为核心、以缩小城乡教育差距为目的的城乡教育一体化工作思路,把教育的先导力量作为城乡统筹的先导性动力,并决定从 2004 年开始以农村中小学标准化建设为突破口,着力解决农村义务教育"硬件"问题,力图积极改善农村学校和城镇薄弱学校的办学条件。

2004 年 1 月起,成都市政府先后 20 余次组织人员对 14 个郊区(市)县进行了深入的前期调研,摸清了农村中小学的基本情况。在此基础上,形成了《成都市农村中小学标准化建设可行性研究报告》,提交成都市政府常务会议研究。2004 年 3 月,市政府第 19 次常务会议研究决定实施农村中小学标准化建设。2004 年 6 月,成都市教育局发布关于印发《成都市农村中小学标准化建设标准(试行)》(成教〔2004〕25 号)的通知,正式启动农村中小学标准化建设工程。市级政府投资 10 亿元人民币(相当于当时市政府对教育五年的投入)，区(市)县配套4.5亿元人民币，对全市农村中小学进行布局调整，按照“20年不落后、50年能使用”的要求，采取“统一规划、统一设计、统一投资、统一标准、统一风格、统一建设”的“六个统一”方式，通过整合、优化教育资源和撤销、合并、新建、改扩建等手段，对410所农村中小学进行标准化建设。

二、实施举措

按照成都市推进城乡教育一体化的总体部署，为改善农村基础教育设施相对落后的面貌，促进城乡教育均衡发展，成都市政府从2004年开始实施农村中小学标准化建设工程。至2007年，成都市农村中小学标准化建设工程全面完成。在具体的建设过程中，主要采取如下举措：

(一)把握四条基本原则

一是政府主导。农村基础教育，尤其是义务教育的均衡发展，是政府不可推卸的责任。成都市实施农村中小学标准化建设，政府发挥主导作用，由公共财政预算安排或政府筹资落实建设资金，区(市)县政府负责提供建设用土地、“三通一平”和装备配套。比如，市政府设立市农村中小学标准化建设领导小组，市教育局设立市农村中小学标准化建设办公室，在各区(市)县教育局分别设立区(市)县中小学标准化建设办公室等。如图1-2所示，各级政府落实推进标准化建设的相关政策及保障措施。

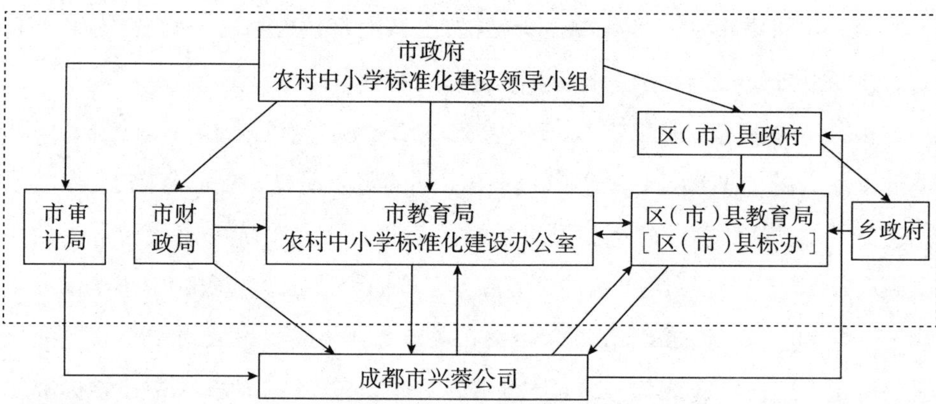

图1-2 成都市农村中小学标准化建设组织体系示意图

二是效益优化。农村中小学标准化建设总体遵循效益优化原则。这是基于成都市城乡教育资源总量有限，且学龄人口个人占有资源相对不平衡的情况提出来的。所以，在农村中小学标准化工程建设中，既要考虑投入—产出的经济效益，更要考虑教育资源合理优化配置与满足老百姓教育公平诉求的社会效益，还要考虑在成都市统筹规划管理中，各区（市）县如何克服“等、靠、要”，有效配合并提升自身教育管理能力的管理效益等维度。

三是整体提升。推进农村中小学标准化建设的最终目的是缩小城乡教育的差距，让“强的更强，弱的变强”，使标准化学校建设过程成为农村地区整体教育水平不断提高的过程。另外，实施标准化学校建设也不能采取放慢高水平的发展速度，甚至将高水平拉向低水平，片面降低近郊区（市）县的标高与要求的做法，而是在高起点、高标准、高要求的前提下促进教育的新一轮发展，遵循“促优扶弱”原则，进一步缩小全市各区（市）县之间的差距。

四是兼顾公平与效率。成都市集中推进农村中小学标准化建设工程还有一个中小学布局调整的国家政策背景，因此，这一标准化建设工程不仅要考虑硬件建设中的资源有效利用的效率问题，还要思考中小学标准化建设与中小学整体布局的合理、科学、优化等问题，使农村学校硬件的提升能惠及更多的农村家庭，始终秉承标准化建设以教育公平为指向的效率优化发展原则。

（二）抓住四个关键环节

一是政府性投入。标准化建设工程建设和改造总面积达 188 万平方米，资金需求约 10 亿元，工程量大。若按传统投资方式，成都市每年能够用于教育设施改造的财政预算只有 1 亿元左右，要全面完成 410 所农村中小学的改造，需要 10 年时间，若再考虑材料价格及人工成本上涨等因素，预计总投入将达 15 亿元。为加快建设步伐，成都市政府摆脱传统做法，以国有公司作为投融资平台，由市财政投入 3 亿元作为项目资本金，同时申请国家开发银行 7 亿元长期贷款，14 个区（市）县政府匹配项目建设用地、做好“三通一平”、环境绿化等筹资约 4.5 亿元做好保障工作，这样一次性地筹集到了所需的建设资金。结合学校排危、中心集镇建设、项目启动条件、教育资源紧缺情况，市本级制定了分年度投资计划（见表 1—1）。本需要 10 年时间才能全面破解的历史难题，只花了两年多时间就成功解决。同时，因为建设周期的缩短，还大大节约了建设成本。

表 1—1 成都市农村中小学标准化建设分年度投资计划表

年度	投资（亿元）	项目（个）	建设面积（万平方米）
2004	1.5	76	21.3
2005	4	153	42.7
2006	4.5	194	41

二是“六个统一”的标准化建设。标准化建设工程覆盖了当时成都市 96% 的乡镇。成都市详细了解并深入剖析农村学校的现实状况，从标准化建设的规划原则、建筑风格、教师队伍建设、教育教学管理、保障措施等方面入手，制订了切合实际的《成都市农村中小学标准化建设标准》《成都市农村中小学标准化建设项目设计标准》，并把全市农村初中、小学建设全部纳入城乡一体化发展规划，整体谋划，合理布局，做好学校选址与重点镇、中心村建设相结合，规模扩大与人口集聚相适应，资源配置与教育需求相统筹，校舍调整与功能划分相协调，按照“20 年不落后、50 年能使用”的要求，采取“统一规划、统一设计、统一投资、统一标准、统一风格、统一建设”的“六个统一”方式，高标准进行标准化建设（见图 1—3）。

图 1—3 成都市农村标准化建设工程“六个统一”示意图

按照推进城乡一体化的总体规划和“小学方便就学，初中适当集中”的原则，打破乡镇、村的行政界限，对全市农村中小学进行了重新布局，坚持学校向城镇集中、向人口聚居多的乡镇中心地带和中心村集中，因地制宜对不同类型的学校采取撤、留、扩、合、迁等方式进行规划建设。在校内规划上，按功能实行教学区、运动区、生活区“三区分离”；在建设风格上，突出川西民居建筑元素和书院式建筑特点。建成后的农村中小学校均规模提高50%以上，均按照现代教育的需要建设了达标运动场地、配置了现代教学仪器，初中、小学人均标准校舍面积分别达到12.9平方米和6.1平方米，达到甚至超过成都市城市水平。其中30个区域中心镇都拥有容纳900名学生规模的初中，175个新型社区所在地都拥有容纳600名学生规模的小学。

三是专业化管理。按照以前的管理体制，学校危旧房改造工程是由市财政直接拨款，各区（市）县分别负责资金配套和项目建设。这样往往由于资金监管、多头管理以及个别地方财政承受能力有限等原因，最终形成“烂尾工程”“形象工程”，工程质量和时间无法得到保证。鉴于以往的经验教训，成都市政府决定对农村中小学标准化建设工程采取“统一标准、集中管理、公司化运作”的新体制。成都市教育局直接审核410所农村中小学的规划、标准、资金及建设周期安排，并由担负投融资平台责任的国有公司作为项目业主统一实施专业化项目管理。负责项目管理的国有公司通过市场化手段，统一调试勘察、设计、施工、监理等市场主体参与项目实施，项目质量和资金使用监督得到有效保证。通过项目公司集中管理后，成都市政府以满足学校使用功能为原则，严把规划设计关，根据统一的标准在工程建设的每个环节严格进行工程精算、严格执行建造合同、严格控制工程变更，避免了不必要的投资浪费，有效地降低了管理成本。在项目实施过程中，各区（市）县政府只负责提供学校建设用地、实施“三通一平”和负责外部协调工作，不需要提供配套资金。校舍改造工程完工后，由项目公司分别移交当地政府投入使用。这样，既保证了建设资金安全，又充分调动了区（市）县政府的积极性，各责任主任分工明确、责任边界清晰，项目建设的系统风险大大降低。通过一系列有效的流程和制度设计，最终达到了保证建设质量、统筹建设进度、控制投资风险的目的（见图1—4）。

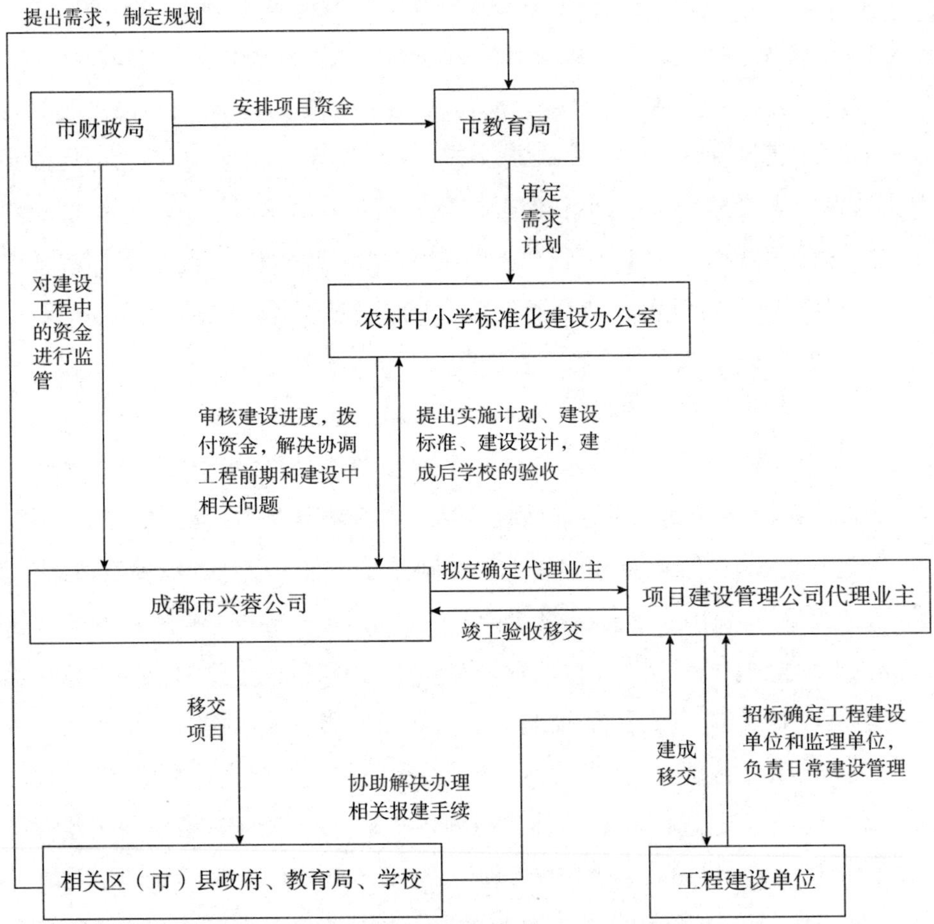

图 1—4　成都市农村中小学标准化建设工程操作体系示意图

四是合理化配置。对教育资源进行优化配置，确保保值增值。对因学校撤并、迁建后留下的固定不动产，由教育行政主管部门或当地政府进行拍卖或转让，将所得资金全部用于保留学校或新建学校的建设。对闲置的校舍和资产由教育行政主管部门、国资等部门和当地政府妥善管理和处置，确保撤并后学校的教育资源不流失，仍然可以继续为当地的教育（包括学前教育、社区教育）服务。对于需要扩大规模，但由于土地原因需要迁建的，原校舍可以使用的部分由所在地政府负责还建，不足部分由市上补充建设。对可以使用的课桌椅、实验设备器材等，在各校重新配置，使其发挥更大的效益。

三、成效

2007年9月，成都市全面完成了410所农村中小学标准化建设任务。其中新建61所，改扩建293所，维修改造56所，覆盖214个乡镇，占成都市223个乡镇（不含城关镇）的96%，覆盖农村义务教育阶段学生60万人。

（一）布局更加合理，资源利用率显著提高

立足于与农村受教育人口相协调，与学校的服务半径相协调，与办学成本和效益相协调，通过新一轮的学校布局调整，撤销了布点不合理、规模过小的校点，适度扩大调整后的学校规模，优化资源配置，使成都市农村中小学布局基本合理。标准化建设完成后，全市农村中小学学校数（校点）由2003年的2111所减少为2007年的1501所。其中村小学由2003年的1280所规划调整到352所，村小校均学生数由2003年的170余人增加到377人；初中由2003年的338所规划调整到312所，初中校均学生数由2003年的760人增加到890人。同时，校均班数也随布局调整有大幅度增加。从规划和建设情况来看，标准化建设所需土地总量为2980亩，学校撤并后腾出的土地总量为2790亩，二者总量上基本持平。也就是说，通过农村中小学标准化建设，在基本没有新占土地的情况下，实现了农村学校土地的“化零为整”，集约优化了资源，使农村教育资源利用率显著提高，教育成本明显下降，有效实现了教育投资的“浓缩效应”。

（二）配套更加完善，办学条件得到根本性改变

1996年，成都市完成普及九年制义务教育任务，农村中小学办学条件和环境普遍得到改善，但是由于标准偏低，总体上属于低水平。时过七八年，学校办学条件不再适应教育发展新的要求，矛盾日益凸显，校舍不配套，功能不完善，新增危房危点逐年增加，教育技术装备普遍不足。通过标准化建设，新建和改扩建校舍面积达105万平方米，生均建筑面积由2003年的4.68平方米增加到4.81平方米，彻底消除了校舍安全隐患。学生宿舍、食堂、运动场等配套设施更加完善，仅2005年全市就新建学生宿舍53000平方米、厨房196个、厕所220个、运动场166个；教学用房580000平方米，图书室、语音室、微机室、

音乐室、美术室、劳技室等功能用房更加齐备；教育技术装备配备更加标准，全市所有标准化学校的装备配备都达到相应的配备要求；校园三区分开，布局更加合理，环境绿化美化，更富教育功能。标准化学校建设使成都市农村中小学的基础设施建设提前了 20 年，从硬件上解决了城乡教育的二元结构问题，为高标准、高质量普及九年义务教育，实现成都教育新的跨越和教育现代化奠定了坚实的物质基础。

（三）师资结构优化，教育管理成效明显增强

经过调整布局，农村中小学教师数由 2003 年的初中教师 16875 人减少到 16626 人；小学教师由 2003 年的 24090 人减少到 21774 人，小学代课教师由 2003 年的 1274 人减少到 630 人。不仅减轻了师资缺乏的压力，还减少了教师的数量，使师生比更加合理。在布局调整中学生是最大的受益者，学生的个性和成长都得到充分关注。原来的“麻雀”学校规模小，没有体育活动场所，没有音、美课程专职教师，更无法规范地开设英语课，许多课程都是一个教师教到底，学生的综合素质难以得到提高。随着师资结构的优化，学校教学过程和常规管理明显优化，教学效益明显提升，教师专业化程度得到提高，教师资源的整体优势得以发挥，从根本上提高了教育质量。

（四）优质资源共享，促进社区教育同步发展

学校在为学生提供全面、全程、优质的教育服务的同时，还要满足广大人民群众对文化教育的多元化需求。整合共享学校教育资源，最大限度地发挥其优势，为当地经济建设培养实用人才，这既是现代教育发展的必然选择，也是教育均衡发展的必然要求。随着标准化建设的进一步推进，各地依托标准化学校，扩展教育功能，构建社区教育网络，深化农、科、教相结合，努力构建终身教育体系，逐步将学校建成当地的科技文化中心、劳动力培训转移网点、“三农”信息源基地、健身休闲乐园，在提高社区群众的文化素质和文明程度，加速城乡一体化进程和区域经济社会发展中发挥出重要作用。

农村中小学标准化建设是一项服务农村、造福子孙的民生工程。从当时对金堂县 1009 名学生及 1052 名家长的调查问卷结果来看：87.14%的家长认为标准化建设使学生受益；对政府安排专项资金建标准化学校感到满意的学

生及家长达92%以上；标准化建设从根本上改变了学校的办学条件，87%的学生上学愿望更强烈了，95.6%的学生表示学习劲头更大了。

在"512"汶川特大地震中，成都市农村中小学标准化建设的学校经受住了考验，无一所垮塌，更多的师生幸免于难。特别是彭州市白鹿镇九年制学校的教学楼，两座紧紧相邻的楼房之间，原本平坦的操场，在大自然的力量下已变成了一个小山坡，楼体被整体抬升了近3米。但令人不可思议的是，学校教学楼只是多出了一些裂缝，并没有在强烈地震中垮塌。这栋被当地人称为地震中"最牛"的教学楼及陡坡已被当地列为地震遗迹。

第二节　成都市城乡中小学标准化提升工程（2012—2014年）

一、实施背景

成都市农村中小学标准化建设工程于2007年顺利完成，取得了重要成果。农村学校的硬件，特别是校舍焕然一新，赶上甚至超过了城市的总体水平。但是，城乡教育发展依然存在着诸多发展不均衡的地方。2008年，成都市城镇初中生均教育技术装备值是农村初中的3.68—4.38倍。2009年，小学生均预算内教育事业费，成都市主城区最高的区是郊县的近两倍；初中生均预算内教育事业费，主城区最高的区为郊县的2.6倍。区（市）县之间、县域内校际间办学条件和教育经费投入存在较大差异，不能适应新形势下教育事业发展的需要，不能满足人民群众对教育的要求。从教师资源配置来讲，存在问题也很多。第一，编制标准低，教师总量不足。成都市普通高中课程改革，需要增设通用技术和综合实践改革课程，缺口教师数为764名，对教师编制产生了新的需求。第二，编制的结构性短缺矛盾突出。按照实施素质教育的要求，成都市音体美等小学科专职教师短缺。据统计，成都市音乐专职教师仅占需求总数的55.03%，缺口总数为578名；美术专职教师仅占需求总数的49.80%，缺口总数为604名；体育专职教师仅占需求总数的69.6%，缺口总数为714名。第三，教师素质有待整体提升。农村本科及以上学历教师所占比例从2009年的60%左右、2010年的70%,上升到2011年的80%左右。但是,农村专科及以下学历教师所占比重依然很大,而且统计数据包括流动教师。若按编制计算,城乡教师学历差距会更大。教师职称结构、学科结构、骨干教师等指标得分也与指标权重有较显著差距。城乡教育差异、区域差异、校际差异很大,实现基本公共教育服务均衡困难依旧存在。

2011年,成都市义务教育均衡监测督导报告递交到成都市政府,科学、翔实的数据引起政府部门的极大重视,成都市政府主要领导先后两次主持召开"义务教育均衡发展专题会议",会议最终决定实施第二轮学校标准化建设。2012年,成都市出台了《成都市城乡中小学标准化建设提升工程实施方案》,决定全市三年内(2012—2014年)市、县两级财政增加40亿元教育经费投入,从"硬件"(技术装备、教室光环境、学校运动场)、"软件"(生均公用经费拨款标准、教师编制、教师学历)两个维度、六个方面实施城乡中小学标准化提升工程,高标准优化配置教育资源,实现成都全域中小学教育高位均衡。①

二、实施举措

(一)高位推进城乡中小学"硬件"建设

1. 生均设备值工程,力求技术装备高位达标

2012年,按照《成都市城乡中小学标准化建设提升工程实施方案》(以下简称《方案》),开始实施城乡中小学教育技术装备提升工程,提高生均设备值。计划3年内全市共投入约26亿元,使公办普通中小学全面达到《成都市中小学教育技术装备标准(2012年)》。装备提升工程分两类项目,一类是实验教学装备,包括图书、教学实验仪器设备、音体美等器材;二类是现代教育技术,包括无线校园网、教学多媒体、数字化终端、管理应用平台等。具体围绕以下几个工作思路进行操作:

① 成都教育年度发展报告编写组:《成都教育发展年度报告》,高等教育出版社2013年版。

表 1–2　成都市教育技术装备提升工程阶段目标值

项　目		2012 年	2013 年	2014 年
生机比		10∶1	8∶1	6∶1
师机比		2∶1	1∶1	1∶1
班级多媒体教学系统		—	1.5∶1	1∶1
图书生均册数	小学	17	18	20
	初中	25	26	28
	九年制学校	20	22	25
完成技术装备建设资金总量		30%	60%	100%

一是统筹规划，科学指导。整体推进，分步实施《方案》。教育行政部门细化方案和实施步骤，各区（市）县根据实际情况及学校发展定位，制定学校技术装备分年规划，按照 2012 年和 2013 年分别完成 30%，2014 年完成 40% 建设资金总量进度，分三年逐校完成教育技术装备提升工作。同时，取消了城乡学校在配置上的差异，统一按照《成都市中小学教育技术装备标准（2012 年）》实施。

二是分级投入，扶持薄弱。坚持城乡一体的建设标准，以县为主体组织实施。市级财政重点解决三圈层和经济相对薄弱的区（市）县装备缺口资金，促进区域间的教育均衡。其他区（市）县装备资金自行承担，重点解决区域内的校际均衡。同时合理分配国家、省级投入的专项资金。

三是多方协同，有序推进。教育技术装备提升工程，资金量大，建设任务重。项目从启动之时起就得到市、县两级政府的高度重视，督促教育、财政、招标、质检、监察等多部门协调沟通、分工合作，落实项目资金、督导项目实施、确保建设质量。建立职能独立、相互制约的招投标工作机制，实现招标前、中、后期三分离，规范招投标文件编制、招标组织、项目验收、财务审核。为确保教育技术装备产品的先进优质，对省内外教育装备市场和企业进行广泛调研，寻求先进、科学的教育技术装备方案，并建立《成都市教育技术装备参数数据库》，规范了教育技术参数方案编制的工作流程，通过建库、讨论、论证、修编、审核、公示等环节，充分征求各方意见。同时，建立了“项目进展月报制度”“市县两级巡查制度”，不定期到项目学校进行走访，掌握项目实施情况。

四是加强监管，规范使用。项目专项资金实行专户管理、专账核算、专款专用“三专”管理，市财政、教育部门共同负责对账户的使用及管理情况进行监督检查。

2. 严格把关教室光照工程，确保师生视力健康

为改善中小学校教室采光和照明环境，提高学生近视防控工作水平，确保师生身体健康，同时利用高效节能的照明系统，实现学校节能减排的目标，创建绿色校园，2012 年，成都市政府将“中小学教室光环境改造”作为城乡中小学标准化建设提升工程的一项重要举措，从 2012 年启动实施并在当年 9 月完成。

2011 年 5 月，卫生部、国家标准化管理委员会颁布了《中小学学校教室采光和照明卫生标准》（GB7793—2010），对教室的采光以及照明标准作了明确的规定。成都市政府按照“统一设计、统一标准、统一建设”和“投、建、管”三分离的原则组织实施中小学教室光环境改造。中心城区按市统一要求自行组织实施改造，其余区（市）县由成都传媒集团负责改造。主要采取以下四步推进策略实施：

第一，分级筹措经费。中心城区所需资金由各区自行承担；二圈层区（市）县（不含青白江区）所需资金按市、区县 4∶6 比例分担，青白江区和三圈层县（市）所需资金由市级财政全额承担。全市中小学光环境改造投入资金总计 10254.52 万元，其中市级财政投入 5325.01 万元，区（市）县投入资金 4929.51 万元。

第二，拟订实施方案。2012 年初，为进一步加强对国家相关标准规范的理解，掌握国内相关产品的技术水平，专项工作小组成员前往率先实施并完成中小学校教室光环境改造工作的上海市进行考察学习，全面了解工作流程、实施标准、质量检测、管理监控。2012 年 4 月，按照卫生部标准和市政府要求，结合成都市中小学校实际，完成《成都市中小学校教室光环境改造工作实施方案》。

第三，严格资格准入。2012 年 5 月，针对国内同类生产企业众多，产品质

量和安装质量参差不齐的情况，借鉴上海经验，要求凡前来申请投标的灯具生产企业必须在指定场所作样品教室灯光改造，从中筛选出符合标准要求的生产企业参与招投标工作。全市二、三圈层有两万余间教室，综合考虑不同教室的朝向、楼层、面积、建筑结构以及现有采光、照明情况等因素，选择了成都七中、成都十二中、成都市特殊教育学校、崇州街子九年制学校 4 所不同类型学校的 9 间教室作为第一批样板间进行改造。在招标阶段，又增设了成都市第 52 中的 13 间样板间。成都市政府邀请国内电光源检测领域最高权威机构——国家电光源质量监督检验中心，对每一家投标单位的样板间进行严格的技术检测并出具检测报告，强化投标单位的质量意识，严控不合格产品进入学校。

第四，精心组织改造。2012 年 2 月，成都市教育、卫生等部门联合在成都市第十二中学召开现场会。5 月初，全市各区（市）县教育局负责人再次召开了现场会，确立了市本级、区（市）县、校点的联动机制。2012 年 8 月初，按照公开、公平、透明的原则，通过市政府采购中心公开招标，确定了 4 家中标建设单位。在保证质量的前提下，抢抓暑假空档时间以“白天 + 黑夜”的建设模式施工。市级部门组成 6 个片区工作组，先后派出约 200 人次不间断深入全市约 800 所学校，逐一督促工作进度实施情况。施工单位加强内部管控，制订《项目管理办法》《内部工作方案》，对项目管理层级、工作流程、现场施工组织等各环节进行管控，确保全过程有效监督。2012 年秋季开学前，全市 2.7 万多间教室的光环境改造工作按程序、按标准圆满完成。

3. 运动场改造工作，优化校园运动环境，提高学生身体素质

当时，由于成都尚有部分中小学校，特别是农村中小学校存在运动场地平整度不够、雨天积水的情况，不利于中小学生学习生活和体育锻炼。根据《中小学校建筑设计规范》（GBJ99—86）相关标准，对全市具备改造条件的约 370 个公办中小学校运动场进行标准化改造。按照突出重点、分批改造的原则，2014 年之前完成。先期改造规模较大的中小学运动场。中心城区按市上统一要求自行组织实施改造，其余区（市）县的改造工作由市级投融资平台公司统一组织实施。中心城区所需资金由各区自行承担；二圈层区县（不含青白江

区）所需资金按市、区县 3∶7 比例分担，青白江区和三圈层县（市）所需资金按市、区（市）县 7∶3 比例分担。

（二）牢固把握城乡中小学“软件”建设核心点

伴随着城乡中小学标准化建设提升，成都市政府高度重视城乡中小学校师资、管理等教育“软件”的提升。成都市政府主要采取了以下三种措施：

1. 强化培训，提升中小学教师学历，保证教师质量

对在编在岗提升学历的教师进行一次性奖励。从 2012 年起，全市城乡公办中小学在编在岗的专任教师中，凡男年满 50 岁、女年满 45 岁以下的教师必须参加学历进修，小学教师须达到专科、初中教师须达到本科学历水平。小学教师获得专科学历、初中教师获得本科学历奖励标准从之前的每人 600 元提高到 1800 元，高中教师获得研究生学历的每人奖励 6000 元。据统计，全市应参加学历进修的教师为 9000 余人，主要分布在二、三圈层。

按照教师学历提升计划设定的目标，到 2015 年，全市公办小学取得专科及以上学历的专任教师将从现在的 85.9% 提升至 95%，公办初中取得本科及以上学历的专任教师将从现在的 79.1% 提升至 90%，公办高中取得研究生学历的专任教师将从现在的 3.4% 提升至 8%。

此外，成都市政府全力抓好农村教师资源，通过三大培训计划，大力提升农村教师队伍素质。

一是实施农村教师专业发展行动计划。该计划为农村中小学培育了 1500 名校级学科骨干教师，并确保在培训后较长时间内继续在本校担任教学任务；分期分批对农村约 4.5 万名教师进行信息技术培训；以新理念、新课程、新技术和师德教育为重点内容，组织农村教师参加每年 100 学时的继续教育学习。

二是实施农村教师学历提升计划。到 2012 年年底，全市农村 80% 的小学教师和 70% 的初中教师共约 3.5 万人，分别达到专科、本科学历。对完成学历提升的教师，市上和区（市）县将分别给予一定物质奖励。

三是实施农村学校骨干教师进城跟岗培训计划。确定城区 40 所优质中小学为农村教师跟岗培训学校，选定 200 名城区骨干教师作为跟岗培训农村教师的指导教师。

2. 调整中小学教师编制，保证教师数量

教师队伍是教育事业科学、协调、可持续发展的第一源泉，2012 年出台的《方案》一大举措就是调整中小学教师编制。综合考虑全面推进素质教育、高中新课改、解决中心城区流动人口子女入学等要求，成都市按照国家城市师生比标准对全市城乡中小学教师进行核定，全市城乡小学、初中、高中的教师编制标准从当时的 1∶22.76、1∶17.56、1∶14.3，分别调整到 1∶19、1∶13.5、1∶12.5。按照新标准估算，全市将新增近 2000 名普通中小学教师，并按各校生源情况进行分配。《方案》还规定，小学专任教师编制数不低于学校总编制数（包括专任教师、管理人员、教辅人员）的 90%，初中、高中专任教师编制数不低于学校总编制数的 85%。

同时，成都市还建立起与教师"县管校用"相适应的中小学教职工编制定期调整、动态管理机制。《方案》规定，编制核定后，每三年集中调整一次，每年可进行一次微调。成都市"县管校用"这一制度创新对于后来国家层面"县管校聘"体制改革的完善与推广具有重要的制度意义。

3. 统一城乡生均公用经费标准，实现资金刚性保障

加大对农村和经济相对落后地区的教育财政资金转移支付力度，缩小城乡中小学公用经费保障差距，为成都市教育均衡发展提供保障。成都市政府于 2011 年对全国 4 个直辖市和 15 个副省级城市义务教育阶段公用经费保障水平进行了横向分析，发现上海、大连、青岛等城市均建立了全市统一的中小学生均公用经费财政拨款标准，而中西部地区（包括成都）尚未建立统一的财政拨款标准。为逐步缩小城乡义务教育阶段学校公用经费保障差距，保障农村学校的高水平运转，在学习上海市等东部先进地区经验，综合考虑本市城乡义务教育保障需求和市、县两级财力水平的基础上，统一城乡生均公用经费标准，实现资金刚性保障。《方案》提出：从 2012 年起在全市城乡义务教育阶段学校统一生均公用经费财政拨款最低限额标准，小学 700 元 /（生 · 年），初中 900 元 /（生 · 年），并建立两年一次的动态调整机制。

对于资金的保障，一方面，对高于国家规定标准部分，加大市级财政对经济相对薄弱地区的转移支付力度，二圈层区县（不含青白江区）所需资金按

市、区县3:7比例分担，青白江区、邛崃市、金堂县、蒲江县和新津县所需资金按市、区(市)县6:4比例分担，都江堰市、彭州市、崇州市、大邑县所需资金按市、县(市)8:2比例分担。

另一方面，鼓励区(市)县政府财力向义务教育阶段学校倾斜，提高生均公用经费，直接促进全市义务教育阶段公用经费保障水平的大幅度提高，为基层学校，特别是薄弱地区学校的高位发展提供了资金保障。

三、成效

(一)教育技术装备提升突飞猛进，生均设备值西部领先

1.实现高位均衡领先发展

经过三年建设，到2015年，全市中小学教育技术装备基础不断得到夯实，为率先在中西部地区基本实现教育现代化奠定坚实基础。教育技术装备提升工程完成后，成都市生均设备值在西部处于领先地位，在全国也达到一流水平。校园网由有线网提升至无线有线"双网覆盖"，实现"宽带网络校校通"；教室多媒体到班率由1.7:1提升至1:1，全面覆盖所有教室，基本实现"优质资源班班通"；生机比由12:1提升至6:1，师机比由1.4:1提升至1:1，全面覆盖所有教师；实验教学设施设备及仪器器材由四川省2000标准提升至四川省2010标准；生均图书册数由小学16.67册、初中22.12册、高中22.06册、高(完)中23.07册分别提升至20册、28册、35册、30册。教育技术装备生均值由小学1067元、初中(含九年制)1152元、高(完)中1343元，分别提高至3600元、3900元、5800元，提高率分别为237%、238%、331%。

2.实现品质提升特色发展

在遵循标准建设并形成全域装备的基础上，根据区域教育发展规划、学校发展定位和课程建设需求，积极编制个性化的校本装备方案，注重教育装备与办学特色和人文环境相结合，充分体现了教育技术装备的发展趋势和价值取向。锦江区在艺术教育特色学校成都三中建设了音乐、美术、播音、影视表演、舞蹈形体、乐团排练、钢琴等教室，为学校艺术特色活动开展创造了良好条件。双流县万安小学的川西民间艺术工作室、武侯区川大附小清水河分校的心理

健康维护中心都各具特色，教育装备与学校办学特色相辅相成，为孩子们打造了全方位、立体式的育人环境。青羊区着力在学校图书馆的建设上体现学校文化特点，成都市实验小学的“科学的严谨和民主的自由”、成都市文翁实验学校的“学术的理性和人文的温情”、草堂小学的“技术的进步和传统的坚守”、金沙小学的“感性的开放与理性的碰撞”都在图书馆的建设与装备中有所体现，通过充分挖掘校园文化底蕴，让置身其中的师生们能直接感受学校的文化语言。

3. 实现传统装备与信息技术相融发展

教育装备发展突飞猛进，逐步迈入数字化时代。信息技术与实验教学的有效融合，为学生创设了一种全新的学习环境，为实验教学注入了新的活力，推动了实验教学创新发展。成都市率先在全省完成全域数字图书馆管理平台建设，全市 2000 余万册中小学图书全部入库，市、县、校三级数据信息联动，有效实现了中小学图书配置、管理、流通过程监控；虚拟仿真实验室、数字化实验室、数字化美术室、数字化地理室、数字化音乐室、微格教室、电子书包，成为成都市前瞻性装备应用的探路先锋。

4. 教育技术装备实现效用第一

教育技术装备的最终效益体现在教育教学应用之中。成都市政府通过行政推动、目标驱动、活动带动，以评促用、以赛促用、以研促用等策略，不断拓宽教育技术装备的应用领域，应用水平不断提升，应用成效不断彰显。2012 年到 2014 年间，全市共举办实验、图书、信息技术教师及专业技术人员、高中课改技术课程教师等各类培训 50 期，培训 5300 人次以上，县级培训 4 万人次。到 2012 年底，全市参加全国教育技术能力考试的教师人员已经超过 50%，到 2014 年，基本达到 100%。多元化、多层次、多形式的培训，使教师的教育技术装备应用整体素质大幅提升。据不完全统计，2012 年到 2014 年间，全市有近 4000 名教师、装备管理人员，50 多万名学生参加了各类大赛，教师获得省级以上奖励 300 多人次。教育技术装备已经在培养创新精神和实践能力，促进课堂教学变革，推进素质教育开展中发挥越来越重要的作用，也为学校内涵发展、特色发展创设了条件。

（二）保学生用眼环境，促中小学教室光环境改造提升

成都成为继北京、上海之后全国第三个完成全域中小学光环境改造的城市，也是全国率先完成光环境改造的省会城市。

1. 实现了光环境改造全覆盖

中小学光环境改造涉及全市城乡 1047 个中小学校（含校点），共 27314 间教室，实现了项目的全域覆盖，150 多万名中小学生受益。

2. 光环境改造更科学

光环境改造后，成都市中小学教室采光和照明卫生达到国家卫生部标准。教室维持平均照度达到 300 勒克斯以上，教室照度均匀度达到 0.7 以上，黑板灯维持平均照度达到 500 勒克斯以上，黑板灯照度均匀度达到 0.8 以上。教室光环境大大改善，采光照明设计更加人性化、科学化，采用“无眩光格栅灯具”新型节能灯，不仅将教室的照明度提高了两倍多，还较传统的照明系统节能约 45.8%。

3. 光环境改造更健康舒适

光环境改造，从生理上避免了因光照导致的视觉器官上的疾病，防止了光污染，维护了学生身体健康，有助于改善成都市中小学生的视力问题，对提高中小学生近视防控工作水平也起到极大的推动作用。

典型案例

成华区很多学校为原乡、村级学校及厂矿子弟学校，因建设年代久远，设计标准低，教室的光环境条件存在较大缺陷，对学生的视力健康造成一定的隐患。成华区于 2012 年 4 月启动成华区中小学普通教室光环境改造工程，改造共涉及全区 41 所学校（59 个校点），改造教室 1320 间，更换灯具 13644 套（其中黑板灯具 3847 套、教室灯具 9797 套），投入资金 478.992 万元。在区教育部门、卫生部门及相关专业机构的协同配合下，完成了学校教室采光和照明卫生标准的检测工作，制定具体改造方案。至 2012 年 10 月，光环境改造工程全面完工，并委托具有资质的第三方检测机构进行了检测。改造后的中小学教室课桌面平均照度提高到 300 勒克斯以上，黑板照度提高到 500 勒克斯以上，

为师生进行正常的教学活动保证了足够的照明；采用6500K色温的光源，光源的显色指数大于80，保证了师生获得更佳的视觉体验；教室的统一眩光值（UGR）小于16，照明舒适度明显提高；采用最新国家节能目录中的电子镇流器，解决频闪问题所带来潜在的光环境污染；改造后的所有教室照明功率密度全部控制在11 W/m^2以下，达到节能降耗的目的。

（三）建立完备的教育经费投入体系

成都市中小学标准化建设提升工程在教育投入中，不仅从政策、法律层面确立基本保障，更制定了切实可行的保障机制、投入机制、分担机制，在具体投入过程中，又从不同层面确保投入的加大，为教育一体化提供了坚实的保障。

1. 建立政府对义务教育的保障机制

成都市城乡中小学标准化建设提升工程，政府需要发挥资源配置主体功能，落实公共财政预算安排或政府筹资建设资金。在标准化建设提升工程中，成都市调整各级政府的财政支付能力，加大市级政府对基层政府的转移支付力度，使基层政府有足够财力履行政府的基本职能。同时，加强完善教育投入标准、生均公用经费标准以及动态调整和增长机制，逐步加大教育经费投入。

2. 建立城乡一体的教育投入机制

统一并提高城乡生均公用经费标准和教育事业费，实现均衡共享。科学制定全市各类教育生均财政拨款标准，建立动态调整机制，严格按照教育法律法规规定，预算和预算执行中的超收入分配都要体现法定增长要求，保证教育财政拨款的增长应当高于财政经常性收入的增长，保证按照在校学生人数平均的教育费用逐步增长，从而保证生均公用经费逐步增长。同时，结合城乡教育发展实际，不断加大市、县级财政投入，保障农村义务教育阶段生均公用经费，农村小学和初中生均公用经费达到城市标准，提高全市小学、初中生均预算内教育事业费。

3. 建立向农村倾斜的经费分担体制

成都市城乡中小学标准化建设提升工程按照“支持城区、补助近郊、扶持远郊”的思路，不断优化财政支出结构。在六大工程中，投入机制向农村倾斜,推动财政投入向农村义务教育倾斜,弥补农村教育经费"短板",着力提高"向农村倾斜"的经费保障水平,转移支付的不断增长不仅减轻了基层的财政负担,同时也进一步保障了农村教育经费投入的稳定持续增长,最终实现城乡教育投入一体化。

(四)建立教师优化配置机制

1. 统一标准,促进教师合理流动

城乡中小学标准化建设提升工程中有两项与教师有关。一方面,通过一元化的教师编制标准、一元化的教师学历提升标准,统一城乡教师配置标准,解决了长期以来农村教师待遇不如城市教师的问题,保障了农村教师的权益,真正实现了同工同酬,促进了教师在城乡间的双向流动。另一方面,建立了动态的生均公用经费标准两年一次,教师编制三年一次调节机制促进教师流动。标准化建设提升工程中注重对教师编制进行动态调整,适时调整人员编制,盘活了教师队伍,使教师作为一个个鲜活的细胞,在教育中发挥效用最大化。

2. 提升学历,优化师资配置

城乡中小学教育标准化建设提升工程中,对小学、初中、高中专职老师的学历达标水平进行了硬性规定,并建立退出机制。一旦教师的学历水平无法达到相关教育学段对学历的要求,教师就会自动退出相应的教学岗位。这样,在一定程度上优化了学校的师资配备,提升了义务教育阶段教师的素质水平。①

第三节 两轮中小学标准化建设工程项目的关联性

一、实施背景:从"困境倒逼"到"主动而为"

成都市于2004年开始的第一轮义务教育学校标准化建设工程是"困境倒逼"下的一次"底部攻坚"。当时的成都,城乡教育差距巨大且民众对教育公平诉求强烈。与城区学校相比,成都市农村中小学存在诸如办学条件极差,教室简陋拥挤,师资力量短缺,教育投入严重不足和教学设施设备匮乏等诸多

① 成都教育年度发展报告编写组:《成都教育发展年度报告》,高等教育出版社2013年版。

问题。“一乡多校、一村一校”的学校布局结构不合理。城乡之间的教育差距，直接导致了“择校热”“乱收费”等教育热点问题的产生，成为制约成都市基础教育事业发展的一大“瓶颈”。另外，义务教育学校建设标准模糊的现实困境，使得建设工作缺少标准引领。基于上述原因，成都市以非凡的勇气开启了始于2004年的第一轮义务教育学校标准化建设工程。

成都的第二轮义务教育学校标准化建设工程的改革背景已不再是“困境倒逼”，而是成都市在城乡教育一体化背景下的“主动而为”。具体来说，是为了应对校际之间、区（市）县之间、城乡之间在生均教育技术装备值、生均预算内教育事业费、校际间办学条件和教育经费投入等方面存在的较大差异，以及教师资源配置矛盾突出、教师素质有待整体提升等问题。成都市义务教育均衡监测督导报告科学、翔实的数据所反映的问题引起政府的极大重视，市政府主要领导主动先后两次主持召开“义务教育均衡发展专题会议”，会议决定“主动而为”。

二、实施区域：从“聚焦农村”扩展到“城乡一体”

2004—2007年的农村中小学标准化建设工程和2012—2014年的城乡中小学标准化建设提升工程共同构成了成都市中小学标准化建设工程的主体内容。从实施区域来讲，成都市中小学标准化建设工程第一轮为补“农村”中小学短板，第二轮为均衡“城乡”中小学标准化配置。在第一轮农村中小学标准化建设工程中，实施区域的重心在“农村”，这里的“农村”区域具有特定的内涵，主要指：除了主城区外的14个区（市）县，具体包括青白江区、新都区、温江区、龙泉驿区、新津县、蒲江县、大邑县、金堂县、郫县、双流县、邛崃市、崇州市、彭州市、都江堰市。

并且，这里的“农村学校”还特指县城所在地之外的中小学校以及村小。而在第二轮城乡中小学标准化建设提升工程中，实施区域指向“城乡”。此处的“城乡”包括成都市域内当时的20个区（市）县及其所有学校，不分区域，不分学校。也就是说，成都所有中小学校都在标准化提升工程的范围内。

三、实施内容：从“校舍建设”到“软硬件并重”

2004 年开启的成都市第一轮农村中小学标准化建设工程，主要针对当时的农村学校硬件设施简陋薄弱的现状，加快解决农村义务教育“硬件”问题。具体实施中，实际重点放在了校舍建设上。以校舍建设为重点的硬件标准化建设，彻底改变了成都市农村中小学“硬件”落后的面貌。

2012 年的成都市第二轮城乡标准化建设提升工程，其实施重心在于“软件”“硬件”两手抓。硬件方面侧重在“中小学校教室光环境”“运动场标准化改造”以及“中小学生生均设备值标准提升”三个方面。软件方面侧重在“中小学教师编制调整”“中小学教师素质提升”以及“统一城乡生均公用经费标准”等三个方面。

成都市通过“先硬后软然后均衡”“先乡后城然后城乡并进”的递进式均衡方式，有的放矢，促进了成都市公共教育服务体系服务水平和教学质量的显著提高。同时，成都市在城乡软硬件不断均衡的条件下，通过以城带乡、城乡并举，发挥区域特色和优势，推动整个城乡教育一体化向着更深层次、更高水平的现代化教育方向均衡发展。可以说，城乡中小学标准化建设提升工程是硬件资源、软件资源并重的典范。

四、投入方式：从“以市级创新融资为主”到“基于圈层实际的市县分担机制”

成都市中小学两轮标准化建设工程在投入方式上体现出很大的不同。2004 年的成都市全口径财政收入为 284.5 亿元，其中地方财政收入 148.2 亿元。每年财政预算只有 1 亿元左右能够用于教育设施的改造。由于教育设施建设和改造面积过于庞大，如果按照传统的教育投资方式直接进行财政预算拨款，不仅要多花费投入资金，而且耗时更长。基于这样的实情，成都市打破传统教育投资方式，创立以国有公司为投融资平台，以市级财政分年度进行投入建设和改造相关项目，项目资本金由市级财政直接投入，同时申请国家开发银行进行长期贷款。此外，成都市的 14 个区（市）县政府则匹配项目的建设用地、做好“三通一平”、环境绿化等保障工作。在第一轮标准化建设中,市级政府以大胆创新性融资为主的投入方式,一次性就筹集到了所需的标准化建设和改造资金,为 2004—2007 年的农村中小学标准化建设工程提供了充分的经费保障。这是第一轮标准化建设工程取得胜利的关键。

成都市第二轮城乡中小学标准化建设提升工程的经费投入方式上,与第一轮有明显不同,建立了“市级统筹、分级承担、分类指导、区别对待”的经费分摊机制,并以“支持城区、补助近郊、扶持远郊”的发展思路,确立了“一圈层给政策、二圈层给补贴、三圈层给倾斜”的经费支持机制。比如,在光环境的改造项目上,中心城区所需资金由各区自行承担,二圈层区县(不含青白江区)所需资金按市、区县 4:6 比例分担,青白江区和三圈层县(市)所需资金由市级财政全额承担。总体来说,两轮标准化建设工程的投入方式,体现出从“以市级创新融资为主”到“基于圈层实际的市县分担机制”的变化。可以说,前后两轮的经费投入方式各不相同,但都体现出成都市改革者在特定的时间、特定的情境、面临特定问题时不拘泥于既存制度框架的创新思维和实践方式。实践证明,这样的创新都是有效的。

五、建设方式:从“六个统一”到“一元化标准”

在建设方式上,两轮标准化建设工程也存在着很大的不同。在第一轮标准化建设工程中,采取的是“统一规划、统一设计、统一投资、统一标准、统一风格、统一建设”的“六个统一”方式,进行标准化建设。而在第二轮标准化提升工程中,悬置“城市”“农村”概念,不再对学校进行区域空间上的区分,完全按照软件(“中小学教师编制调整”“中小学教师素质提升”“统一城乡生均公用经费标准”)、硬件(“中小学校教室光环境”“运动场标准化改造”“中小学生生均设备值标准提升”)等方面的统一标准进行达标与提升。无论是城市学校还是农村学校,已达标者不再提升,未达标者按照标准达标。

作为成都市城乡教育一体化推进的重要策略和统筹城乡综合试验改革试验区的重要改革成果,第二轮标准化建设提升工程中坚持的一元化标准,被实践证明是非常有效的。一元化的建设方式,对于打破城乡区域界限,促进教育公平，推进成都市城乡教育的优质均衡发展，提高教育的整体质量意义重大。

总而言之，从实施区域、实施内容、投入方式、建设方式来看，两轮标准化建设工程既具有很大的不同，又体现着清晰的改革传承与不断革新的思维。成都市在跨越10年的两轮标准化建设中既能因地制宜、探索与特定历史时期相适应的改革方式，同时又能够以动态性、发展性的思维，与时俱进、勇于创新的精神，推进成都市中小学教育取得丰硕的改革成果。

第四节　成都市中小学标准化建设工程的启示

一、坚持政府主导、加强顶层设计、因地制宜、创新改革是成都中小学标准化建设工程的首要经验

政府主导体现的是政府总揽全局，明确方向，推动事物全局发展的主体责任，凸显的是政府谋篇布局和责任担当的有力意志。而顶层设计是运用系统论的方法，从全局的角度，对某项任务或者某个项目的各方面、各层次、各要素统筹规划，从而集中有效资源，高效快捷地实现目标。它体现出政府层面协调和谋定设计的前瞻性、科学性和系统性。成都市政府在统筹推进城乡教育一体化的发展过程中，尤其是在成都市中小学标准化建设工程决策并推进中，彰显出政府主导的责任意识和谋定在先、以顶层设计推进教育科学发展的超强改革推动力。

成都市农村中小学校标准化建设工程伊始，成都市政府在这一重大建设工程中的主体责任就予以明确并强调，其文本表达为“以政府投入为主体、以资源配置为核心、以缩小城乡教育差距为目的”。正是这种“坚持政府主导，加强顶层设计”的总体方略使得成都市政府能够以主人翁的责任感，以超前大胆、优先发展教育的使命感，以科学研判城乡教育差距实情的实事求是之精神，以标准化建设为抓手，谱写了推进城乡教育一体化发展的辉煌篇章。也正是由于始终坚持政府主导的行动准则，才能调动各方力量，理顺各方关系，在特定时期，以特别手段，理顺复杂关系。至于成立成都市农村中小学标准化建设领导小组、市教育行政部门牵头成立农村中小学标准化建设办公室等做法

都是政府主导的体现。

2012 年新一轮城乡中小学标准化建设提升工程政策之窗的开启，固然有诸多政策的诱因，比如，教育公平的民间诉求、区域教育现代化的责任和使命、成都统筹城乡综合教育改革试验区的制度环境及改革契机，但成都市政府的远见卓识和果敢决策才是这一政策进入议程的第一要素。然而，仅有政府的责任担当，缺乏科学谋定和顶层设计，这样的宏大教育改革也将难以成功。从成都市政府在跨越十年间的两轮标准化建设工程的总体设计、建设重点、实施区域、投入方式、推进步骤等，均可以看到成都市政府始终以科学精神面对改革实践，谋定在先，推进顶层设计。

改革推动者因地制宜、创新改革的实践智慧，在成都市中小学标准化建设工程推进中体现得淋漓尽致。我们有必要在成都市推进标准化建设的国家政策背景中展开分析。关于中小学布局调整，《关于基础教育改革与发展的决定》中明确要求，要"因地制宜调整农村义务教育学校布局。按照小学就近入学、初中相对集中、优化教育资源配置的原则，合理规划和调整学校布局。农村小学和教学点要在方便学生就近入学的前提下适当合并。"但是"有的地方把学校布局调整简单地理解为'撤并学校'，提出规模小于某一标准的学校就要撤并，不考虑当地的自然环境、交通条件、学生就学困难等实际问题。甚至还有一些地方超越实际，急功近利，把追求扩大学校规模作为教育政绩或形象工程，制定出不切实际的学校撤并'时间表'和'路线图'。"① 这种刻板、僵化和形式化的工作形式使得缩小城乡教育差距的目标又变得遥远。在此种背景之下，成都市在面对自身巨大的城乡教育差距和不清晰的建设标准等现实困境中，并没有按照其他地方政府一贯的传统思维去刻板执行国家的相关政策，而是基于本地区实际，进行村小管理体制改革，按照"撤销、合并、改造、提升"的原则，科学合理地规划村小的布局，并通过推动标准化建设与中小学布局调整有机结合的方式，创新性地执行国家政策。

① 王定华：《关于我国农村义务教育学校布局调整的调查与思考》，《华中师范大学学报（人文社会科学版）》2012 年第 6 期。

另外，在农村中小学标准化建设的经费筹措和融资方式上，成都市政府打破传统的教育投资方式，创新性地进行市级融资，解决了这一工程中最难的经费保障问题，使教育改革事业得以顺利有序推行。而在城乡中小学标准化建设提升工程中，成都市又依据不同圈层经济社会发展的实际，创造性地提出了市县分担机制和教育投资比例。这种方式的转变，充分体现出因地制宜的创新教育投入机制，对于促进全域成都教育的优质均衡发展有着极其重要的作用。

而在农村中小学标准化建设过程中，首先从农村开始，并以校舍等硬件建设作为重点突破口，以改进学校的办学条件，推进义务教育阶段均衡发展，这对成都市缩小城乡硬件教育差距起到了明显的作用。为逐步实现城乡教育事业向更高优质化、均衡化和现代化的转变，2012 年成都市把标准化建设的范围进一步扩大到整个城乡中小学，并形成了一套行之有效的推进方式，即市域、县域“统合联动”发展和三圈层“功能错位”发展的推进策略，从软硬件并重建设的思路出发，将发展重点放在了教师的编制、学历和生均公用经费以及教育技术装备、教室光环境和运动场的改造上。这体现出地方创新的实践智慧和清晰的城乡教育一体化发展思路。

总而言之，无论是从中小学标准化建设工程去仔细体会成都市城乡教育一体化进程，还是站在成都城乡教育一体化的宏大背景中去感受成都市中小学标准化建设项目的发展脉络，我们始终能强烈地感受到成都市中小学标准化建设工程对于成都市教育改革发展的特殊意义。这一特殊意义不仅在于两轮中小学标准化建设工程为成都市城乡教育一体化发展奠定了坚实的框架性基础，更为重要的是，在两轮中小学标准化建设工程中探索沉淀下来的“坚持政府主导、加强顶层设计、因地制宜、创新改革”的模式对于之后成都市加快教育现代化建设贡献了非常宝贵的“成都经验”。

二、深刻认识标准意义、科学把握标准内涵、基于国家标准、指向地方教育实际、超越国家标准的“动态标准思维”，是成都市中小学标准化建设工程的重要经验

标准化建设大体可以分为两项主要工作，即“标准的制定”和“标准的实

施"。前者是后者推进的前提,后者是前者得以落实的保障,并会对前者造成影响。两者密切相关,缺一不可。从成都市中小学标准化建设历程来看,成都市对于中小学标准化建设始终秉持"深刻认识标准意义、科学把握标准内涵、基于国家标准、指向地方教育实际、超越国家标准"的"动态标准思维"。我们可以从以下三个方面进行理解:

首先,深刻认识标准的意义。在前文对成都第一轮中小学标准化建设背景的描述中,我们可以清晰地看到,成都市中小学标准化建设既是成都教育发展困境倒逼的结果,也是对于城乡二元结构下教育改革该如何突破的深入思考。纵观全国各地的教育标准化建设步伐,成都是处于领先地位的。这种领先,首先就在于对于中小学校标准化建设重要意义的深刻认识。而这种认识在很大程度上源于改革实践中的困境和困惑。我国《农村普通中小学校建设标准》是2008年颁布的,在此之前,仅有2002年《城市普通中小学校校舍建设标准》。对于农村中小学校的标准化建设,国家标准是缺失的。尽管1994年我国对普及九年义务教育县普及程度制定了部分硬性规定,但是普九的验收标准不能替代国家层面的教育标准,大量落后的村小是农村教育中最为薄弱的短板,而且建设标准总体缺失。可以说,正是这些标准的缺失,使得地方政府对于城乡的教育差距无从下手。另外,从保障教育投入上的平等来推进教育公平的进程,这种来自实践层面的教育公平理解,也与科尔曼教育机会均等的第一个层面"学校投入上的平等"①不谋而合。总的来说,正是成都对于中小学校建设标准缺失的深刻认识以及标准之于教育公平的意义理解,才会有2004年成都市从标准化建设入手寻求解决城乡教育巨大差距的大胆尝试和富有成果的改革。

其次,科学把握标准内涵。成都市对于中小学标准化建设的理解是科学的。它并没有呈现出重数量、轻质量,重硬件、轻软件,重效率、轻内涵的标准观,而是基于缩小城乡差距,追求教育公平,牢牢抓住中小学标准化建设的递

① ［美］詹姆斯·科尔曼:《教育机会均等的观念》,载张人杰主编:《国外教育社会学基本文选》,华东师范大学出版社1989年版,第184页。

进提升原则，逐次推进由硬件到软件，由农村到全域，由数量指标到质量指标的建设路径。从上文中对于两轮标准化建设实施区域、实施内容的关联我们可以非常清楚地看到这一轨迹。从西方发达国家对于学校标准化建设的经验来看，也大多遵循上述规律。既不一蹴而就，搞激进冒进，也不裹足不前，在标准建设中消极懈怠，而是遵循社会经济发展水平和经济承受能力、人口结构和变化趋势以及教育发展的公平程度等来因地制宜地推进学校标准化建设。

最后，基于国家标准、指向地方教育实际、超越国家标准的“动态标准思维”。国家教育标准是在全国范围内统一适用的教育标准，是指导和规范各级各类教育实践活动的基本准则，比如在校舍建设、教职工编制及工资等硬件和软件标准的规定。它是国家保障教育质量的规范性要求，着眼于国家特定时期或阶段的基本实情，是基础的保障标准，或者保底要求。

严格意义上来说，我国同时适用于城市和农村中小学校的建设标准出台的时间是 2010 年年底，由住房和城乡建设部出台的《中小学校设计规范》。这一标准虽然具有“城乡统一”的政策指向性，但从出台部门来看，这一规范更重在硬件的技术层面，且体系和内容上并没有处理好与《农村普通中小学校建设标准（2008）》《城市普通中小学校校舍建设标准（2002）》相关方面的承接和统一，甚至存在一些冲突与差异。如果过于拘泥于这些可能并不成熟的国家标准，那么地方教育改革将有可能陷入一种重硬件、低水平、工艺化的标准化建设中。

成都市中小学标准化建设的改革者们并没有无视已有的基础性的国家制度框架，也没有拘泥于这些国家标准，而是秉持“国家建设标准是兜底标准或最低标准，不是固定标准，更不是限制标准，是可以向更高或最优的标准发展的”的标准观念，始终践行“基于国家标准、指向地方教育实际、超越国家标准”的动态标准思维。

如前所述，成都市中小学标准化建设标准始终要受到当地经济、文化和教育发展水平的制约。基于地方实际的标准化建设，一定是需要随着经济、文化和教育的不断发展而相应提高的。正如朱永新所言：“实施标准化建设是一个动态发展的过程，城市化进程的推进、学龄人口数量、城乡结构分布的变化等相关变迁,增加了该工程的动态性和复杂性。"[①] 比如在教育的投入、校舍的规划、师资水平等软硬件方面的标准,就需随时代的发展要求而做相应的提高。所以,教育标准化建设从来都不是以一个静态的,一成不变、甚至刻板僵化的标准来推进的。"基于国家标准、指向地方教育实际、超越国家标准"的动态标准思维是成都教育标准化建设的重要经验。成都市从 2004 年开始实施标准化建设工程以来,就一直坚持"动态发展"的中小学标准化建设思路。比如,本节的第三部分较为详细地分析了两轮标准化建设工程的关联,非常清晰地呈现出成都市中小学标准化建设推进中的诸多"动态发展"特性。另外,成都市通过合理调整教育经费的财政拨款标准,确立了生均公用经费标准动态调整机制,规定每两年调整一次。2012 年,成都市对全市义务教育阶段学校的生均公用经费拨款标准作出了统一的调整,这表明成都市城乡教育不仅有了统一的生均公用经费财政拨款的最低标准,同时也使得城乡中小学的标准化建设有了经费支撑保障。在教师管理方面,成都市也作出了相应的动态调整,逐步建立教师编制县级"总量控制、动态管理"机制。编制核定后,每三年集中调整一次。期间,机构编制部门根据生源变化和教育教学任务增减情况,每年进行一次微调。学校按照教育教学规律和自身发展需要,规划班额和师资需求,人社部门和教育主管部门按照编制标准进行配置和调整,按岗位配备教师。此外,成都市政府还建立了城乡统一的动态改善学校校舍条件和持续提升教育技术装备条件的机制,这种动态调整机制的建立有益于缩小城乡软硬件教育资源的差距,推动城乡学校向内涵式、实质性的优质均衡发展。

这种动态的标准思维也预示着中小学标准化建设的长期性。无论是在硬件建设还是在软件建设上,最终要服务于学校的教学和管理,回归教育公平与教育质量,但由于学校教学和管理水平的发展是一个长期性的过程,从某种程度上来说它具有一定的永恒特性。"由于我国教育标准化建设道路的特殊性,决定了在全国范围内实现统一的高标准办学条件的目标很难在短期内实现,

---

① 朱永新:《义务教育标准化,别只重视校园建设》,2014 年 3 月 5 日,见 http:bn//edu.ifeng.com/news/detail_2014_03/05/34431835_0.shtml。

这依赖于我国综合国力的增长,更依赖于教师队伍整体素质的提高……如果说学校的硬件标准化更多依赖的是经济发展和国家的投资倾斜,那么在教学水平和管理水平等方面的建设需要一个长期的过程。"[①] 因此,从硬件建设到软件建设,再到学校的管理,最终推动课堂教学这一核心环节的变革,其间所伴随的若干要素的标准化建设一定是一个动态的、长期发展的过程。成都市在两轮标准化建设工程之后,并没有停止对标准化建设的探索。

三、渐进推行教育标准治理是成都市中小学标准化建设工程的有益探索

教育领域的标准治理是一个时髦的概念还是有其实质性的内涵?如果我们回避这一问题不谈而一味地阐述标准治理的成都实践和经验,那么,这样的讨论将缺少意义。何谓教育标准治理?我认为是通过多主体参与的方式,制定和实施标准,使教育实践活动进一步规范化、制度化和有序化,使教育达到最佳秩序和最佳社会效益的一种教育治理方式。这种治理方式包括标准的酝酿、制定、发布、实施和评价监督等过程,表现出多主体共治的特性,其最终目的在于使标准的整体功能达到最佳,并产生实际效果。

从西方教育改革的进程来看,关于现代性的反思潮流中其实存在着两股相互冲突的观念以及改革哲学。一种是崇尚自由、多样、放权、自我裁量,另一种则是倡导科学意味、普适思维以及使用控制倾向的"标准"手段。一种对"标准""操作主义"敬而远之,另一种则推崇有加、视若圭臬。但从实际来看,社会公平、教育公平、管理主义等理念推动下的西方公立学校改革趋势仍然迎合了教育标准理念并为教育标准治理留下了改革的空间。

在成都市推进城乡教育一体化大背景下,成都市中小学标准化建设逐渐呈现由最初的"标准管控"逐步走向"标准治理"的有益探索之路。恰在两轮中小学标准化建设工程之间,成都市高瞻远瞩,理性决策,启动了"教育标准"

---

① 尤承建、周鸿:《论教育标准化与义务教育均衡发展》,《河北师范大学学报(教育科学版)》2009年第1期。

建设工作，以进一步提高市域统筹的教育公共服务能力。成都市从没有标准可依，到建立标准，再到利用标准“倒逼”教育发展，多方主体在标准化建设工程中依托标准、发展优化标准、渐进推进教育改革的历程恰恰培育出了标准治理的改革思维以及有序治理的实践方式。

当然，标准治理并非是单一主体制定一系列标准，从而达到“管制”教育、“严控”教育、精细化管理教育的目的，而是在对“标准”科学理解基础上达成共识的多主体参与活动，或者说依靠多主体的共同参与逼近对“标准”的共识理解并推动共识“标准”逐步实施从而推动教育发展、提升教育质量的过程。

“各类利益链与共生关系的存在，使得行政部门和部分学校在硬件上对标准化持欢迎态度，而在涉及师资流动、教学方式、管理方式、校园文化等软件标准上则持消极态度，使得标准化建设没有发挥应有的作用。”[①] 这都是标准化建设走向纵深不能回避的问题。从成都市教育标准化治理的实际来看，矛盾和冲突也不同程度地存在。比如，存在着教师流动的个人本位、学校本位和区域本位的矛盾，学校升学效率、教师管理绩效和个人教育影响公平的矛盾等都要引起充分注意。因此，教育标准治理不是一个基于治理的衍生概念，而是教育迈向现代化过程中必然会出现的内生概念。在中国当前优质教育资源相对匮乏，教育发展地区差异、城乡差异显著的背景下，教育标准治理的探索将不能回避。成都市教育标准治理的步伐加快，实际上也是成都市统筹城乡教育综合改革走向纵深的必然要求。只有通过在体现教育质量高位均衡的核心指标上的标准共识和多方参与推进，区域的教育才会迈向更高的水平。这才是本案例引申出来的“教育标准治理”概念的意义和价值。

四、避免同质化发展，推动有质量的教育公平，是成都中小学标准化建设始终秉持的改革理念

从学理上来说，“同质化发展”与“质量公平”这对概念是中国教育改革

① 张新平、张冉：《义务教育学校标准化建设：现况、问题与理路选择》，《教育发展研究》2018 年第 5 期。

发展必然要面对的问题，它不是单独由学校标准化建设引起的特定的问题。但是，从学校标准化建设这个角度，可以对“同质化发展”与“质量公平”这对概念有一些新的讨论。这不仅源于成都市中小学标准化建设的探索与实践，也由于这对概念可以投射到教育改革的不同领域和不同层面。

从全国范围来看，优质教育均衡发展理念指导下的我国城乡中小学标准化建设正处在发展的关键期，有不少地区取得了重要的建设成就，但是，从当前我国中小学标准化建设进程来看，存在“重硬件均衡”和“重办学条件，轻办学质量”等问题，硬件标准化的建设大多注重于学校的外延式发展，在校舍、设备器材、规模上片面寻求与优质学校的统一性，而失去切合实际的特色教育，特别是部分地区由于盲目撤点并校，出现合并学校硬件跟不上与原有学校资源浪费的矛盾，这就使得学校的建设难以达到标准化，从而影响教育质量。从软件建设方面来说，虽然绝大部分地区中小学校的师资力量达到了国家的标准，但是由于教师的学历结构、年龄结构、课程结构以及教育理念跟不上，学校的教学质量和办学水平提高受阻。总而言之，现实的学校标准化建设不同程度地存在着局限于硬件标准，对以人为中心的软件建设有所忽视，对价值理性的追求有所欠缺，容易导致同质化倾向的产生。而“有质量的教育公平”在一定程度上是一个蕴含多样化选择的概念，是一种可选择的、适合不同主体的有质量的教育公平机会。显然，它追求的不仅仅是教育的“同等质量”，更强调基于不同主体需求、适切不同主体特点的优质教育的多元共存。

从总体上看，成都市两轮标准化建设工程在如何“避免同质化发展，推动有质量的教育公平”上有上述共识，并始终保持警醒。成都市城乡中小学标准化建设是为了缩小区域内、学校间办学条件差距，促进城乡教育均衡发展，消除城乡教育二元结构矛盾，促进区域教育公平。它的动力源于成都教育人的困境倒逼和制度觉知。正是由于这一内生动力的存在，所以，对于标准化建设到底想要解决什么样的问题，标准化到底要实现什么样的目标等问题都有较为清楚的思考，即谋定在先、顶层设计。这是成都与全国很多地方相比，在推进教育标准化建设上很不一样的地方。它是显性的改革时间所蕴含的改革驱动力问题。另外，由于成都特殊的地理环境，三个圈层的经济发展水平不同，社会文化特质不一，人口数量和结构存在差异，所以，在思考中小学标准化建设时，成都人既考虑总体公平目标，又始终考虑区域实际。具体来说，实施中小学标准化建设始终警惕放慢高水平的发展速度，甚至将高水平拉向低水平，片面降低近郊区（市）县的标高与要求的做法，而是在高起点、高标准、高要求的前提下促进教育的新一轮发展，在遵循“促优扶弱”原则下，进一步缩小全市各区（市）县之间的差距。特别是自 2012 年以来，成都市对于义务教育阶段的发展就一直强调高位均衡，其原意就在于实现区域、城乡、学校之间以及学生之间教育资源的高水平均衡配置，办好每一所学校，教好每一位学生。这个时间节点恰好与第二轮标准化建设提升同步。也就是说，在第二轮标准化建设提升工程推行伊始，高水平均衡就是其肩负的目标。

这些年来，成都市始终认为，均衡化并不是平均化，更不是同质化，教育资源的公平配置最终要回归到学校的办学水平和学生的发展上来，在达到标准化建设的基础上，寻求有差异性、多样性和个性化的发展，这样更能实现教育公平，提高教育质量。从目前实施效果来看，成都市总体上呈现出各个区（市）县教育发展上的“各美其美、美美与共”态势。学校的标准化建设并没有导致各个学校完全趋同，也没有带来标准凌驾于学校个性之上的普遍现象。当然，从优质教育多元共存的角度来审视，成都市教育水平与此目标依然有不小的距离。但是，两轮标准化建设完成了其既定任务，并没有带来中小学校的同质化问题，相反，它在快速、有力地缩小城乡、区域学校的差距，推进全域成都的硬软件快速提升，从而在一个相对于全国大部分地区更高的教育水平下，着眼于有一定质量保障的，可以有多元选择的教育系统的培育。

第二章　成都市教师“县管校聘”管理体制改革案例

教师是教育发展的第一生产力，师资队伍建设既是教育工作的关键、重点，也是难点。2007年，成都市为破解教师资源均衡配置这一难题，先试先行，从管理体制入手，以“有利于教师发展、有利于教育教学质量提高、有利于学校发展”为导向，选择在青羊区、温江区、郫县、双流区四个区县先行试点，积极探索“县管校用”的管理体制，并在2009年将其纳入统筹城乡教育综合改革试验区建设“先行先试”项目中。2012年，成都市出台《关于推进教师“县管校用”工作的意见》，正式在全市范围内推进教师“县管校用”制度创新，通过打破学校对教师的“一校所有”，努力实现全域统筹教师队伍，促进教师资源均衡配置的战略目标。2014年8月，教育部、财政部、人力资源和社会保障部联合发布《关于推进县（区）域内义务教育学校校长教师交流轮岗的意见》，首次提出了“全面推进义务教育教师队伍‘县管校聘’管理改革”。遵循这一政策精神，成都市也将原“县管校用”提法改为“县管校聘”。成都市的“县管校聘”教师管理体制改革不仅对成都市教师资源的均衡配置发挥了重大作用，而且相关改革经验和成果也为国家、省、市教育决策以及政策制定提供了依据。

第一节　成都市教师“县管校聘”管理体制改革背景

一、成都市城乡教育一体化改革中如何解决教师资源均衡配置和有效使用的现实需求

2004—2007年的农村中小学标准化建设，在短时期内补好了成都市农村中小学校硬件条件薄弱的“短板”，农村学校的硬件条件得到极大改善，与城镇学校几乎不存在大的差别。但在教师资源配置方面，城乡之间的差距依然巨大。城乡教师学历结构、年龄结构、教学能力差距较大，骨干教师在城乡学校间和学科间分布不均衡，农村学校音乐、体育、美术等学科教师严重缺乏。城乡教师资源配置不均的严峻问题，仍然是当时制约农村教育质量实质性提升和城乡教育一体化发展的主要因素之一。

在此期间，《中华人民共和国义务教育法》（2006年）对教师资源的均衡配置予以特别强调，“县级人民政府教育行政部门应当均衡配置本行政区域内学校师资力量，组织校长、教师的培训和流动，加强对薄弱学校的建设”①。破解优质教师资源配置不均难题，建立和完善教师流动制度，成为成都市在这一特定历史背景下推进教育均衡发展的改革抓手及政策主题。

基于全国统筹城乡综合配套改革试验区和全国首个部、省、市共建的统筹城乡教育综合改革试验区的政策背景，利用先行先试的契机，成都市相继制定了一系列旨在促进教师区域流动与交流，推动区县内教师资源均衡配置的制度。

2007年8月，成都市教育局下发了《成都市教育局关于进一步加强干部教师交流工作的通知》（以下简称《通知》），开始建立教师交流制度，启动全市大规模的干部教师定期交流工作。《通知》要求在同一所学校任教（任职）满

① 教育部:《中华人民共和国义务教育法》，2006年9月1日，见 http://www.moe.gov.cn/s78/A02/zfs__left/s5911/moe_619/201001/t20100129_15687.html。

9 年的教师（校长）都将被纳入交流范围，每年交流人数将达到应交流人数的15% 以上，每期（批）3 学年。① 当时总体搭建的教师交流模式主要有三种：一是各区（市）县教育局将交流指标落实到学校，实行计划指导下的“分片多校联动交流”；二是优质学校与相对薄弱学校间、城区（镇）学校与农村（涉农）学校间对口交流；三是个人主动性交流。② 青羊、锦江、温江等各区（市）县基于区域实情，利用改革契机，探索推动建立教师交流的有效模式。但在具体的执行中，却遭遇诸多困难，面临改革困境。

二、成都区（市）县破解自身发展难题的实践探索——青羊区的“区管校用”

2007 年前后的青羊区，既面临成都市全域推进统筹城乡综合改革发展的整体背景，也具有本区域的改革实情。

第一，从空间格局上，2007 年的青羊区呈现出非常典型的城乡二元结构。既有中心城区城市化发展非常充分的地方，也有当时三环外发展滞后的涉农区域。从成都市最中心的天府广场到三环外乃至绕城高速周边的文家场一带，呈现非常突出的城乡教育形态和差距。

第二，从当时的改革环境和氛围来看，作为区县一级的青羊区改革主动性凸显，改革创新意愿强烈。而义务教育“以县为主”的管理体制赋予了区县一级教育管理权限、办学自主权和资源调配权。这是当时青羊区能够实现制度创新的重要制度背景。围绕着成都市的城乡教育统筹发展，青羊区践行教育均衡发展理念，锐意改革，着力破解教师资源均衡配置和有效使用的难题，以此来应和成都改革的最强音。

第三，从青羊区当时对于教育均衡发展思路的理解来看，青羊区教育决策者并没有受限于机械低水平均衡采取“削峰填谷”的简单方式，而是秉持“扬峰填谷”的科学理念，既为窗口学校（示范学校或优质学校）提供源头活水，

---

① 成都市教育局：《成都市教育局关于进一步加强干部教师交流工作的通知》（成教人〔2007〕46 号），2007 年 8 月 6 日，见 http://news.163.com/07/0831/06/3N7461JN00011229.html。

② 同上。

更着力补足“短板”，抬升青羊区教育的底部，提升整体水平。

第四，青羊区在推行成都市教师交流政策时面临现实困境，这是“区管校用”制度创生的直接诱因。如前所述，青羊区面临突出的城乡二元结构和空间格局，导致教师交流政策在执行中遇到诸多实际困难。教师在面临从中心城区交流到三环外乃至绕城高速周边偏远学校时，抵触情绪大。不少教师认为“我的编制和岗位都在城区学校，没有理由和依据必须去偏远地方的其他学校”。即使有愿意交流的，也多是出于评定职称等功利性需求，不得已而为之。消极对待轮岗交流、被动交流者多，发自内心、愿意主动交流的人员少。另外，交流出去的教师人事关系理不顺，在管理上出现真空。概言之，作为学校“单位人”身份存在的干部、教师，难以在区域层面实现有效调配。面对这种情况，青羊区教育行政部门意识到，传统的“以校为主”的教师管理体制已不能适应新形势需要，急需变革，确保教师交流制度的顺利实施。

基于此，2007年，在青羊区政府的支持下，青羊区在全国率先成立了教师人才服务中心。这一制度设计赋予教师人才服务中心管理全区4000多名教师人事关系的重要职能，形成了教师与教育人才管理服务中心签订人事聘任合同，人才服务中心与学校签订派遣协议，学校与教师签订岗位聘任合同的三方新型格局。依托教师人才管理服务中心，青羊区系统内全体教职工的人事关系纳入中心统一管理，实现了青羊教师从“单位人”向“系统人”的实质转变，“区管校用”制度由此创生。

初期搭建的“区管校用”制度，突破了教师的“单位人”身份，对实现区域层面教师资源的统筹调配意义重大。但这种制度也呈现出刚性调配的特征，尽管能推动教师和干部交流的政策实施，但对于交流干部及教师的内力驱动作用有限。

随后，青羊区进一步优化完善“区管校用”制度，推进教师人才服务中心由“管理教师”向“服务教师”转变、由“使用教师”向“发展教师”转变，持续推进“系统人”在区域范围内的优化配置效率，出台了与“区管校用”配套的一系列制度，从住房、评优评先、职位晋升、提拔使用、出国进修学习等方面给予交流教师补贴和优先权，吸引愿意干事、想干事的干部和教师主动交流、流动（到三环外）。2010年，青羊区教师交流制度总体固化为强制交流、竞聘性交流、互助式交流、集团内部外派等多种教师交流形式。这一改革不仅盘活了教师资源，更为重要的是，青羊区教师交流环境和基础大为改观。基于教师专业发展标准引领的主动交流风气日盛，区域城乡教育二元结构得到了根本改变。总体来说，经过三年多实践探索的青羊“区管校用”制度创新，因其在促进优质教师资源合理、均衡、科学配置方面显现出明显的制度优势，在全市乃至更大范围内产生了积极影响。

三、从“区管校用”到“县管校用”——成都市域层面的试点推广

成都市级层面对于来自青羊区以及其他区（市）县的教师资源配置改革创新实践有清醒的认识和积极的回应。与此同时，对传统的“以校为主”教师管理体制存在的弊端也进行了理性的审视：一是不能适应新型城镇化背景下义务教育高位均衡发展的需要。外来随迁子女在城乡、圈层（中心城区、近郊、远郊）、区（市）县、学校之间快速流动，对师资配置提出新挑战。二是不能适应教育现代化背景下深入实施素质教育的需要。骨干教师在学校之间分布不均衡，部分学校音、体、美等学科教师缺乏，教师结构不合理，对教师交流提出了新要求。三是不能适应教师专业化成长的需要。过去教师只有纵向的职称晋升道路，缺乏横向交流渠道，导致年轻骨干教师容易产生职业倦怠。在积极总结来自于区（市）县实践创新智慧的基础上，市级层面于2009年在《成都市统筹城乡综合配套改革试验总体方案》（以下简称《总体方案》）中正式提出“探索教师‘县管校用’机制，促进教师区域内合理流动，全面提升薄弱学校的教育质量和办学水平”[①]的改革意见，将青羊区试点的“区管校用”教师管理探索经验纳入统筹城乡教育综合改革试验区建设“先行先试”项目中，在市级层面开始选择在青羊区、温江区、郫县、双流县（区）进行先行试点探索。

① 成都市委、市政府办公厅：《成都市统筹城乡综合配套改革试验总体方案》，2009年5月21日，见https://wenku.baidu.com/view/0db2f6ea172ded630b1cb672.html。

至此，青羊区破解自身发展难题的实践创新方式——“区管校用”教师管理制度上升到市域层面进行进一步扩面试点探索。

在成都《总体方案》确定探索教师“县管校用”机制不久，《国家中长期教育改革和发展规划纲要（2010—2020年）》（以下简称《纲要》）明确将均衡发展作为义务教育的战略任务，要求切实缩小校际差距，均衡配置教师等资源，明确要求“实行县（区）域内教师和校长交流制度”[①]，推进义务教育学校均衡发展，促进教育公平。

2012年，经过近3年的试点探索，成都市教育局、市委编办、市人社局联合印发《关于推进教师“县管校用”工作的意见》（成教发〔2012〕12号），明确了教师“县管校用”的工作原则、实施范围和部门职责，提出具体实施办法，并联合召开了“县管校用”工作推进会。至此教师“县管校用”管理体制改革由县域试点变为在全市范围内全面推行。

第二节　成都市教师“县管校聘”管理体制进程及举措

一、改革进程

除先行探索的青羊、温江、双流、郫县外，2013年已成立教师管理服务中心的有13个区县（都江堰、锦江、武侯、成华、龙泉、彭州、崇州、新都、蒲江、新津、金堂、大邑、邛崃）。青羊、温江两区教师11293人全员纳入“县管校聘”外，都江堰市也将所有中小学和幼儿园教师4963人全部纳入“县管校聘”统一管理；另外区县实行“新人新办法，老人老办法”，将2013年及以后新进教师全部纳入区管校用体系。截至2016年3月，成都已经成立教师管理服务中心的有20个区（市）县（见图2—1）。

---

① 教育部：《国家中长期教育改革和发展规划纲要（2010—2020年）》，2010年7月29日，见http://old.moe.gov.cn/publicfiles/business/htmlfiles/moe/info_list/201407/xxgk_171904.html。

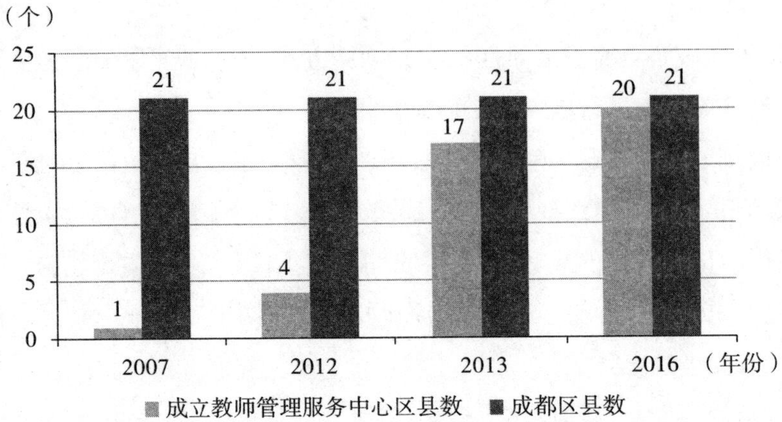

图 2—1 成都市教师管理服务中心成立情况（截至 2016 年 3 月）

2014 年 1 月，成都市教育局印发《关于教师退出教学岗位的实施办法》（成教办〔2014〕2 号），对教师退出渠道包括转岗、待岗培训、解聘和辞聘等进了详细的规定和解释；同时，经市教育、编制、人社三部门取得一致意见，报请市政府印发《关于加强教师队伍建设的实施意见》（成府发〔2014〕3 号），明确教师队伍建设的总体目标和重点任务，并对教师专业发展和进一步推进教师体制改革提出具体要求；同年 12 月，市政府办公厅印发《关于进一步优化配置全市中小学校教师资源的指导意见》（成办发〔2014〕58 号），对严格落实教师编制管理，推进完善教师"县管校聘"机制等提出指导性意见和工作要求，逐步完善政策体系，稳步推进和落实"县管校聘"教师管理体制的改革，推动从教师身份管理到教师质量管理。

《成都市教师人事 2017 年工作要点》提出当年的工作要点，"深化全国'县管校聘'示范区建设"，"继续扩大教师集中管理覆盖面"，"指导简阳市启动'县管校聘'改革试点工作，结合校点布局规划做好教师统筹配置工作"①，显示成都"县管校聘"教师管理体制改革进一步向纵深推进。

① 成都市教育局：《成都市教师人事 2017 年工作要点》（成教人〔2017〕8 号），2017 年 2 月 20 日，见 http://www.cdedu.gov.cn/zhengce/show.aspx?id=58602。

二、改革举措

成都市不断探索总结“县管校聘”改革经验,从制度上弱化学校对教师流动的限制,破除学校对教师“一校所有制”,推动城乡教育均衡发展。

(一)“县管校聘”改革核心内容

1. 县管总量控制,学校按岗配备

按照“总量控制、统筹城乡、结构调整、有增有减”的原则,成都市探索更加科学的编制管理办法,逐步建立教师编制县级“总量控制、动态管理”机制。编制核定后,每三年集中调整一次。期间,机构编制部门根据生源变化和教育教学任务增减情况,每年进行一次微调。学校按照教育教学规律和自身发展需要,规划班额和师资需求,人社部门和教育主管部门按照编制标准进行配置和调整,按岗位配备教师。

2. 县管岗位结构,学校按岗定员

成都市严格按照事业单位岗位设置规定,设置教育事业单位管理岗位、专业技术岗位和工勤岗位数。同时,加大岗位结构比例管理力度,从核定的总岗位数中划出相应比例,实行中、高级岗位集中调控和管理,并根据统管人数及结构变化逐年增加相应岗位数,逐步实现义务教育阶段学校岗位结构比例无显著差异。学校科学设置岗位,明确岗位职责,形成岗位设置方案并报人社、教育部门审核。

3. 县管人员身份,学校合理使用

全面推进聘任制度和岗位管理制度,实行新进人员公开招聘制度。学校根据岗位设置和教学实际申报教师需求,人社、教育部门按照公开招聘的规定和核定的编制总数,本着“调整结构、提高素质”的原则,面向社会公开招聘。新招聘和引进的人员与教师集中管理机构建立聘用关系,统一进行身份管理。教育主管部门根据学校需求统筹派遣任教。学校按照教学实际安排教师岗位,不得外借到其他非教学单位或机构。

4. 县管全局统筹,学校择优选派

按照“补紧缺、调结构、促均衡”原则,强化干部教师交流力度。教育主管部门负责疏通交流渠道、明确对象、制定方案，通过出台奖惩政策，采取多种交流形式，逐步达到学校之间专任教师高层次学历比例、中高级职称教师比例及骨干教师比例大致相当，以实现县域内教师资源的均衡配置。学校服从教育主管部门在干部教师交流工作上的整体安排，按照相关要求择优选派。交流任教经历纳入教师职称评聘、推荐评审考核范畴。

5. 县管体系标准，学校考评执行

探索建立以能力和业绩为导向，以社会和业内认可为核心的中小学教师评价机制。完善教师专业技术水平评价标准，教育主管部门制定基本评价标准，学校结合实际细化标准，确定具体考评实施办法。实行评价结果公示制度，通过严格考核、科学评价，逐步建立教师退出机制。不适应教学岗位需要的教师实行离岗培训，培训后仍然不能适应教师岗位要求的，可实行调岗或另行安排工作。不符合教师资格标准要求的人员依法调整出教师队伍。

（二）具体改革举措

1. 强化部门协同，做好顶层设计

“县管校聘”是一项系统工程，需要市、区政府行政主导和推动，各部门通力合作，共同推进。教师“县管校聘”改革探索以来，成都市借助统筹城乡教育综合改革试验区建设平台，对教师管理体制“先行先试”。在区（市）县试点基础上，市教育、编制、人社三部门联合报请市政府出台相关文件①，不断完善政策体系②。市域统筹，召开工作推进会，统一全市上下对“县管校聘”的认识，明确“县管校聘”工作的基本原则、部门工作职责及其分工、实施办法及工作要求等，全面进行“县管校聘”改革的系统探索与实践推进。

① 成都市教育局、中共成都市委机构编制委员会办公室、成都市人力资源与社会保障局：《关于推进教师“县管校用”工作的意见》（成教发〔2012〕12 号），2012 年 10 月 19 日，见 http://www.cdedu.gov.cn/news/Show.aspx?id=36504。

② 成都市教育局：《关于教师退出教学岗位的实施办法》（成教办〔2014〕2 号），2014 年 1 月 6 日，见 http://gk.chengdu.gov.cn/govInfoPub/detail.action?id=69906&tn=6；成都市人民政府：《关于加强教师队伍建设的实施意见》（成府发〔2014〕3 号），2014 年 1 月 23 日，见 http://teacher.eol.cn/jiao_shi_zheng_ce_50/20140220/t20140220_1076019.shtml；成都市人民政府办公厅：《关于进一步优化配置全市中小学校教师资源的指导意见》（成办发〔2014〕58 号），2014 年 12 月 22 日，见 http://www.cdedu.gov.cn/zhengce/show.aspx?id=47235。

2. 强化上下联动，激发区县创新

成都市自推行“县管校聘”以来，不断深入区（市）县调研，考察“县管校聘”改革现状并召开“县管校聘”工作现场会，总结全市“县管校聘”工作，交流工作经验，深入分析推进中存在的问题，明确发展方向，提出工作要求，攻坚克难，扎实推进，形成上下联动机制。

市级层面上，重点推进以下工作：一是推动加强教师管理服务中心的建设，并配备专门管理人员，推动20区（市）县建立教师管理服务中心。二是指导形成“一步到位”和“分步到位”的不同改革路径，例如：青羊、温江等地实行“一步到位”（即将全部义务教育学校教师纳入“县管校聘”范围）；郫县、双流等地实行“分步到位”（即先将新进教师纳入“县管校聘”范围，然后再将其他教师纳入统筹管理范围）集中管理教师人数从2014年的25766名增长到2015年的33316名，增长幅度为29%。三是理顺教师与教育部门、教师管理服务中心、学校之间的关系，有力推进教师交流。2015年县域内教师交流5183名，其中骨干教师2556名，交流比例分别为22.34%、25.03%，交流骨干教师比例较上年度提高6个百分点。四是建立不合格教师退出机制，明确转岗、带岗培训、解聘和辞聘四个渠道。区（市）县制订了教师退出教学岗位实施办法，2014年退出教学岗位的教师为473名，2015年共有633名教师退出教学岗位。五是建设覆盖全市中小学校的教师信息管理系统，已采集全市92150名教师的学历、职称职务、评优评先、工作奖励等15类信息，全面提升教师队伍建设的信息化管理水平。

区（市）县在贯彻落实上级部署的同时，结合本地实际着力创新，大胆探索和实践，不断丰富“县管校聘”改革内涵。

专栏1

武侯区：“灵活用人机制”，制定《武侯区校聘教师管理暂行办法》，对教师数量核定、学校教师招聘、聘期管理、人员考核及工资待遇等进行全面规范。在武侯区四川大学附属中学（西区）试点“经费包干”“教师自聘”“管理自主”新模式，政府每年投入700余万元，学校自主招聘编外教师70名（占教师总数的 92%),取得良好改革成果。

温江区:建立了“届满清零”“能上能下”“能进能出”职务岗位竞聘机制,实现了“两转变”,即聘任中高级职称教师由履行基本职责向示范引领转变,聘任中高级职称教师从教辅工作向教学一线转变,有效调动教师队伍积极性。

邛崃市:全面推进学校、学区、县域内三级竞聘工作,体现了简政放权的改革思路,均衡配置了教师资源,强化了教师队伍管理,共辞聘(解聘)教师 34 名,且无一人上访。

金堂县:“绩效分类定等”稳妥推进。其按照“基础 + 发展”、兼顾城乡、多元评价的原则,对学校实行“分类定等”考核,充分发挥奖励性绩效的激励导向作用。

3. 强化区域实施,形成特色模式

区(市)县管教师编制,教师身份由“学校人”转为“系统人”,由区(市)县统一统筹配置教师资源,学校按需聘用教师。区(市)县作为“县管校聘”实施主体,在具体实施过程中,区域内学校对教师管理肩负什么样的责任?如何选择和使用教师?制定什么样的聘任程序,激活教师原动力?如何规范聘任过程,保障教师权益?面对各种现实问题,各个区(市)县因地制宜,主动探索,创新模式,形成颇具特色的改革经验与模式。

(1)青羊区“一中心、两体系、满覆盖”模式

青羊区是最早进行“县管校聘”改革的区县。2007 年,率先成立成都市第一个教师人才服务中心(管身份)、率先构建教师发展标准(管发展)以及教师退出机制(管出口),成为成都“县管校聘”实践探索的起点,并在师资配置管理、教师聘任形式、教师交流力度、教师退出机制等方面取得实质性突破,形成“区管校用”的核心内涵,为其他区县提供了可借鉴的“县管校聘”改革实践模式。在前期探索的基础上,青羊区不断完善,逐步形成“一中心,两体系,满覆盖”的“青羊模式”(见图 2—2)。

“一中心”是指“区管校用”的根本目标是“学有良师”。在“学有良教”的教育追求之下,作为“良教”的核心支撑,“良师”成为极为重要却又稍显稀

缺且分布不均的教育急需资源,为此,青羊区围绕“学有良师”这个中心和目标,推动“区管校用”。

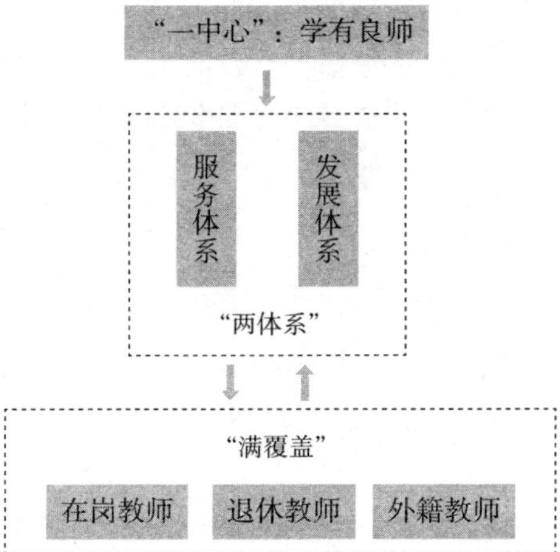

图 2—2　成都市青羊区“县管校聘”改革模式图

“两体系”是指服务体系和发展体系。服务体系包括成立教师服务机构、构建多元流动渠道、实施综合激励工程。发展体系包括借力“三大评估体系”、构建教师发展标准、打造教师发展平台。通过“两体系”建设,创设教师成长良好环境,形成从教师发展—教师评估—教师资源配置到教师再发展—教师再评估—教师资源再配置的螺旋上升式教师队伍建设和配置模式。

“满覆盖”是指在岗教师、外籍教师、退休教师全员纳入“区管校用”服务体系,教师从入职到退休全程纳入“区管校用”发展体系。

通过上述“区管校用”的制度化、规范化、科学化建设,实现了两个转变:一是由“管理教师”向“服务教师”转变,二是由“使用教师”向“发展教师”转变,体现了青羊区在“区管校用”改革中的管理智慧。

(2)温江区聘岗“双清零”模式

温江区聘岗“双清零”模式,即温江区中小学全体在编教师三年一周期工作岗位和职务岗位全部清零,全员重新聘岗。温江区 2009 年开始开展“县管校聘”改革试点,逐步形成自己独具特色的改革做法和运行机制。

首先,学校聘人“给三权”。充分体现“管办分离”的思想,赋予学校充分办学自主权。聘人“给三权”：一是放权学校招聘新教师。学校成立教师聘用工作委员会负责新教师招聘工作。二是放权学校选聘干部。中层干部、学校副校长的选聘下放给学校，区教育局负责程序管理和职数管理到位，学校执行具体考核、考查。三是放权学校聘用职工。学校拥有最大的职工聘用的权力，经过一定的选聘程序和选择标准，自主选择适合相应岗位的职工，然后与教师签订《工作岗位聘用合同》和《职务岗位聘用合同》，实行合同管理。通过聘人“给三权”，学校按需招聘，极大地发挥了学校自主办学权。

其次，建立保障机制，“能进能出”。严把入口关，严格执行教师资格准入制度，通过创新引进机制广纳人才；同时畅通出口，建立并完善教职工人事聘用退出机制。教师准入与退出由教师管理服务中心（以下简称“教管中心”）负责执行（见图2—3）。

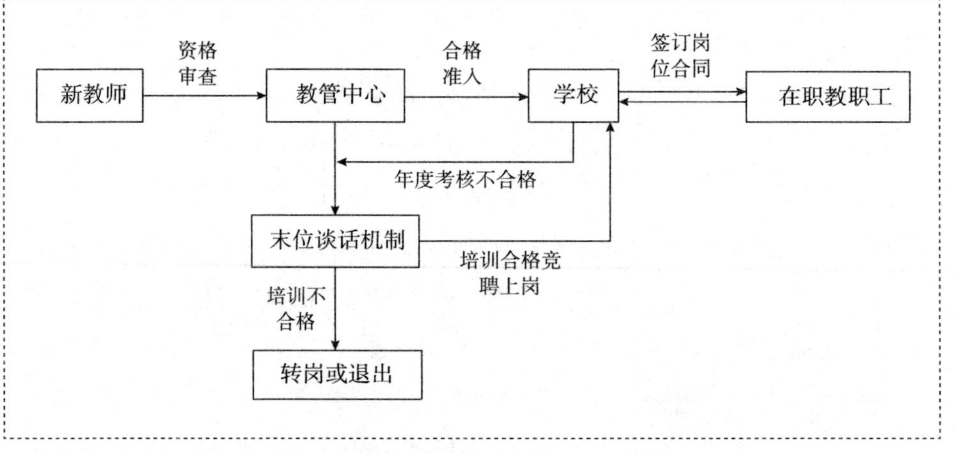

图2—3　成都市温江区教师准入及退出机制图

注：

教管中心是区教育局下属事业单位，其中主任一名（按正科级配备），副主任一名。具体执行教师资格认定、注册，负责全区教职工合同签订、职务评聘、教师评优、工资福利、教籍管理等工作，对全区教职工进行管理，并提供服务；处理职工权利、纠纷、矛盾问题等。

对教师退出实行“末位谈话制度”。凡年度考核不合格者，由校长移交教管中心。若是工作态度或专业水平问题，校长可以对其解聘，退回教管中心，由教管中心组织培训，再竞聘上岗，再不合格者转岗或退出。教管中心的“末位谈话机制”进一步增强了教职工在工作岗位上的责任感和危机感，同时也倒逼学校管理制度的规范、合理、公正。

由此可以看出，教管中心既是教师准入退出的关口，也是教师合法权益的保障。温江区通过建立这样的保障机制，畅通“能进能出”的渠道。2014—2016年，全区学校中层及以上干部通过竞争上岗133人，落聘14人，并对不合格的25名教职员工作出辞聘、辞退处理。

最后，三年“双清零”，职务“能升能降”。温江区采用“岗变薪变，以岗定薪”的管理模式，实行三年一周期的工作岗位和职务岗位“清零制”，即全员聘岗“双清零”，打破教师专业技术职务任期终身制。教师因工作岗位变动后，区教育局即刻撤销其原职务或岗位职级，教师到新的工作岗位需重新进行竞聘。建立教师专业技术职务岗位退出机制，按照教师专业技术职务岗位任职要求，清理不符合专业标准的教师并使其逐步退出相应职务岗位。“教职工签订《工作（职务）岗位聘用合同》，三年后，职务清零，重新述职，重新上岗。中级职称、初级职称，无论岗位履行的怎样都要重新进行述职、重新竞聘上岗，这是制度改革。”温江区教育局胡科长如是说。

温江区自2009年开始探索“县管校聘”改革，2010年该区教育系统35个单位共计3100余名教职工全员参加了职务岗位竞聘上岗，有5名教师因工作岗位变动而降低了专业技术职务岗位职级，1名专业技术岗位教师因不符合任职要求而转为工勤技能岗位人员。

（3）邛崃市“三级”竞聘模式

邛崃市“三级”竞聘模式，即学校、学区、跨学区（县域）三级全员竞聘。邛崃市继青羊区和温江区之后，2013年开始进行“县管校聘”改革，并将其列为邛崃市委、市政府重点改革项目，建立“邛崃市教师‘市管校聘’联席会议制度”，编制、教育、人社等多个部门统筹协调，确定顶层设计、人才支撑和经费保障“三个重点”，出台系列配套政策，奠定“市管校聘”改革基础。

首先，规范流程，建立竞聘机制。坚持“三级竞聘、上岗必竞”原则，以校为单位，按需设岗，竞聘过程中注重实绩、以德为先、能力为重，公开、公平、择优，建立规范的竞争机制。

一是确定工作方案。落实学校、学区、跨学区竞聘工作组织责任制，学校成立竞聘上岗工作领导小组和人事争议仲裁小组，负责组织校内竞聘，两个小组由不同成员组成；学区内竞聘由督学组长负责实施；跨学区竞聘由市教师管理服务中心负责实施。学校结合实际，科学设岗；市编制部门核定学校编制和岗位。竞聘上岗工作实施得到很好的组织保障。

二是确立竞聘程序。依托“义务教育学区制建设试点”，教师竞聘上岗。按层级分为校内竞聘、学区竞聘、跨学区竞聘。校内竞聘由教职工根据岗位条件、要求和职责向学校提出书面岗聘申请，学校工作领导小组审查应聘资格、组织竞聘会，根据应聘者演讲答辩、工作表现和实绩进行考核量化现场打分。校内落聘人员，参加学区内缺岗学校第二轮竞聘。再落聘人员参加跨学区校际间第三轮双向选择竞岗。通过竞聘确定岗位人选，经公示无异议后，学校依法与上岗人员签订岗位聘用合同。

三是建立退出机制。根据《邛崃市教职工待岗培训管理办法》，市教师管理服务中心对经过“三级竞聘”仍未上岗人员组织实施不超过 12 个月的待（顶）岗培训，待岗培训期间领取基本工资和 50% 的基础性绩效工资，不享受奖励性绩效工资。经培训和考核仍不能上岗的，按程序辞（解）聘。

其次，动态检测，精准师资配置。“市管校聘”改革过程中，邛崃市积极探索教师编制总量控制、动态调整制度，学校岗位管理考核制度，教师交流制度等，利用信息技术手段，开发并启用“邛崃市教师配置动态监测系统”，结合学校实际，精准配置教师资源，进而优化教师结构，区域内师资配置的均衡指数得到很大提升。

最后，刚柔并济，健全常态交流。“三级竞聘”模式推动了邛崃市域内教师的校际流动，与此同时，邛崃市对“刚性”交流、“项目”交流加大力度，积极探索学校结对帮扶、紧缺学科教师跨校走课等教师交流新举措，实行特岗优酬，灵活匹配经费，建立农村教师岗位补贴保障机制，对农村教师按照区域实施岗位补贴，提升农村教师岗位吸引力，增强农村教师的稳定性，鼓励和引导教师向农村流动。

通过机制建设、规范聘任程序、动态调整师资配置、建立常态交流等四项举措，基本形成了邛崃市全员“三级竞聘”模式，强化了教师队伍管理，盘活了教师资源。截至 2016 年 3 月，邛崃市共辞聘（解聘）教师 34 名，且无一人上访。

（4）武侯区“以岗定员，无编聘请”模式

武侯区“以岗定员，无编聘请”模式，即根据域内各学校实际确定岗位数，以财政经费聘请无编制教师。近年来，随着城市经济快速发展，武侯区外来务工随迁子女人数急剧上升，辖区内公办中小学（幼儿园）规模及适龄入学儿童人数迅猛增长与武侯区在编教师数极为短缺之间的矛盾日益凸显。2010 年，武侯区启动“县管校用”改革试点，顺应改革主旨，在当时编制标准无法突破的情况下，积极探索无编制教师聘用途径，针对区域内实际岗位数，通过政府购买服务方式，建立以财政经费聘请无编制教师，破解教师编制短缺难题，不仅补充和丰富了“县管校聘”的内涵，也对“县管校聘”改革模式进行了优化和创新。具体做法如下：

首先，统筹岗位管理，总控师资配置。武侯区成立现代化教师队伍建设领导小组和办公室，负责“县管校聘”相关工作实施的统筹安排、研究指导、资源整合和评估监控，由区权威人物亲自出面组织，区教育局、编办、人社局以及财政局多个部门合作共同参与。在具体实施过程中，由区编办按各个学校师生比设定学校在编教师人数，并核定学校聘请无编制教师规模控制数，再由学校按照相关规定和程序自主招聘无编制教师。

其次，学校自主招聘，严格教师管理。区教育局核定岗位数，无编制教师的经费由区财政局统一划拨至学校，学校自行进行经费管理和教师聘任。学校应按照“报名—资格审查—笔试—面试（含试讲）—体检—岗位聘用—签订劳动合同”七个规序，公平、公开、公正地面向社会招聘无编制教师。如四川大学附属中学（西区）按照这一规定，每年 5—7 月，根据课程和工作需要在规模控制数内设定岗位数量，拟定招聘计划，自主制定招聘方案，报区教育局审核后自主招聘。

学校参照在编教师要求对无编制教师进行严格管理。对无编制教师建立个人档案，实行“长短合同制”和“严格退出制”。教师考核实行师德考核不合格者一票否决制和“约谈提醒—帮扶整改—依法退出”三步退出机制。

最后，关注教师身心发展，促进教师交流。武侯区关注教师的身心发展，采取多种措施促进教师身心健康发展，提升教师职业幸福指数；实行全员阅读计划、全员健康计划、心理关怀计划和营养餐计划“四项关爱计划”，激发教师教育热情；同时开办名师工作室，发挥名师作用，促进圈层间教师交流。

第三节 成都市教师“县管校聘”管理体制改革成效

一、完善了教师管理政策体系，有效促进成都市教师资源均衡配置

“县管校聘”改革后，对教师的入职、教师的从业生涯、教师的退出全过程建立了完整的管理机制，并出台一系列相关配套政策，优化完善了教师管理的政策体系以及教师交流等制度，有力促进了成都市教师资源的均衡配置。2015 年，成都小学、初中师资配置均衡指数分别从 2011 年的 0.43、0.43 优化到 2014 年的 0.32、0.20；大量名优教师向薄弱学校、涉农学校流动，带动了相关学校办学质量、教师队伍整体水平的显著提高。2013 年，成都市各区（市）县一次性全部通过义务教育基本均衡县国家认定，成为全国首个整体实现义务教育县域基本均衡目标的城市。

专栏 2

2012 年，成都市青羊区均衡指标差异系数较 2008 年显著缩小，其中小学师生比、生均教师学历比、生均中级及以上职称比三项均衡指标差异系数均值达 0.06，初中均值达 0.10。通过“县管校用”的调配，三环外学校名优教师比例大幅度提升：名优教师数量从 2008 年的 47 人增加到 405 人，所占比例从 3% 提升到 22.8%；名优教师的师生比从 1∶157 提升到 1∶44；教师本科学历达标率从 74% 提升到 96%。三环外的实验小学西区分校、泡桐树小学绿舟分校等迅速成长为新兴优质学校，满足了群众对优质教育的需求。2007 年以来，成都市实验小学派出干部教师到区内新建学校或薄弱学校共 35 名，其中 6 人已成长为校长、9 人成长为副校长。

二、创新教师管理模式，盘活了教师资源

教师“县管校聘”，学校拥有教师“使用权”，而无“所有权”，看似削弱了学校的权力，实则不全然。退出机制的建立及对教师的考核评价直接影响了教师的发展，甚至是决定了教师的进退，而这一“生杀大权”掌握在学校手里。对此，学校显然不能乱用和滥用，倒逼学校依法办学、规范办学，建立更加规范透明的现代学校管理制度。

在城乡教师的互动交流中，不同学校文化、教育理念的碰撞融合，打破了一所学校相对单一的教师学缘结构和教学风格，激发了新的教育智慧。教师流动到新的学校，面对新环境和任务，被激发出工作热情，增强了岗位意识和创新意识，促进其专业持续发展。教师流动也为学校补充了新鲜血液，为学校带来新的工作思路和工作方法，有利于增强学校组织的生命力和创新性。薄弱学校教师定期或长期交流到优质学校，自然是促进自身专业成长的良机；名校干部教师交流到薄弱学校，通常能够得到新的平台，更好地展示自己，激发自身的能量。同时，聘任制改革和退出机制的建立，打破了传统教师职业的“铁饭碗”观念，增加了适度的职业紧迫感和危机感，帮助教师克服职业倦怠情绪。

三、形成了具有成都特色的教师管理体制改革综合实践“样本”

教师“县管校聘”管理体制改革的实施，主旨是促进成都城乡教育高位均衡发展，推动成都基础教育师资均衡配置。综合各个区（市）县改革创新模式，成都市“县管校聘”运行模式可以归纳为“一个中心”“两种模式”“三对关系”“四个机制”，形成具有成都特色的“县管校聘”“1234”改革实践样本。

一是创设了“一个中心”。“一个中心”指编制、人社、教育、财政等部门协同，在各区（市）县设立教师管理服务中心（以下简称“教管中心”）。“县管校聘”改革后，学校从教师管理常规繁杂事务中解脱出来，进而促进学校更好地提升办学效率和办学水平；同时教师管理相关事务转移到区（市）县层面，为提升管理效能，各区（市）县在教育局与学校之间设置专门的机构——“教管

中心”（隶属于区（市）县教育局）直接承接区域内教师各类常规管理事务，并执行教育局教师管理相关政策，形成了缓冲带，有效缓解了教师个体、群体与县级教育行政部门之间可能的矛盾和问题，充分发挥了教师流动和教师管理的发动机和调节器的作用，实现了对区域教师的统筹管理，极大促进了教师的合理、有序、规范流动，进而从根本上解决了教师的“人事身份”归谁管的问题。

二是贡献了“两种模式”。“两种模式”指成都在改革推进过程中，提供的统筹教师管理的“一步到位”和“分步到位”两种模式。“一步到位”是实现教职工由“单位人”向“系统人”的整体转变，是一种更为彻底、力度更大的推进策略，这种方式最大化平衡了教师资源，有利于减小教师管理难度；“分步到位”是先将新进教师纳入“县管”范围，待条件成熟再将其他教师分批次纳入“县管校聘”管理，是一种渐进式的推进策略，该方式有利于降低教师对体制改革的抵触情绪，减小学校推进改革的压力。可以说，“一步到位”和“分步到位”是“县管校聘”改革中，教师身份统筹管理的两种策略、两种实践路径，各有优势。在具体推进“县管校聘”改革中，各区（市）县根据实际有针对性地进行选择，使“县管校聘”改革因地制宜、稳步推进。

三是明确了“三对关系”。“三对关系”指教师管理服务中心与学校、教师管理服务中心与教师以及学校与教师这三对关系（见图 2-4）。

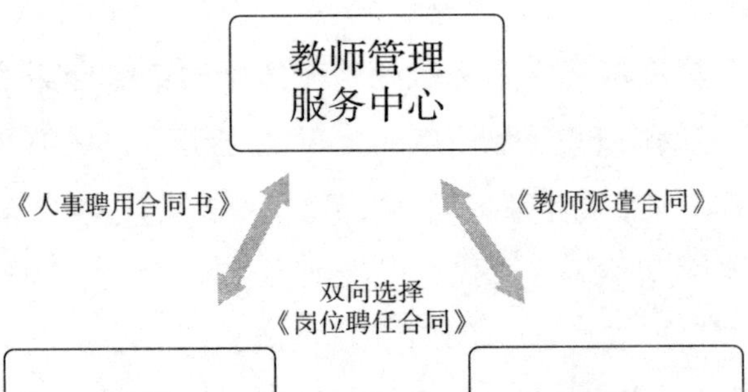

图 2-4 成都市教师“县管校聘”管理体制“三对关系”示意图

首先，教师管理服务中心与学校。教育局负责教师管理的顶层设计，通过对区（市）县学校编制进行分解，招聘录用编制和增人计划内的教师，调配系统内教师流动（交流），初审学校管理岗位数、专业技术岗位数和工勤岗位数，指导和监督对校（园）长的选聘、考核、交流和培训，学校教职工的聘用、管理、考核及培训。

其次，教师管理服务中心与教师的关系。教师管理服务中心是区（市）县教育局各项教师管理政策的直接执行与操作者，代替教育局直接面对教师个体或群体。作为区（市）县教职工人事聘用的主体单位，教管中心与教职工签订人事聘用合同，具体实施教职工岗位交流，承担教职工特别是教师专业发展管理，主要负责组织师德满意度测评、评优评先、职称评聘、教师资格认定、校（园）长和名优骨干教师目标考核、绩效考核等工作。

最后，学校与教师的关系。学校是教师直接使用单位，按照校长负责制和相关规定与受聘教职工签订岗位聘用合同，依据制定的考核标准，对受聘教职工的工作过程及结果进行考评，根据受聘教职工工作的质与量，核算和发放奖励性绩效工资等。

理顺这三对关系，“让专业的人做专业的事”，对职能职责重新划分，可使各个单位各司其职、各尽其责，更好地立足本职特点发挥专业特长，提升办公效率，提升服务教师质量；教育行政部门和学校从微小繁杂的事务性管理中解脱出来，提高了事务性工作的科学化管理水平，从而更好地实现了政校分离、管办分离、聘用分离。

四是建立了“四个机制”。“县管校聘”制度更好地统筹了教师管理，从教师入口到过程监管再到出口，建立了行之有效的管理机制。首先是建立了工作岗位“能进能出”机制，严把入口，从严执行教师资格准入制度；严格考核，科学评价，逐步退出，同时建立“合同退出”制，降低行政风险。其次是建立管理岗位的“能上能下”机制，实行“竞聘上岗”和“公推直选”。再次是建立专业技术岗位的“能升能降”机制，打破技术职务任期终身制。最后是建立不合格教师“转岗培训”机制，学校可将考核不合格的教师退回教管中心，由教管中心对其进行待岗培训，培训后再提供竞聘上岗的机会；对培训后仍不能竞聘上岗的，再进行转岗安排或解聘处理。通过“四个机制”的全程管理，充分了激发教师教育教学活力，也成为教师专业成长的保障。

四、改革成果为各级政府决策制定提供依据，并发挥了示范引领作用

（一）改革成果上升为政策制度

成都市将“县管校聘”改革工作做法与经验逐步上升为成都市教育决策制度。2014年，《成都市人民政府关于加强教师队伍建设的实施意见》明确将深化“县管校聘”用人机制改革、优化义务教育师资均衡配置作为重点任务。2015年《成都市人民政府办公厅关于进一步优化配置全市中小学校教师资源的指导意见》明确提出推进完善“县管校聘”机制，“充分发挥教师‘县管校聘’机制作用，由区（市）县统筹负责教师使用、交流和培养，不断优化教师队伍学科、职称和年龄结构，加快缩小校际差距、城乡差距”①。2016年《成都市人民政府办公厅关于印发〈乡村教师支持计划实施细则（2015—2020年）〉的通知》明确提出“切实深化‘县管校聘’改革，深入推进县域内义务教育教师（校长）的交流轮岗”。②

（二）改革成果为国家政策制定提供了重要依据

2013年，教育部教师司教师校长交流轮岗工作课题组到成都市调研，成都市贡献了“县管校聘”的地方做法经验与智慧。2014年，教育部、人社部、财政部联合印发《关于推进县（区）域内义务教育学校校长教师交流轮岗的意见》，明确“全面推进义务教育教师队伍‘县管校聘’管理改革”③。2015年6月，成都市入选国家首批义务教育教师队伍“县管校聘”管理改革示范区，教育部明确要求首批义务教育教师队伍“县管校聘”管理改革示范区要进一步加大工作力度，积极发挥引领示范作用，为推进义务教育学校校长教师交流轮

---

① 成都市人民政府办公厅：《关于进一步优化配置全市中小学校教师资源的指导意见》（成办发〔2014〕58号），2014年12月22日，见 http://www.cdedu.gov.cn/zhengce/show.aspx?id=47235。

② 成都市人民政府办公厅：《成都市人民政府办公厅关于印发〈乡村教师支持计划实施细则（2015—2020年）〉的通知》（成办发〔2016〕11号），2016年3月31日，见 http://www.cdedu.gov.cn/zhengce/Show.aspx?id=56788。

③ 教育部、财政部、人力资源和社会保障部：《关于推进县（区）域内义务教育学校校长教师交流轮岗的意见》（教师〔2014〕4号），2014年8月13日，见 http://old.moe.gov.cn/publicfiles/business/htmlfiles/moe/s7143/201409/174493.html。

岗工作作出积极贡献。2016 年 3 月，教育部网站推广成都邛崃“县管校聘”工作经验，指出“工作开展系统、扎实、有序，并取得很大成效，为各省市提供了可借鉴、可推广的宝贵经验”①。

（三）改革成果被各大媒体广泛宣传推广，获得了社会各界认可

2011 年 8 月 26 日，《中国教育报》深度关注成都市温江区教师“县管校聘”管理体制改革，认为“县管校聘”“激活了教师队伍，促进了城乡交流”“破解了以往城乡教师交流难的症结”②，积极评价“县管校聘”的改革实效。2013 年 9 月 17 日，《人民日报》以“成都率先实现城乡教育均衡发展——家门口就能上好学校”为题，头版头条报道成都教育均衡发展成绩，并专门提出“县管校聘”这一新举措“打破了学校对教师的‘一校所有制’，打破了教师‘从一而终’的模式，让校长教师真正‘流动’了起来，许多城市教师很自然地交流到农村学校”，“改变以往校长、教师人事关系只属于某一所学校的制度”，“这对于校长、教师跨校流动，促进城乡师资交流，无疑是一种新招、实招”。③

目前，成都市教育局在前期改革基础上进一步探索，以成都市为整体，统筹资源，深入分析两级主体在教师管理、使用、交流、退出等环节的现实问题，把脉沉疴，进一步推动“县管校聘”改革再上新台阶，加快推进优质均衡发展，加快建设“优教成都”。

第四节　教师“县管校聘”管理体制改革的反思与启示

成都市“县管校聘”教师管理体制改革从探索之初到如今，已有近十年时

---

① 教育部：《四川邛崃：创新教师管理机制“三级竞聘”促均衡》，2016 年 4 月 13 日，见 http://www.moe.gov.cn/s78/A11/s3077/s8391/201603/t20160314_233339.html。

② 刘磊：《“区管校用”促城乡教师流动——记成都市温江区教师人事体制新模式改革》，《中国教育报》2011 年 8 月 26 日。

③ 袁新文、王明峰：《成都率先实现城乡教育均衡发展——家门口就能上好学校》，《人民日报》2013 年 9 月 17 日。

间。从目前总体情况来看,成都市"县管校聘"教师管理体制改革用创新实践,回答了教师资源该如何更优化配置和有效管理的核心问题,是一项具有前瞻性、富有重大成效的改革创新。这项改革在取得阶段性成果的同时,也存在着诸多理论与实践上亟待进一步厘清的问题,非常有必要就该项制度设计本身进行理性反思,以便进一步推进"县管校聘"制度的优化与完善。

一、成都市教师"县管校聘"管理制度是区(市)县与市域层面双向互动、协同创新的必然结果,是研究我国教育制度变迁的一个范例

成都市的教师"县管校聘"管理制度创新历经近十年,目前仍在渐进深化与完善。站在国家教师"县管校聘"制度变迁的角度,作为基层创新者的成都通过自身的逐步探索实践,呈现出自下而上、逐渐突破、不断创生、渐进推广的"诱致性"制度变迁特点。但是,站在成都(市)教师管理制度变迁的角度,这一"县管校聘"的制度革新又始终体现出区(市)县行政改革者的主动推进和自上而下的制度创新。从这一意义上来说,这似乎又具有较为典型的"强制性"制度变迁的特点。那么,这种不能用经典的制度变迁理论来加以解释的制度变迁路径,又带给我们怎样的思考呢?

自20世纪70年代美国著名经济学家道格拉斯·C.诺思(Douglass C. North)在研究中重新发现了制度因素的重要作用,提出了制度变迁(institutional change)理论以来,改革者对于制度变迁的关注与日俱增,基层实践者自觉的制度识读和对制度变迁的理性认知在很多制度创新中发挥着越来越重要的作用。

毫无疑问,在教师"县管校聘"管理制度的探索中,成都是一个先行者。成都市在思索如何更好地实现教师资源的优化配置,激活教师资源的有效使用,推动教育公平方面作出了非常有益的探索。从成都市"县管校聘"制度创新改革中可以看出,最初的"区管校用"制度创新是在一种制度不均衡环境下,政府主动突破,实现教师管理制度新的供给,试图实现教育制度均衡的结果。当时的青羊区面临空间教师资源配置困境的倒逼,同时,作为基层教育行政部门也意识到"作为单位人"的教师管理存在的制度痼疾,

当然,还因为义务教育“以县为主”的管理体制赋予了区(市)县一级教育管理权、办学自主权及资源调配权。所有这些因素,加上地方行政部门愿意创新的能动精神,共同促成了青羊区“区管校用”制度的创生,从而也成为成都市教师“县管校聘”制度创新的原点。从推动的主体来看,区县一级政府始终处于改革的潮头浪尖,这也是理解成都市教育改革源头活水的重要维度。

同时,更要认识到,成都市域层面对此制度创新的重要作为。实际上,在区(市)县的改革探索中,成都市及时、理性地厘清了“管理”教师与“使用、聘任”教师的概念边界和组织联结点(教师管理服务中心),在及时肯定基层创新经验的基础上,综合梳理、科学凝练,用一种效率更高的“县管校用”制度安排逐步替换了效率较低的“作为单位人”的教师管理制度。可以说,在这一制度创新中,突破基层制度环境的是市一级政府;最终赋予“县管校聘”丰富独特制度内涵的也是市一级政府;及时总结成都经验,在更大的范围内拓展“县管校聘”制度经验的还是市一级政府。这是一种“制度觉知”基础上的制度创新,是成都市深化教育综合改革的典型实践方式。

在此过程中,成都市教师“县管校聘”制度创新经历了困境倒逼—区(市)县制度自觉—把握合适的改革切入口—实现区(市)县多样化的区域探索创新—全域成都的总结、凝练、再试点、持续推广的区(市)县与市域层面双向互动,协同促成了制度创新,并为国家贡献地方制度创新智慧的制度变迁方式。它集中反映了成都市教师“县管校聘”管理制度创新的历程。从新制度主义的视野来看,成都市教师管理制度的更替创生了重要的“生产”意义和“制度”收益,推进了教师资源的优化配置和有效使用。这些都是对制度变迁理论的丰富。

总之,“教师资源配置不均衡和使用效率低下”这一核心困境所带来的制度不均衡推动了成都市的基层创新。同时,也要注意到,呈现出非常突出的政府主导特性的成都市教师“县管校聘”的制度安排,也导致基层的教师和学校实际上并没有积极主动地参与这一制度变迁的过程,而这也是教师“县管校聘”制度在推进中逐渐出现新的不均衡的重要诱因。但不管怎样,成都市教师“县管校聘”管理制度是区（市）县与市域层面双向互动、协同创新的必然结果，是变革时代研究我国教育制度变迁的一个范例。

二、教师“县管校聘”的制度优化特别需要处理好与“教师流动”制度的区别与联系

毫无疑问，成都市的教师“县管校聘”制度取得了重要的改革成果，但是，在现实中依然存在着不少问题，比如基层教师动力、教师的归属感及学校的教师队伍稳定性不足等问题。从全国层面来看，关于教师“县管校聘”也存在不同角度的评价。所以，我们必须理性思考教师“县管校聘”的制度供给与优化问题。而思考这一问题的起点应该是厘清“县管校聘”制度与“教师流动”制度的概念边界。

在现实中，我们看到，基层老师“县管校聘”制度与“教师流动”制度混淆，部分教育行政管理者也存在着对于这两个概念边界的模糊理解，继而导致“县管校聘”制度在推行中有可能偏离原初的方向，其制度意义难以充分发挥。所以，在认识层面进一步厘清“县管校聘”制度与“教师流动”制度的本质区别与联系十分必要。

首先，“县管校聘”制度的确是为了彻底打破教师流动的体制障碍，解决教师流动问题而创生的。但是，“县管校聘”的制度安排主要指向的是解决校际岗位短缺，以及调整优化教师结构和整个教师资源配置效率方面。它是在县域内实现教师资源管理与校内教师有效使用的制度供给。从该项制度创生的初衷来看，是破解教师“一校所有”的人事管理制度，突破“人走关系不动”的教师管理机制，从根本上解决教师的“人事身份”归谁管的问题，实现教师由“单位人”向“系统人”的转变，最终解决教师流动障碍。从这层意义上来讲，“县管校聘”制度与“教师流动”制度存在着非常密切的关系。但是，“县管校聘”的制度意义绝不止于破解教师流动的障碍。如果思想认识局限，把“县管校聘”看做教师流动政策系统中的分支策略，那么“县管校聘”所能发挥的制度意义就非常有限。尽管从教育部、财政部、人力资源和社会保障部联合发布的《关于推进县（区）域内义务教育学校校长教师交流轮

岗的意见》中指出，“国家层面推动义务教育教师队伍‘县管校聘’示范区建设，……为教师交流轮岗工作提供制度保障”①，总体上也是将“县管校聘”定位于教师交流轮岗工作的保障性制度，但就我们的认识以及成都市“县管校聘”制度实际推进情况来看，这一政策性认识值得商榷。

“县管校聘”制度的目的更应指向解决校际岗位短缺，以及调整优化教师结构和整个教师资源配置效率方面。针对农村学校教师编制富余，城镇地区教师编制不足的现象，“县管校聘”可以从区（市）县层面推动编制的统筹管理，调整城乡教师资源配置的效率。“县管校聘”还可以根据生源的变化、学校规模的变化以及学校新设计的岗位需求变化进行学校岗位的动态微调，促进教师岗位结构的优化，解决校际岗位短缺的问题。在这一层面上，“县管校聘”尽管也涉及教师流动问题，并不是每年大范围的流动或者变动，而是常态下在一定范围内的微调，是一种岗位调整制度，其制度设计早已超越了教师交流和轮岗的范畴。

其次，“教师流动”制度是以建立教师优质资源县域内或者跨区域有序配置为目的，围绕“均衡”主线推进的补偿性改革举措。它内涵丰富，形式多样。从目前各级政府着力推动的教师交流制度来看，总体呈现刚性化、制度化、常态化特点。从一般意义上来说，教师流动属于人才流动。人才流动本质上是人力资本的流通。“教师流动”制度内涵丰富，形式多样：从地域上包括县域内和跨县域的流动，从意愿上包括主动与被动流动，从人事关系上包括刚性和柔性流动，从结果和性质方面包括正向流动和逆向流动。②

但从现今全国各地所推行的“教师流动”制度来看，其建立目的，主要在于改变过去教师多从经济欠发达地区流向经济发达地区、从农村学校流向城市学校、从薄弱学校流向优质学校的状况。所以，目前的“教师流动”制度往

---

①　教育部、财政部、人力资源和社会保障部：《关于推进县（区）域内义务教育学校校长教师交流轮岗的意见》（教师〔2014〕4号），2014年8月13日，见 http://old.moe.gov.cn/publicfiles/business/htmlfiles/moe/s7143/201409/174493.html。

②　崔亚超：《关于义务教育学校教师流动问题的研究》，首都师范大学教育学院硕士学位论文，2013年，第10页。

往以刚性政策之力推进优质教师“逆向”流动为主。比如,从经济发达地区流向经济欠发达地区,从城市学校流向农村学校,从优质学校流向薄弱学校。可以说,目前各级政府着力推动的“教师流动”制度总体是偏刚性的,追求制度化、常态化,以促进城乡教育的均衡发展为主要改革目的的。

成都市推进教师交流的一系列政策也具有这一总体特点。总体来看,“均衡”是主线,“刚性化、制度化、常态化”是基本特征。从2007年8月成都市教育局下发的《成都市教育局关于进一步加强干部教师交流工作的通知》开始,成都市启动了全市大规模的干部教师定期交流。这一政策的总体规定是偏刚性的,比如,“要求在同一所学校任教(任职)满9年的教师(校长)都将被纳入交流范围,每年交流人数将达到应交流人数的15%以上,每期(批)3学年”①。尽管该政策也倡导个人主动交流模式,但总体来看,以交流指标完成为目标的刚性政策意图非常清晰。

2009年,成都市教育局出台《关于切实做好2009年度教师交流与支教工作的通知》,鲜明提出,推进干部教师交流,是为了切实推进统筹城乡教育综合改革试验区建设,扎实推进城乡教育互动发展联盟,引导教师在县域内合理流动,切实做好民族地区支教工作,统筹城乡教育均衡发展的需要等。

2010年,《关于城乡中小学干部双向互派和教师交流工作的通知》基本建立了县域内中小学干部教师交流制度和干部教师跨区域交流制度。该政策意在为促进城乡义务教育学校教师资源均衡配置,扎实推进城乡教育区域互动、名校集团、师徒牵手工作,为推进全国城乡教育综合配套改革试验区建设提供人才支撑。在义务教育学校教师县域交流方面,坚持“县域为主、区域互动;分层实施、刚柔并举”的工作原则,大力推进中小学教师交流工作。要求各区(市)县教育局加强义务教育段教师县域内交流,认真分析本地教师资源配置情况,采取有力措施,以义务教育段学校为重点,通过开展教师交流,切实解决超缺编、名优教师及高级教师分布不均衡、学科不配套等问题,促进干部教师

① 成都市教育局:《成都市教育局关于进一步加强干部教师交流工作的通知》(成教人〔2007〕46号),2007年8月6日,见http://news.163.com/07/0831/06/3N7461JN00011229.html。

资源均衡配置。

2013 年,《成都市人才支持计划——教师专项计划实施方案》提出,要通过干部教师跨区域交流,促进干部教师合理流动和教育资源的优化配置,提高农村学校的教育教学水平、管理水平,推动全市教育事业优质均衡发展。

2014 年,成都市出台《关于深化教育领域综合改革的实施意见(2014—2020 年)》,把“深化校长教师交流机制”作为“改革资源配置方式”的重要内容,要求县域内义务教育学校校长教师交流实现刚性化、制度化、常态化。

综上所述,可以清晰地看到成都市在推进教师交流工作以建立教师优质资源有序配置制度,围绕“均衡”主线推进的补偿性改革举措。“教师交流”制度推进中的刚性化、制度化、常态化特征非常突出。

第三,“县管校聘”制度和“教师流动”制度既是存在本质区别的两个制度体系,同时也有密切的关系,要在明确其制度重心和边界的基础上优化完善制度供给。如果在实施“县管校聘”制度时与“教师流动”制度混为一谈,不能对两项制度的本质区别有清晰的认识,让校长或教师误认为“县管校聘”就是教师流动的硬性规定,那么,必然会导致实践层面的偏离。正如上文已有谈及,在“县管校聘”制度创生中,广大教师甚至学校层面总体上是缺乏主动性的,制度的不均衡也主要体现为教师的本位意识和对编制制度的路径依赖与县域层面教师资源统筹调配、有效使用的客观要求之间的矛盾。所以,基于行政层面推进的“县管校聘”制度,很难调动广大教师参与的积极性。这里面除了中国广泛存在的校级之间巨大的资源差异、文化身份差异、社会认可差异外,作为文化组织的学校的内在稳定性和教师的职业特点都使得这项制度存在内在困境。所以,如果在观念层面混淆两项制度的本质区别,那么,当前“教师流动”制度的那种刚性化、逆向性特点必然导致基层教师和学校对于“县管校聘”制度产生抵触。而“县管校聘”制度试图实现的常态下的岗位动态微调制度目标就会被忽略,甚至被歪曲。

当然,这两项制度之间不可避免地存在诸多交集,特别是在当前的背景下,“均衡”的改革主题会影响甚至改变“县管校聘”重在“使用效率”的制度变迁走向。这是需要特别予以关注的,也是教师“县管校聘”制度进一步优化面临的难题。

因此,对于当前教师资源均衡配置和有效使用制度的整体推进,特别需要厘清“县管校聘”制度和“教师流动”制度的本质区别,以系统的视野,立足两项制度的改革着力点,从而深度推进“县管校聘”制度和“教师流动”制度的共同优化和完善。

三、“县管校聘”制度的改革着力点，应重在发挥教师管理服务中心这一关键组织联结点的“服务”与“缓冲”功能上

作为教师“县管校聘”的核心制度设计,教师管理服务中心发挥着多种管理功能。

第一,教师管理服务中心发挥教师的聘用、派遣等基本管理功能。在“县管人员身份”的环节,由教育管理服务中心与全县在编教师签订人事聘用合同,并统筹实施派遣任教,学校对聘用岗位进行管理、对教师进行考核。可以说,教师管理服务中心独立行使全县教师的人事聘任和派遣职能乃是“县管校聘”制度得以顺利运行的前提和基础,它使“县管”具有实质内涵,是县域内教师资源均衡配置的关键。同时,教师管理服务中心配合学校对教师进行考核、评价等工作,可以进一步督促教师在受聘学校工作岗位后更好地履责,进一步提升其教师专业素养和工作能力,也体现着管理的叠加效应。

第二,教师管理服务中心实施对未聘(落聘)教师的集中管理与培训。在县域内全员竞聘上岗工作当中,教师管理服务中心发挥着非常大的作用。不管是教职工工作态度还是专业水平上有问题,凡是年度考核不合格的,学校可以不再聘用,移交给教管中心,教管中心再给予培训和上岗机会,跨校竞聘、全县范围内竞聘上岗,如再不合格者则转岗或退出。在这一过程中,对于教师是否合格的认定,学校必须有科学规范的评价标准、程序,规范、合理的管理制度,充分的事实明证。这就倒逼学校依法办学、规范办学。因此,教师管理服务中心对于建立更加规范透明的现代学校管理制度具有重要的推动作用。

第三,教师管理服务中心承办教师集中管理的事务性工作。教师管理服务中心具有常规管理教师档案和编制等事务性工作的职能。特别是教师管理

服务中心与教育局在确立科学的赋权和分工后，教育局抓统筹规划和制度创新，教师管理服务中心抓常规管理和服务的“管办分离”模式更加清晰。行政部门、教师管理服务中心、学校各司其职，权责分明，构成一个“合作共同体”。另外，教师管理服务中心可以集中管理教师的常规事务性工作，使管理更加专业化，效率更高。

教师管理服务中心上述职能的发挥是否就能推动“县管校聘”的有效开展呢？或者说，对教师管理服务中心管理功能的充分强调是否就把握住了该制度设计的全部内涵呢？从教师管理服务中心的功能定位乃至“县管校聘”制度设计的目的和指向来看，教师管理服务中心在发挥管理功能的同时，能否进一步发挥该组织的服务与缓冲功能，对于“县管校聘”制度功能的充分发挥意义重大。

所谓充分发挥好教师管理服务中心的服务功能，其核心是如何将上述管理工作以一种服务的方式提供出来，而不是“管制”“管控”等强管理特性的凸显。换言之，充分发挥教师管理服务中心的服务职能，是指让教师在接受管理的同时，既能获得应有的尊重，更能在教师的专业成长上受益。教师管理服务中心组织设计的目的，不是让教师畏惧（回到）教师管理服务中心，而是要让教师们感受到这一组织作为“港湾”的作用和价值。在成都市青羊、温江、邛崃等区（市）县，可以看到这种变化。但是，在教师管理服务中心发挥管理和服务的日常活动中，常常面临管理与服务之间的关系不和谐的难题，有的强调服务而不敢管理，有的强调管理而疏于服务，这两种倾向都是把管理和服务对立起来了。在教师管理服务中心职能的发挥上，既要认识到管理具有规范性和强制性的一面，也要认识到服务所具有的发展指向性。教师管理服务中心的管理功能是基础，而服务功能才是根本。在管理与服务的对立统一的观念指导下，充分发挥教师管理服务中心的服务职能，是教师管理服务中心组织优化完善的重要维度。

教师管理服务中心还应进一步发挥其缓冲功能。从管理理论来看，教师管理服务中心的建立客观上带来原有教育管理结构层级的增加，随之也带来相关层级管理部门管理幅度的相应变化。如果教师管理服务中心不能很好地发挥机构职能，那么，很有可能因职能分工、权限划定、功能定位等的不清晰带来管理成本增加、管理效能低下、管理关系错综、管理问题丛生等问题。但从目前成都市各区（市）县教师管理服务中心运行情况来看，这一机构较好地在政府和学校（主管部门和用人单位）之间搭建了一个第三方平台。对教师而言，教师的诉求可以通过教师管理服务中心以一种理性的方式与政府面对面交流。教师管理服务中心使教师有“退”的空间，即使未竞聘上岗，也可以回到教师管理服务中心培训再上岗。通过培训，教师可以丰富个人知识，增强个人素质，提高个人技能。对教育行政主管部门而言，个体诉求经由教师管理服务中心的过滤、汇聚，便于教育行政部门针对区域内的重大问题进行决策。同时，教师管理服务中心也可以减少教育行政部门频繁事务性处理与面对教师的个体诉求所带来的直接矛盾和冲突。因此，教师管理服务中心在学校、教师、教育行政部门间搭起了一个第三方平台，起着非常重要的“缓冲”作用。

综上所述，从教师管理服务中心制度设计本身来讲，要充分发挥好其管理、服务与缓冲平台三个功能，从而更好地形成学校、教师管理服务中心、行政部门之间的有效联结，才能最大地发挥出教师管理服务中心的意义和价值，优化和完善教师“县管校聘”制度。

四、教师“县管校聘”制度的未来走向

“县管校聘”制度该走向何方？这是本案例分析的落脚点。从成都市基于区（市）县探索经验，创生教师“县管校聘”制度并不断优化完善的制度变迁路径来看，区（市）县与市域层面双向互动、理论与实践的双向互促是成都市的成功经验。从目前“县管校聘”制度对于促进成都教师有序流动、推进教师资源的优化配置以及贡献区域教育管办评分离的实践经验来看，都具有较为显著的成效。但是，如果我们理性地审视“县管校聘”的制度设计目标和当前的制度成效来看，其间的差距不得不正视。“县管校聘”制度的未来走向还需要继续审思。

“县管校聘”制度安排中“县管”，意指县级教育行政部门按照职能分工、权限设置，依据《中华人民共和国教师法》《中华人民共和国教育法》有关规

定履行对中小学教师的公开招聘、职务评聘、培养培训、轮岗交流等管理职能。“校聘”，意指学校依法与教师签订聘用合同或工作合同，学校作为自主办学的法人主体，负责对学校教师的合理配置、统筹使用、绩效考核、专业能力提升、评优表彰等进行日常管理。从成都市目前的“县管校聘”制度安排来看，“县管”是指区（市）县教育行政部门统一管理教师的总量控制、岗位结构、人员身份，进行全局统筹等方面工作。“校聘”是指学校按岗配备教师、按岗定员、合理使用、择优选派。

成都市“县管校聘”制度在很大程度上实现了当初制度设计时的两个主要目标。第一，教师由“单位人”变为“系统人”，总体上消除了教师流动的体制障碍，便于区域层面统筹调配有编制人员，改变了过去教师管理僵化的困境，为县域层面的教师交流提供了重要的制度支持。第二，利用教师管理服务中心平台建立了管理岗位“能上能下”、技术岗位“能升能降”、工作岗位“能进能出”三大机制，实现了教师在县域内的结构调整、岗位调整，一定程度上推动了教师“出”与“入”制度的完善，使得“县管校聘”制度具有了较好的激励作用。上述两点是在成都市乃至在全国更大范围内实行“县管校聘”后的可见制度功能。

但是，目前的“县管校聘”制度还存在需要进一步完善的地方。从目前“县管”所涉及的对象来看，主要是指编制内教师，对于非编制教师涉及很少；而现在“校聘”中的“确立转岗、待岗培训、解聘和辞聘”四种教师退出教学岗位的渠道，相比之前的聘任的确更具意义。但是四种渠道并非退出教育系统，只是退出教学岗位，编制身份仍在。这对编制教师的激励和约束作用有限，对非编制教师而言是没有激励性的。因此，从这个角度来看，目前“县管校聘”中的“校聘”，也只是在有编制的教师中实行聘任，并没有实现对编制困局的实质性突破。概言之，目前的“县管”管的仍是编制，“校聘”聘用的还是编制内人员。

当然，县域上统筹管理教师编制，使教师变“单位人”为“系统人”，突破了教师交流和流动障碍，这是进步；“校聘”聘用的是编制内人员，一定程度上能够激励教师，使得教师队伍开始有活力，这也是进步。但肇始于计划时代的

“编制”本就是固化身份、建构安全以及资源配置的管理工具，因此，局限于编制教师这一层面上进行的“县管”，意义终归有限。而“校聘”，聘的是编制内教师。从实践成效来看，从20世纪80年代后期已在学校开始探索的聘任制因编制的深层制约，始终很难对教师的“出入”产生真正实质的影响。

综上所述，目前的“县管校聘”制度仍然是不彻底的，其核心制度局限在于没有直指现在的编制困境，更没有突破省级统一制定的教师编制标准，破解教师的编制困局。“县管校聘”制度的未来走向，或者说未来的改革着力点在于如何突破编制局限，实现真正意义上的“县管岗位职数”（员额）和“校聘非编制人员”。

问题是，“县管校聘”制度的这一未来走向有实现的可能吗？会不会只是一种“理想愿景”呢？我们从两个方面来加以分析。

第一，从大的社会政策变化来看，社保并轨政策为真正意义上的“岗位管理”提供了政策基础。2014年5月，国务院《事业单位人事管理条例》明确提出“事业单位及其工作人员依法参加社会保险，工作人员依法享受社会保险待遇”。① 2016年年初，国务院发布《关于机关事业单位工作人员养老保险制度改革的决定》（国发〔2015〕2号），多地（包括四川）陆续出台贯彻意见。这一政策的影响及意义在于，它打破了建立于20世纪50年代，成型于80年代的养老金双轨制。社保并轨对于显性或者隐性的编制“红利”具有重要的剥离作用，预示着能进能出、能上能下的“岗位管理”是大势所趋。社保并轨，无论对教师个人的发展，还是对整个教育行业人才的流动具有积极的制度意义。总而言之，上述国家政策的改革着力点既是目前社会的客观事实，也意味着未来改革的趋势，它为“县管校聘”实现真正的“岗位管理”提供了政策基础，而且，也一定会形成人们逐渐“接受岗位管理，淡化编制管理”的心理氛围。

第二，基于“编制只减不增”的政策背景，以及学校编制内教师的自然减

---

① 国务院：《事业单位人事管理条例》（国务院令第652号），2014年7月1日，见 http://www.mohrss.gov.cn/SYrlzyhshbzb/fwyd/SYkaoshizhaopin/zyhgjjgsydwgkzp/xgzc/201711/t20171110_281424.html。

员，传统公办学校的“两种身份教师”的数量结构以及教师管理重心必将成为一个不容回避的客观事实。如何有效地管理和协调“编制教师”和“非编制教师”的身份差异以及背后的利益差别，是可以预见的未来学校管理的重要问题，这也一定会凸显“县管校聘”的制度局限。如果说现在的“县管校聘”可以暂时搁置学校中的这部分“少数群体”，但未来这部分“少数群体”可能会成为“多数群体”。即便这一可能的“多数”格局不会很快出现，但群体意义不容忽视。另外，随着城镇化进程、社会经济的发展，二孩政策以及随迁子女就学政策带来的学龄人口的持续增加，大城市的新建公办学校数量增加也将是一个事实。所以，如何在“县管校聘”制度安排上关照“非编制教师”，既是社会发展的需求，也是政策环境变化的客观要求。如果不及早地预判这一未来趋势，仅仅囿于“编制”去思考“县管校聘”的制度安排，必将会在未来的教师管理中陷入被动。

值得关注的是，目前成都在突破编制困局，实现有效的教师管理方面正在进行卓有成效的实践探索。这就是成都市武侯区四川大学附属中学西区学校的“两自一包”创新改革。这所新建公办学校着力于突破教师的编制局限，实现了真正意义上的自主岗位聘用，以“长短合同制”和“严格退出机制”等创新制度实现了教师“出”与“入”的真正变革，以及教师管理的真正激励。在川大附中西区学校，“教师自聘”解决了在没有编制情况下如何招聘非编制教师、如何留住编制外教师、如何管理编制外教师等问题。尽管目前川大附中西区学校的“两自一包”改革所探索的成功经验只在成都新建公办学校和幼儿园层面做推广，对于传统公办学校的“两种身份教师”管理借鉴意义有限，但是，该创新案例在“学校如何自主聘用”以及“公办学校如何突破编制资源束缚”，实现创新性学校管理意义重大。从这层意义上来看，接下来的“县管校聘”制度优化完全可以汲取“两自一包”增量改革创新的经验和营养，逐步推进成都传统公办学校“两种身份教师”的存量改革，渐进积累并逐步实现真正意义上的“县管岗位”和“校聘非编制人员”的制度目标。

第三章　成都市名校集团发展案例

成都市名校集团发展战略自 2009 年实施以来，始终强调“以义务教育为主，向两端延伸”原则，严格定位于公共优质教育资源共建共享。早期以城乡教育一体化和教育综合改革与发展为主要背景，并为之作出了积极贡献。党的十八大以来，成都市积极回应地方教育发展需要，实践建设共享理念，调动名校集团相关主体，共同优化教育产品及服务供给框架与体制，逐渐探索出一条“以问题为导向、以政府为主导、以学校为主体”的区域教育治理新路径。截至 2018 年 6 月，全市基础教育（学前、小学、初中、普高，下同）共有名校集团 122 个，龙头学校 122 所；各学段分别为 29 个、53 个、21 个、19 个；全市名校集团成员校共有 201 所，各学段分别为 44 所、105 所、29 所、23 所。“名校集团发展”已成为促进优质教育资源全域覆盖的“成都模式”，在促进教育公平、满足人民群众需求、推进办学模式改革、创新区域教育制度、加快建设“优教成都”等方面作出了积极有效的探索与实践。

第一节　成都市名校集团发展的时代背景

本质上，名校集团不是一蹴而就的政府行为，而是办学主体在响应政策导向、实践诉求和理论发展的自觉突破，是顺应教育发展客观规律的办学模式创新。基于这一基本判断，反观成都名校集团发展的时代背景，不难发现，成都名校集团发展有其现实需要、实践参照、实践基础等基本土壤。

一、成都市教育发展的现实需要

一是解决优质教育资源（特别是义务教育阶段）严重不足的问题。名校集团发展之初，成都全市小学中，市级义务教育示范校 36 所（城区 19 所），占全市小学的比例约为 7.2%；初中学校中，市级义务教育示范校 7 所（城区 1 所），占比约 3.55%；普通高中，省级、国家级示范性（重点）普通高中共 39 所，占比约 29.1%。与此同时，随着城市化进程加快，外来流动人口急剧增加，教育同步面临教育资源总体不足、软件资源均衡状况短期内难以得到根本性解决和“上好学”需求显著增加之间的矛盾。

二是要解决城乡教育均衡发展的问题。成都市多年来城乡教育一体化的探索，逐步形成“以政府投入为主体、以义务教育为重点、以资源配置为核心、以缩小城乡差距为目的”的城乡教育一体化工作思路，其目标直指缩小教育差距的教育均衡发展。随着城乡教育一体化进程的推进，软件资源的均衡配置显得尤为重要。2006 年，成都市委、市政府发布的《关于大力推动基础教育均衡发展的意见》提出：“不断改善农村学校和城镇薄弱学校的办学条件，实现区（市）县域内中小学校在办学思想、办学条件、师资水平、管理水平等方面的基本均衡。”促进“办学思想、师资水平、管理水平”的均衡，人、财、物等一般性资源配置已无法解决问题，需要综合利用优质公办学校的辐射、带动作用，采取与薄弱学校整合、重组、资源共享等方式，对农村学校、薄弱学校进行改造。

三是要解决灾后恢复经济社会发展问题。2008 年“512”汶川特大地震后，成都市经济和社会发展遭到重创。在加快灾后重建步伐，提振发展信心和推动城市经济复苏发展过程中，统筹经济社会发展、统筹城乡教育一体化发展，需要发挥好传统优质学校所具有的引领作用。一则推进名校进新区、进园区，推动在 7 大新建住宅小区布局名校，促进新区和园区产业发展；二则推进名校进灾区，市属 3 所国家级示范性普通高中进入 3 个极重灾区，促进灾区发展；三则推进名校进山区，统筹灾后重建与城乡一体化发展，统筹灾后教育重建与城乡教育一体化发展，促进农村学校和薄弱学校的发展。

四是要解决城乡教育一体化发展新路径的问题。2009 年 4 月，成都市成为全国首个部、省、市共建的"统筹城乡教育综合改革试验区"。成都市城乡教育一体化从自主探索上升为国家试验。如何依托国家平台先行先试,创造可复制可推广的经验,推进教育管理方式的变革,创新"市域统筹"体制机制,打破校际壁垒、区域壁垒、空间壁垒,探索优质教育资源全域成都共建共享机制,成为试验区建设的重要选择。

二、其他城市教育实践的适度参照

在国家政策导向下,我国各地纷纷展开实践探索,其中首推杭州。

1999 年,杭州求是小学试行"连锁办学",接管竞舟校区,在全国最早开启了义务教育公办名校集团化办学的探索。2001 年,浙江省政府办公厅转发省教育厅等 7 部门的《关于进一步拓宽教育融资渠道　加快教育事业发展的意见》,其中规定:"为扩大优质教育资源,加快教育事业发展,各地可探索组建以优秀学校为龙头,跨地区、跨类别学校的教育集团。教育集团要以资产和教育教学为纽带,充分发挥优秀学校的教育教学优势和品牌效应,通过资产和人员重组、输出教育管理,实行连锁办学,盘活学校存量资产,优化教育资源配置,改造薄弱学校,扩大教育规模,提高教育质量和办学效益。"① 2002 年 6 月 21 日,《杭州市人民政府关于深化改革加快发展率先实现基础教育现代化的决定》出台,明确指出:"可以优质学校为龙头,组建跨地区、跨类别学校的教育集团,通过资产和人员重组,改造薄弱学校,提高教育质量和办学效益。"② 标志着杭州教育集团化发展步入政府指令为主的阶段。2004 年 9 月发布的《中共杭州市委、杭州市人民政府关于进一步推进基础教育改革和发展的若干意见》确立实施名校集团化战略,杭州名校集团化办学进程开始步入政府推

---

① 杭州市教育厅、浙江省计委、浙江省财政厅、浙江省国土资源厅、浙江省地税局、浙江省工商局、人行杭州中心支行:《关于进一步拓宽教育融资渠道　加快教育事业发展的意见》(浙政办发〔2001〕78 号),2001 年 11 月 6 日,见 http://www.34law.com/lawfg/law/1797/3293/print_464609891738.shtml。

② 杭州市人民政府:《关于深化改革加快发展率先实现基础教育现代化的决定》(杭政〔2002〕10 号),2002 年 6 月 21 日,见 http://www.hangzhou.gov.cn/art/2003/1/26/art_809447_1983.html。

动、社会响应的快速发展阶段。2004 年,杭州市教育局制定《关于实施中小学名校集团化战略的若干意见》和《杭州市中小学名校认定标准及办法》。2006 年 10 月,《中共杭州市委办公厅、杭州市人民政府办公厅关于实施中小学名校集团化战略的若干意见》出台。2007 年 9 月,《中共杭州市委、杭州市人民政府关于进一步推进名校集团化战略的意见》出台。到 2008 年 3 月,杭州全市教育集团达 73 个,成员单位有 257 个,六城区中小学名校集团化覆盖率达到 54%;全市有 670 所城乡义务教育阶段学校加入城乡学校互助共同体,占总数的 77%,学生覆盖面达 80%。

其他地区也有不同程度的探索和实践。比如,2007 年,宁波市北仑区教育局下发《关于学校捆绑式发展试行意见》,捆绑学校行政管理实行两块牌子一套班子管理,设总校长一名,兼任两所学校的法人代表,全面负责两所学校的教育教学、人事安排等工作,下面分设副校长、教导主任等中层班子,具体负责学校的教学工作,两所学校的财务仍按原模式运行,师资由总校长统一调配,教师原编制单位不变,城区学校去农村支教的教师数量一般占农村学校教师数的 15%—20%,支教时间一般为 2—5 年。2008 年 3 月 6 日,由西安市铁一中学、西安市第二中学、西安市第十二中学、西安铁一中国际合作学校、西安辅伦中学组成的西安铁一中教育集团正式宣告成立;集团成立理事会,是集团的领导决策机构,由 9 名理事组成,理事长由西安市铁一中学校长担任,西安市铁一中学班子成员和其他成员学校校长分别任理事。

三、成都本土教育的实践基础

成都教育素来锐意进取、敢为人先,从 20 世纪末就在教育体制、办学模式等方面作出了卓著探索,并形成了一些较具代表性的办学模式,正是这些模式为成都市名校集团发展积蓄了实践基础。

一是名校领办薄弱学校模式。在推行初高中剥离、推动公办学校改制的大背景下,1996 年,成都树德中学派出校长和团队,领办薄弱学校成都一中,四川省第一所改制学校——树德实验中学成立。1997 年,依此模式,由成都石室中学领办成都十中,成都七中领办成都三十五中,并分别将两所被领办的学校更名为成都石室联合中学、成都七中育才学校。

二是城区学校捆绑农村学校模式。在成都市城乡教育一体化发展背景下，从2004年开始，武侯区将12所城区小学与12所农村小学实施一对一“捆绑发展”，实行“两个法人单位、一个法定代表人，一套领导班子、独立核算、独立核编”的办法进行统一管理。从“捆绑”开始，在“输血”到“造血”过程中，逐步开始“松绑”，最后完全“脱绑”。

三是品牌学校连锁发展模式（强弱合并模式）。2004年，锦江区在城乡学校结对联体基础上，借鉴企业的经营模式，采取以强带弱、强弱联合的方式，将名校或者优质学校与薄弱学校或新建学校整合在一起，以一校二区、一校三区形式形成新的办学组织形式，将二至三所学校整合为一所学校，统一法人、统一师资、统一经费，连锁办学，如将盐道街小学与位于城东莲花小区附近的原莲新小学和位于三环路外的得胜小学联合，正式组建成都市盐道街小学集团。成华区按照规划，把位于东风路小学和万年场小学整合为成华小学的两个校区，在川棉厂原址上新建设一所占地30亩的成华小学全新校区，三个校区设校长一人，全面负责学校的日常教学工作和行政管理。金牛区将成都31中正式合并进入成都铁路中学。

第二节　成都市名校集团发展的历史进路

一、成都市名校集团的发展过程

成都市名校集团发展迄今已逾10年，整个过程呈现出“先发展后规范”的特点。以政策文本分析和本土实践梳理为依据，该过程大致可分为三个阶段，包括起步发展阶段、逐步规范阶段、内涵发展阶段。就整个发展过程而言，每个阶段都呈现出一些显著特征。

（一）起步发展阶段（2009—2010年）

成都市名校集团发展之初就确立了“名校+农校”“名校+新校”“名校+弱校”“名校+民校”四种方式。鉴于名校集团发展资源的公共性、效益的公益性、价值的公平性，前三种方式一直得到坚持和强化，而“名校+民校”方式在发展过程中被自然淘汰。前三种方式，按照优质教育资源全域覆盖的理念，遵循教育公益性原则，通过组建以名校为龙头学校的教育集团，以教育教学和资产为纽带，充分发挥名校的优势和品牌效应，通过资产重组、输出管理、合理配置师资等方式，盘活学校存量资产，优化教育资源配置，快速提升新建学校、薄弱学校、农村学校办学水平和质量，扩大优质教育资源规模，集成推进城乡教育一体化。

该阶段的主要特征是注重方式、强化规模。2009 年正式开始实施以名校为龙头，涵盖学前教育、义务教育和高中阶段教育的名校集团发展战略。到 2010 年，名校集团作为促进教育均衡与公平的一种策略和手段，在成都市范围内得到广泛的建立与推广，全市 17 个区（市）县（金堂县、邛崃市和都江堰市于 2016 年开始组建名校集团）基础教育阶段名校集团达到 125 个，成员学校达到 412 所，成员学校数量平均达到 3.2 所，义务教育阶段名校集团的成员学校平均达到 3.7 所，义务教育阶段名校集团发展的学校参与面超过 50%。

（二）逐步规范阶段（2011—2016 年）

在早期数量扩张基础上，成都市教育行政部门于 2011 年年底开始从形式上对名校集团进行总体设计，最初设计出包括“紧凑型”“松散型”“混合型”以及“专业职教集团”四种类型在内的名校集团发展模式。“紧凑型”模式指集团实行一个法人主体、一套班子，集团内人、财、物、事由龙头学校统筹调配、统一管理、教师干部互相流动，集团通过管理重构、资源重组等方式实现一体化办学，带动新校、弱校、农校等快速发展。“松散型”模式是指龙头学校与成员学校均为独立法人，人、财、物、事分置，校际关系平等。龙头学校通过输出品牌、管理、资源以及教师共同培训、与成员学校的交流等多种方式与途径，带动成员学校教育管理水平和教育质量的提高。“混合型”模式是指不同性质学校间的合作，实行“一团两制”（性质不同的学校并存、共同发展，集团内所有成员学校人员性质、隶属关系等不变），通过协议等方式，在品牌、管理、师资、招生等方面采取多种合作形式。[①]“专业职教集团”是以专业为纽带，组建一批院校与行业、

① 戴晖：《以名校集团发展扩大优质教育资源的区域探索》，《上海教育科研》2018 年第 1 期。

院校与企业、院校与院校契约式合作的专业职教集团，实行规模化、连锁化办学，采取“1+1+n”模式，即“1所高职或职教中心（示范性中职）为龙头学校+1个公共实训基地+n个办有同类专业的中等职业学校和相关企业”。

该阶段主要特征是强制备案、控制数量。为有效解决前一阶段带来的成员学校数量过多、过滥问题，一定程度上控制集团发展的方式和规模，促进名校集团健康发展，从2012年起，成都市教育局以“备案”为杠杆对名校集团及其成员学校数量进行调控。2012年，首次通过备案方式进行了一次集中清理，发布《关于同意成都市第四幼儿园教育集团等91个名校集团备案的通知》，学前段平均每个教育集团成员学校数量由2011年的3.2所降至2.5所，中小学段平均数量由2011年的3.6所降至2.3所。此后，在2014年、2016年、2017年又进行了三次备案，强行控制并有序调整集团成员学校数量，规范集团的发展。2016年，全市22个区（市）县基础教育阶段名校集团为115个，成员学校下降为191所，集团数量及其成员学校数量更加合理。

（三）内涵发展阶段（2016年至今）

2016年，成都市教育局出台《关于进一步提升名校集团发展水平的意见》，从名校集团核心要素着手，驱动内涵发展，以此实现成都市名校集团发展从外延扩张型向内涵要素型转变。到2017年，成都市通过名校领办和委托管理方式，跨区域带动成员学校47所，集团结构更加科学，促进更多城乡学生享受到城市优质教育资源，具体涉及以下措施：

一是加强对成员学校的指导管理。要求龙头学校选派现任中层及以上优秀管理人员，到成员学校担任执行校长，任职不低于一个领办周期3年。跨区域任职的执行校长，由成员学校属地教育行政部门任免，成员学校接受属地教育行政部门管理，并接受龙头学校业务指导和管理。

二是加强对成员学校的专业引领。龙头学校要向成员学校派出团队，派驻到每所成员学校的优秀管理人员、骨干教师原则上不低于3人（含执行校长）。从事管理工作的人员，任职期限不低于一个领办周期3年，派出的专任教师，其任教时间不得低于1年。各名校集团要有计划地从成员学校遴选优秀后备干部到龙头学校挂职锻炼、顶岗工作。

三是加强对成员学校的资源输出，强化名校集团内“学校共同体”建设。根据协议约定，成员学校可加挂龙头学校校名，强化品牌责任、加强品牌管理、维护品牌形象、共享品牌效应。将集团内的龙头学校引领与成员学校主动发展相结合、教师交流与教师专业成长相结合、资源输出与远程共享相结合，推动集团内各学校在校园文化、制度建设、管理方式、课程开发、课堂教学、队伍建设等方面共建共享，促进学生成长同进步、教师队伍同发展、教育质量同提高、学校文化同繁荣。

四是明确名校集团发展的关键环节。对发展方式和方向作出要求，要求以义务教育为重点、区域内与跨区域相结合、公办为主体，同时也鼓励通过“政府购买服务、契约式管理”引进和鼓励优质民办学校、社会优质教育机构领办、委托管理公办学校，鼓励名校通过学校结对、学校共同体、学校联盟、学区等方式，扶持和带动其他学校的发展。要求确保名校集团的公益性质，学校不得因成为名校集团成员学校而改变办学性质和类别、改变财政拨款渠道和方式、提高收费标准和增加收费项目。提出加强名校集团的动态管理，确立信息变更备案、学年度考核、经费绩效考评等调整依据，建立成员学校“造血退出”“优质退出”“再生退出”等造血退出机制和“不合格退出”“不履职退出”“不守规退出”等淘汰退出机制。

该阶段主要特征体现为要素引领、突出内涵。2013年，按照“办好一所学校、锻炼一支队伍、辐射一个地区、探索一种模式”的更高追求和目标，成都市教育局出台的《关于推进名校进县城托管到乡镇深化教育圈层融合的意见》，引导并鼓励名校和优质学校跨区域发展。2016年，成都市教育局出台的《关于进一步提升名校集团发展水平的意见》，吸收了跨区域托管领办模式中聚焦要素内涵的要求与做法，除继续强化“名校＋农校”“名校＋新校”“名校＋弱校”原则之外，不再关注并且专门淡化和忽略名校集团紧凑型、松散型、混合型等组建模式，也不直接提出刚性要求去管控集团成员学校数量，取而代之的是对名校集团的要素作出基本要求，主要是对集团发展的人员输出、资源共享、内部管理等作出明确规定，以要素要求实现对成员学校数量的控制，以要素驱动和实现名校集团的内涵发展、水平提升，实现对名校集团的优化和调整。

二、成都市名校集团的发展特征

通过梳理各阶段发展内容,可以发现成都市名校集团发展的三个显著特征:

一是从数量扩张向质量要求转变。自 2009 年以来,成都市名校集团由最初的增量型发展模式逐渐向保值型发展模式转变。早期的"快速膨胀"带来了包括扩大化倾向在内的诸多问题。此后,成都市开始制定相应的规范文件,以备案制等方式和手段,严格控制集团数量扩张,规范集团发展,推动名校集团发展质量的提升。到 2016 年,基本实现以要素要求有效控制成员学校数量,促进办学质量提升。

二是从外延发展向内涵提升转变。2009 年推动名校集团发展之初,成都市名校集团的组建与发展,重点集中在集团发展工作的推进和组建形式上,即关注名校集团发展的外延,包括紧凑型、松散型、混合型以及专业职教集团等形态,由于内涵不清晰、要求不严格,质量难以得到真正保证。随着集团化办学持续推进,单一的外延扩张型名校集团发展已经无法满足集团的长效发展需求,呈现出无法带动更多薄弱学校、农村学校和新建学校优质发展的弊端,由此,推动名校集团从外延发展向内涵发展转变,成为名校集团良性发展的必然选择。因此,成都市不再强调集团成员学校类型,转而强调集团龙头学校应当通过核心要素带动成员学校发展。

三是从县域为主向兼顾市域统筹转变。考虑可行性发展,因地域、交通等现实状况限制,成都市名校集团发展之初主要定位于县域内优质教育资源共享,提出以同类别、同区域发展为主。随着成都市城乡教育一体化发展持续推进,区域共进、城乡融合愿景向优质资源共享模式提出更高要求,名校集团跨区域发展成为大势所趋。

第三节　成都市名校集团发展的具体推进策略

成都市名校集团发展战略本质上是现代教育治理的区域实践。其推进过程以基于"全域理念""统筹理念""综合改革理念"的共享观为治理理念,以市区（县）两级教育行政部门和集团学校为主要治理主体，在此基础上，将资源配置、行政调和、有效评价、有序退出作为区域教育治理的重点、手段、依据、目标纳入新的发展框架，最终围绕资源配置、人员交流、服务均等、模式贡献等方面产生了阶段性治理成果。

一、明确发展理念

成都市名校集团的发展始终坚持教育的公共属性，践行教育资源共享理念，形成了“市域统筹、区县为主”的发展方式，纵向明确市、区县、集团、学校纵向权责分割，横向完善区域内和跨区域的学校合作、部门联动、社会参与的多元主体协同，构建了资源配置、行政调和、有效评价、成长退出等制度规范，促进优质教育资源在市域范围内均衡配置、优质共享。它实质上是一种基于共享的教育治理模式，即在各级各类资源系统支持下，以微观学校为主体，通过合作、对话、协商、共享等形式，将政府、学校、非营利性组织、媒体、教师、学生等力量全面纳入治理范畴，构建治理主体间的协同关系，提升基础教育均衡发展治理品质与绩效。

（一）“全域”理念与区域共享

“全域”理念来自“全域成都”。对“全域成都”的理解，大致有三：首先是一种思想，该思想是成都城市改革与发展的重要战略思想，是基于成都市现实确立并发展的现代治理路径，是实现成都市城乡教育一体化、促进教育优质均衡发展、实现优质教育资源全域共享的主要依据。其次是一种视野，该视野强化区域概念，淡化隶属关系，强调地域区隔，淡化行政属性，强调治理逻辑，淡化管理取向，要求从“成都教育”走向包含“成都教育”的“区域教育”，突出区域内的资源整合和充分利用，突出区域人口全员全程全覆盖。最后是一种视角，该视角要求成都市教育打破行政区界，统一规划，科学布局，通过统筹区域教育发展，整合区域教育资源，打破区域和行政束缚，既要实施教育规划的“全域覆盖”、教育资源的“全域交流”、教育管理体制的“全域统一”，也要力主政府可调控资源在“全域成都”内向低位倾斜，均衡地向成都市辖区所有居民提供教育公共服务，让全民共享社会发展的成果，实现教育发展成果的“全域共享”。

成都市按照“全域”理念，遵循教育公益性原则，组建以名校为龙头学校的教育集团，充分发挥名校的优势和品牌效应，坚持“三加三进三促”模式，实现名校集团全域覆盖、基础教育全程覆盖、各类人口全员覆盖。全市名校集团覆盖成都市辖区内中小学（幼儿）49万余名，跨区域名校领办和委托管理学校常态保持在30所左右，常年惠及农村学生2万余名。

（二）“统筹”理念与城乡共享

作为国家统筹城乡教育发展战略的地方实践方式，“全域成都”有效推动了成都市城乡教育政策和标准一体化，推动优质教育资源在城乡之间自由流动。经过多年积累，成都市城市优质教育资源已发展出绝对优势，具备了补偿和反哺农村教育的能力。组建名校集团正是以城带乡，发挥城市教育反哺功能，为农村提供优质教育资源，提升农村教育整体水平的应时之举。

成都市在落实国家层面的统筹城乡教育发展战略和地方层面的“全域成都”理念的过程中，创新探索出全域成都教育优质均衡发展战略的六大路径，即名校城乡共享、城乡互动联盟、城乡百校结对、城乡师徒牵手、教育区域合作、网络全域覆盖。其中，名校集团以优质教育资源城乡共享为重点，以建立城乡教育互动交流机制为核心，充分发挥城市教育资源的骨干、示范、辐射、带动功能，引导城市优质教育资源向农村流动，整体提升农村教育的质量和水平，彰显农村教育的乡村特色，为城市教育提供发展动力、发展空间，形成“以城带乡、城乡互动”的教育机制，实现教育资源的城乡流动、共享和相互促进，提高全域成都教育均衡发展水平。

经过10年发展，名校集团发展已成为成都市统筹城乡教育发展、促进城乡教育优质均衡的有效途径，有效推动了教育资源的城乡流动、共享和相互促进，确立了通过推进优质名校集团发展的方式扩大优质教育资源覆盖面，提升城乡教育服务水平，一定程度上实现了党的十八大提出的“以工促农、以城带乡、工农互惠、城乡一体的新型工农城乡关系”。

（三）“综合改革”理念与全民共享

党的十八届三中全会通过的《中共中央关于全面深化改革若干重大问题

的决定》指出，要健全城乡一体化体制机制，让广大农民平等参与现代化进程、共同分享现代化成果。全民共享改革发展成果，既是政府执政理念，也是政府公共服务职责。就教育领域而言，推动并实现教育发展成果更好更公平地惠及全体人民，必须加快教育综合改革。作为成都市统筹城乡教育发展和教育综合改革实践的一部分，名校集团发展的制度机制和成果伴随教育综合改革不断深化和成熟，同时也驱动了成都市教育综合改革不断深化，因此既是内容，也是方法和手段。过去 10 年，成都市将教育综合改革理念与方法贯穿于名校集团发展始终，主要体现有四：一是综合判断，始终站在有利于整合优化教育资源，有利于推进基础教育均衡、优质发展，有利于调动学校办学积极性、主动性、创造性，有利于加快推进办学体制改革，有利于满足更多人“上好学”需求的高度，对名校集团发展进行价值判断与政策选择。二是原则确立，提出要在坚持教育方法和手段改革的基础上，把解决教师待遇、教师流动和经费投入结合起来，以办学体制和投入体制改革作为重点，探索现代学校管理制度和投入制度，充分调动学校办学积极性，激发办学活力。三是主体协同，注重强化部门联动和协同，促进教育与人事、编制、财政等部门同步推进与名校集团发展相适应、相关联、相匹配的综合配套措施改革。四是制度优化，积极推进名校集团的办学体制改革，加快建立现代学校管理制度，积极推进人事分配制度改革，推动建立现代教师管理制度，优化教师资源配置，实现教师队伍的有序流动，推进分配机制优化等。

由此可见，成都市名校集团发展本质上是一种基于治理理念的教育综合改革，旨在坚持改革发展成果全民共享的理念，以办好人民满意教育、基本满足老百姓“学有良教”需求为出发点，以提升人民群众获得感为落脚点，坚持问题导向、需求导向、民生导向，通过将优质教育资源相关主体纳入名校集团发展共同体，加快提升农村学校、新建学校、薄弱学校的质量和水平，加快培育新的优质教育资源，加快扩大优质教育资源规模和覆盖面，努力破解优质教育资源总量不足与人民群众日益增长的优质教育需求的矛盾，使名校优质资源更多更好地惠及成都市城乡居民。

二、厘清主体权责

2009年3月，成都市委、市政府办公厅转发《市教育局关于扩大优质教育资源覆盖面提升城乡教育服务水平的若干意见》，正式启动成都市名校集团发展工作，推进名校进新区、进园区、进山区，促进新区的发展、产业的发展和灾后教育重建。2009年4月，成都市教育局下发《成都市城乡学校（幼儿园）互动发展联盟工作方案》，把名校集团的发展作为推动城乡学校共同发展、共同提升的重要途径之一；同月，下发《关于推进名校集团发展的意见》，确定了名校集团发展的原则、总体思路、目标任务、主要途径以及相应的机制；6月，下发《规范名校集团管理八条规定》，就名校集团成员学校数量、办学行为、收费行为以及退出机制等提出明确要求。2009年11月，成都市教育、目标督查、财政、人事、编制等5部门联合下发《关于深化全域成都教育均衡发展的意见》，确定包括名校集团发展在内的推进城乡教育交流互动的六大路径，就集团编制管理、激励机制、经费保障机制的建立作出明确规定。2013年7月，成都市教育局印发《关于推进名校进县城托管到乡镇深化教育圈层融合的意见》，推进跨区域优质教育资源的流动和辐射。2016年7月，成都市教育局出台《关于进一步提升名校集团发展水平的意见》，聚焦名校集团发展要素和内涵，推进名校集团发展转型升级。

成都市名校集团发展是公共权力对教育资源分配与调整的直接干预，其本质是以问题为导向、以政府为主导、以集团学校为主体的多边合作。在此过程中，破解名校集团发展中的学校壁垒、区域壁垒、行政壁垒，推动优质教育资源有序有效流动，成为必然之选。为此，成都市对名校集团发展相关主体进行了权力划分以及职能职责再定位，形成了集市级备案权、区县决定权、集团自主权、龙头学校优先权于一体的权责体系，扭转了自上而下、单一向度的传统管理形式，转向一种基于共同目标和愿景的上下互动、彼此合作、相互协商的多元治理体系，并借此构建了符合名校集团发展目标任务和价值追求的高效运行机制。

（一）市级备案权

市级教育行政部门在名校集团发展中的权责，主要由2009年《成都市教育局关于推进名校集团发展的意见》"县域内学校实施集团办学的,由当地教育行政主管部门批准,报市教育局备案。跨区(市)县的,有关学校分别经当地教育部门同意后,由龙头学校的教育行政主管部门批准,报市教育局备案。市直属学校、职业学校实施集团办学的,由市教育局批准"予以明确。

市级教育行政部门的具体权力有二:一是对区(市)县批准的名校集团予以备案确认的权力,二是对以市直属学校为龙头组建的名校集团予以审批的权力。两项权力的重点包括对区(市)县教育局新审批的名校集团、名校集团变更(包括龙头学校、成员学校变更,新加入成员学校等),由区(市)县提出备案申请、市级予以确认。

市级教育行政部门的具体责任主要在于,逐步厘清名校集团发展中的现实问题,行使规范职责,为名校集团发展提供适切的行政支持:一是由原城乡教育统筹发展处(现综合改革处)牵头,负责名校集团组建程序和区(市)县名校集团备案工作,加强各方协调,加强名校集团跟踪研究和制度建设,负责义务教育学校委托管理工作;二是由相关业务机构具体负责各学段名校集团的规划、指导、过程跟踪和年度工作考核,负责向城乡教育统筹发展处提供名校集团发展基本情况,提出名校集团备案建议意见、经费补贴建议意见,由城乡教育统筹发展处根据处室考核结果,协调计财处下达名校集团发展专项经费。

(二)区县决定权

区县教育行政部门的决定权主要由市级行政部门予以规定和2009年《成都市教育局关于推进名校集团发展的意见》(以下简称《意见》)予以明确。

区县教育行政部门的决定权有二:一是决定名校集团成立,《意见》指出,"县域内学校实施集团办学的,由当地教育行政主管部门批准;跨区(市)县的,有关学校分别经当地教育部门同意后,由龙头学校的教育行政主管部门批准"。二是批准名校集团成立的同时批准名校集团章程,《意见》指出,"各个名校集团制定集团《章程》,报集团审批地教育行政部门批准"。

同时,为更好地推动辖区内名校集团发展,区县教育行政部门还肩负以下职责:一是制定本区域名校集团发展规划,将推进名校集团发展战略纳入教育事业发展规划,制定切实可行的推进名校集团发展规划及实施方案;二是领导、指导和监督管理名校集团，任命本区域名校集团的理事长、副理事长，指导名校集团的建设，建立名校集团发展的保障机制、支持机制和激励机制。

（三）集团自主权

《中共中央关于全面深化改革若干重大问题的决定》提出，要“深入推进管办评分离，扩大省级政府教育统筹权和学校办学自主权，完善学校内部治理结构”。作为教育治理的区域实践形式，在成都市名校集团发展制度设计中，名校集团的办学自主权主要有三：一是自主制定章程，并提高集团章程约束力，以之为集团办学行为、管理运行的制度依据和行为准则。二是优化内部管理，优化名校集团内部治理结构，建立以共同愿景为核心、以制度体系为框架、以规则程序为纽带的集团运行机制。在名校集团学校建立以教职工、学生家长、社会人士、教育行政人员等多主体代表组成的学校民主管理委员会，对学校事务进行民主决策、民主管理、民主监督和咨询，形成决策、执行和监督三者相互制约、相互促进的治理体系。比如，成都双语实验学校教育集团实行“一会、三中心”治理结构（“一会”是指作为决策机构的集团校务委员会，“三中心”是指作为执行机构的行政服务中心、作为教学运行机构的课程（学术）研究服务中心和作为监督机构的监督评估中心），形成集团校务委员会领导下的成员学校校长集体决策体系。三是贯彻办学宗旨，遵照集团章程，决策或协调集团重大事项。教育行政部门对集团内成员学校校级干部的任免，需事先征得集团理事会同意。统一引领集团下属各成员学校，统一负责集团对外形象宣传，统一协调集团内各成员学校之间各类教育活动、学生活动以及师资培训等。比如，成都七中育才教育集团按照《七中育才学校教育集团章程》，建立了教育集团总体原则和运行机制，包括共享制——名校品牌和各成员学校教育资源、特色活动的共享；章程制——教育集团学校共同制定的用于指导和规范龙头与成员学校办学行为的纲领性文件；联席会议制——定期商议重大事项；督导制——制定统一的质量标准和考核方式，有组织有计划有目的地评估和督查成员学校教育教学活动和教师专业成长。

（四）龙头学校优先权

龙头学校在名校集团发展中的权利与职责相辅相成，具体有二：一是指导权，龙头学校选派现任中层及以上优秀管理人员，到成员学校担任执行校长3年；向成员学校派出团队，且原则上不低于3人（含执行校长）；龙头学校校名可提供给成员学校加挂使用，校园文化、制度建设、管理方式、课程开发、课堂教学、队伍建设等方面提供给成员学校共享；对成员学校进行业务指导和管理，有计划地从成员学校遴选优秀后备干部到龙头学校挂职锻炼、顶岗工作。二是管理权，《意见》规定，“龙头学校领导班子成员都进入理事会”；在教育和人事部门指导下，龙头学校可在核定编制内自主面向社会公开招聘教师，可自主调动、引进和选任教师，可引进高级职称、市级优秀教师和高层次管理人员。

三、创新发展框架

作为教育治理的区域探索与实践，成都市名校集团发展在明晰多元治理主体权责边界基础上，努力寻求一种互动、合作、协商、共生的多元治理方式，意图建构由“自制的政府、自主的集团、自为的学校”共同构成的治理格局。制度是维系名校集团发展相关主体内在关系的纽带，而围绕制度建设展开的各种行为活动则是治理实践的具体呈现。在该思路下，成都市名校集团在过去10年的探索中，逐渐形成了以资源配置为治理重点、以行政调和为治理手段、以有效评价为治理依据、以有序退出为治理目标的发展框架。

（一）以资源配置为治理重点

教育治理理念要求教育发展主体，尤其是作为主导的教育行政部门，承担起聚合多种资源和力量，促进利益相关者之间互动、合作、分享、共生的职责，以资源配置为重点，建构真正的教育共同体，实现教育的善治。循此思路，成都市教育局支持、鼓励各区（市）县教育局积极稳妥地在辖域内组建名校集团，让县域优质教育资源辐射到更广泛的地区。市和各区县纷纷依据政策精神对推进名校集团发展办学的管理运行、人员保障、经费投入、考核评估、退出等机制进行设计，根据本地教育发展水平和实际情况，制定切实可行的发展规划及制度安排，主要有四：

其一，资源储备制度。在确定龙头学校编制基础上，视集团组建和运行情况对龙头学校超配编制，并适当增加和适时调整中高级岗位比例，丰富集团管理层力量。比如武侯区根据集团组建和运行情况，对龙头学校超配5%—10%的编制，目前区域内所有教育集团龙头学校编制超配均已超过5%，不仅在人力资源上做好了名校集团发展的师资保障与人才储备，也完善了龙头学校后备骨干教师、后备干部选拔、培养、储备、管理机制。对龙头学校实行专业技术资格评审与职务聘任分离制度，申报专业技术资格不受学校岗位职数和结构比例限制，提高龙头学校高级专业技术职务聘任比例。建立名师名校长培养机制，根据名校集团发展需要，制定并组织实施名师名校长培养培训规划，在教师培养培训经费中建立名师名校长培养培训专项资金，培养省内外名优校长和名优教师。

其二，双向交流制度。一是采取区域内交流、区域教育联盟间跨区域交流、教师支教交流等相结合的形式，推进集团内公办学校之间教师、校长的双向交流和轮岗，优化教师资源配置，实现教师队伍有序流动。比如成都市盐道街小学教育集团根据集团发展的资源配置需要，将干部教师输出比例控制在5%—10%，保证干部教师培养速度高于输出速度，借此保证集团有序、可持续发展。二是要求龙头学校按一定比例或数量，统筹安排教师交流到集团内各成员学校管理、任教。比如青羊区教育局每年根据实际需要，按照一定比例促进干部和教师的流动任职任教，对于新增加的集团成员学校，原则上要求龙头学校前三年每学年向成员学校派出干部（教师）3—5人，成员学校每学年派出干部（教师）1—3人，派出人员工作期限为3年，3年后交流教师、干部人数由龙头学校和成员学校协商。三是选派农村学校、薄弱学校干部教师到城区学校、龙头学校培养培训，提升管理和教学水平，比如锦江区要求集团内教师互派交流比例每年不低于专任教师总数的10%，其中，起始年级教师交流比例不低于5%，同时通过挂职锻炼、轮岗交流等形式实现集团内干部教师“渐进式”融入和“有序性”流动。

其三，投入倾斜制度。一是经费倾斜，要求区（市）县加大对集团内各个学校投入的倾斜力度，积极支持名校教育集团发展，保证名校集团发展的科研投入和硬件投入，扶持薄弱成员学校，落实名师、名校长培养培训专项经费。

二是专项支持，市本级财政从2010年起在年度预算中安排名校集团发展专项经费1000万元，2015年增加到1300万元，主要用于名校集团办学管理运行经费补助，同时要求区（市）县财政设立专项经费，用于推进优质教育发展和名校集团发展。比如青羊区设立集团发展专项经费（分基础性经费和考核奖励性经费）115万元，主要用于奖补办学绩效显著的学校和个人，给予龙头学校派出干部教师后的人员经费缺口补贴年均4万元/人；武侯区设立名校集团发展专项经费并逐年增长，2016年为210万元，2017年增加到350万元，2018年达到500万元。三是重点支持，积极鼓励和推广区域教育联盟框架下的跨区域名校集团发展，联盟一方将另一方的农村学校、薄弱学校和新建学校纳入自身名校集团成员学校进行管理。这类开展跨区域领办的名校集团，在市本级名校集团发展专项经费中，实行在领办期内每领办1所成员学校，给予每年25万元的专项补助，主要用于名校跨区域领办的管理运行经费补助，同时要求成员学校所属教育行政部门或政府设立专项经费，用于支付名校提供服务的成本和名校品牌使用经费。

其四，激励优化制度。一是优化分配机制，根据目标任务完成情况和绩效考核情况，对集团绩效工资总量给予倾斜。集团可在核定绩效工资总量内，按照程序规范和要求，建立合理、有效的分配激励机制。名校集团可探索多种分配形式，自主、合理确定收入水平。二是奖励补助机制，建立对名校集团主要领导的奖励机制，在义务教育阶段校长奖励性绩效分配中，对龙头学校校长、集团办学绩效显著的团体和个人予以倾斜。如武侯区教育局根据《成都市名校集团考核指标》，对各名校集团任务落实情况进行督促、考评，每年根据集团规模和评估结果，安排30万—50万元专项经费用于奖励集团干部、教师，各名校集团制定集团奖励经费发放办法，报送教育局审核、备案，确保名校集团专项经费使用规范，凸显激励支持作用。成华区教育局根据工作成绩和实际需要安排奖励经费，每年年初向10个名校集团分别拨付专项经费5万元，年底根据市区对各名校集团的考核结果，拨付相应等级的奖励经费，近6年累计拨付专项资金1088万元。三是职级倾斜机制，教育、人事等部门在晋职晋级、评优评先、职称评聘时向派驻农村地区任职任教的干部教师倾斜；到农村学校任职任教的干部教师，享受农村学校教师补贴。

（二）以行政调和为治理手段

主体多元化是教育治理理念的显著特征，这意味着教育治理是在政府、市场、学校、学生家庭等主体的互动与合作中谋求教育善治的过程。然而，需要明确的是，治理主体多元化不仅没有否定市级教育行政部门的主导作用，反而更加强调行政调和的基础作用。在教育治理理念下，教育行政部门将以行政调和为主要手段，承担学校和学生家庭中间人的角色，从而聚合三方意愿，共同实现教育善治愿景。

1. 强调制度约束

2009 年出台的《规范名校集团管理八条规定》着重体现了市级教育行政部门对名校集团发展的强制干预与规范。一是规范集团组建方式，针对部分集团成员学校中有优质学校的“强 + 强”等现象，重申和强调名校加薄弱学校、名校加农村学校、名校加新建学校的名校集团组建三类基本形式，针对中心城区名校集团过多、成员学校过多、名校压力过大等因素，要求市直属学校、五城区和高新区不再组建新的名校集团，现有集团不再无故吸纳新的成员学校。二是规范集团内部管理，要求名校集团以集团章程为最高行为准则，以质量提升为核心、以制度体系为框架、以规则程序为纽带，严格依法办学、依法治校；名校集团内部建立健全激励机制，对干部教师福利待遇、评优评先、职务晋升、提拔使用等方面作出制度性安排；研究制定针对集团成员学校发展评价标准，建立黄牌预警和红牌淘汰机制。三是规范成员学校行为，严格限制名校集团成员学校数量，规定同一区域内不能将所有学校都纳入名校集团；规范成员学校收费行为，要求成员学校严格按照审定标准和项目收取费用，严禁以任何名义增加收费项目，提高收费标准；规范成员学校办学行为，对于违规办学行为，要求集团和各区（市）县教育行政部门进行严肃处理。

2. 完善政策引导

一是引导跨区域发展。2013 年，成都市实施《关于推进名校进县城托管到乡镇深化教育圈层融合的意见》，推动在区域教育联盟下的名校和优质学校通过领办或托管方式，将优质资源输出到农村学校、薄弱学校。2016 年，《成都市教育局关于进一步提升名校集团发展水平的意见》确定，“与成都市区域教育联盟相结合，以义务教育阶段为重点，通过领办、托管等方式，推动名校集团由区域内发展向区域内与跨区域发展相结合，促进优质资源圈层共享”①，当年有14所跨区域名校领办学校纳入了名校集团的成员学校管理，引导名校集团跨区域发展与发挥示范引领和辐射带动作用。二是引导全域覆盖。2016年，按照“结合区域教育联盟跨区域领办、托管等方式，每对联盟间有2—3所学校纳入对方名校集团管理，全市名校集团数量及各名校集团的成员学校数量合理、结构科学”的目标要求，指导之前未开展名校集团工作的金堂县、邛崃市和都江堰市推动组建名校集团，并在当年通过备案方式予以确认。2017年，推动2016年新交由成都市代管的简阳市组建名校集团，实现名校集团全市22个区（市）县全覆盖。

3. 启动备案纠偏

在初期过于注重发展形式的快速扩张下，成都市名校集团发展呈现出诸多问题。为此，2010年底开始大规模调研摸底和集中研讨，并在此基础上于2012年首次开展名校集团备案工作。一方面通过备案纠正发展方式。经区（市）县严格自查和精准确认后，向成都市教育局提出123个名校集团（涉及龙头学校123所、成员学校361所）的备案申请，市局依据龙头学校情况（是否为当地名校、学校性质等）、成员学校情况（是否为新建学校、农村学校、薄弱学校，成员学校所数是否合理等）、集团章程情况（是否规范、合法、合规，龙头学校、成员学校名称及各自责权利等基本内容，相关机制建设情况等）、组建情况（如批文等）进行了重点审核，最终同意17个区（市）县（当时的金堂县、邛崃市、都江堰市未组建）的67个名校集团通过备案（涉及龙头学校67所、成员学校168所），远低于申请数，借此促进了名校集团数量及其成员学校数量合理化，有效遏制了名校集团过于注重发展方式、注重数量扩张的态势，强化了区（市）县对名校集团发展的管理和重视。另一方面通过备案促进管理

---

① 成都市教育局：《成都市教育局关于进一步提升名校集团发展水平的意见》（成教发〔2016〕1号），2016年7月5日，见 http://www.cdedu.gov.cn/zhengce/Show.aspx?id=56403。

归位，通过备案进一步理顺了名校集团管理机制，将名校集团发展初期市级直接批准成立的、龙头学校和成员学校均由区（市）县管理的6个学前教育集团（成员园48所）、18个义务教育集团（成员学校51所）全部纳入备案序列，与区（市）县通过备案的名校集团一样，共同纳入市教育局指导、管理和扶持范畴。

（三）以有效评价为治理依据

多元主体参与的教育治理过程必然要求建立以第三方评价为核心的评价体系，这是现代教育治理理念的题中应有之义。第三方评价有别于学校第一方评价和政府第二方评价，它既打破了第一方评价囿于自身视野、利益而不能自觉、客观、公正地评价自我发展的局限性，又革除了政府在教育管理和评价中既当教练又当裁判的管评不分弊端，既是科学评价和反馈政府教育政策制定实施情况的参照，也是评价和监测学校管理水平和教育教学质量的依据。①

1. 强化目标管理

加强对集团发展状况的定期监测和督导评估。2010年，成都市人民政府教育督导团办公室制定了名校集团发展考核评估体系，考察名校集团建设基本情况、地方政府实施名校集团战略、名校集团运行机制建设、名校集团发展作用及效果、名校集团发展特色五个方面年度工作及成效，并将名校集团发展纳入对区（市）县政府年度主要目标责任进行管理和考评。同时，根据名校集团发展重点和实际，在不同年度设定不同考评目标，如2017年提出的考核内容为“各名校集团完成章程制定或修订工作并按章程规范运行，促进内涵发展”，2018年则确定为“区（市）县健全完善名校集团发展机制。名校集团按《章程》科学、规范、有效运行”。

2. 完善考核方式

在2010年名校集团发展考核评估体系基础上，成都市根据发展要求，逐年进行必要修订和完善，建立龙头学校与成员学校捆绑考核制度，将帮助和扶持新建、薄弱学校迅速提升“软实力”作为对龙头学校办学业绩考核的重要内

① 杨明：《教育治理现代化呼唤第三方评价》，《教育发展研究》2016年第6期。

容，使之更加适合学生成长、教师进步、学校发展，同时根据指标体系建立“成都市名校集团发展工作动态管理系统”。针对发展需求不断改进和完善名校集团的年度考核办法，2010 年，委托成都市教育学会、成都大学、成都市教科院共同组成调研组，对 2009 年以来名校集团工作开展的情况进行首次全面调研，主要目的是摸清全市名校集团的规模和结构。2011 年，委托成都市教科院、成都市教育学会，对全市名校集团年度工作情况展开分学段考核，同时委托成都市教育评估事务所对市级批准成立的成都石室中学、成都七中、成都树德中学三个市直属名校集团进行评估。2012 年，改革考核方式，由市政府教育督导团办公室完善评估考核指标，市级教育行政部门相关业务机构分学段牵头负责组织考评，建立行政组织实地考核与第三方机构网络考核相结合的机制，并逐步调整优化实地考核与网络填报考核的权重。2017 年，进一步改革考核方式，全面委托第三方专业机构，采取网络系统填报和调研抽查相结合的方式进行考核。

3. 开展绩效评估

市级财政部门于 2015 年对 2014 年成都市名校集团发展专项资金使用情况及其绩效、2018 年对 2017 年包括名校集团发展资金在内的市级教育综合奖补资金使用及其绩效进行专项评价，委托第三方机构按照项目的决策、管理、完成及效果四类指标，对名校集团发展资金支出及其效果进行综合评价和判断，评价资金使用的科学性、合理性和有效性，分析存在的问题，提出完善资金管理和项目管理的制度机制、调整支出结构相关建议，为年度预算编制提供参考依据，提高资金使用绩效。2015 年绩效评价显示，对名校集团发展的项目、工作、效果的满意度分别达到 96.8%、96.3%、96.6%。

（四）以有序退出为治理目标

教育治理是一个以“共治”求“善治”的过程，其直接目标是“善治”，教育之“善治”的最后目标是办成“好教育”，好教育或者“善教”意味着教育领域公共利益的最大化。[1]结合成都教育实情，以“善治”为目标的教育治理，必

① 褚宏启：《教育治理：以共治求善治》，《教育研究》2014 年第 10 期。

然以教育资源的“扬峰填谷”为目标，既要实现较弱区域教育资源的优质化，也要保障教育资源较好的区域更优质。由此，有计划、有系统地将新校、弱校、农校纳入名校集团，集优质资源倾力将其培育成新优质学校，有效提升区域教育资源短板，然后按情况按规定解绑退出，成为名校集团发展的治理目标。在实现该目标的过程中，成都市名校集团逐步建立了淘汰型、成长型、再生型三种有序退出机制。

一是淘汰退出制度。建立名校集团动态管理和调整机制。市级教育行政部门规定，根据考核结果，有以下情况的，应通过名校集团信息变更备案实施动态管理系统，调整出名校集团管理：对进入名校集团达到一个周期，未达到评估标准或成效不明显，属地教育部门未能充分履行职责等情况的成员学校，应调整出集团；对办学行为不规范且拒不整改的成员学校，调整出集团；对名校集团中成员学校过多的，组建程序不规范的，年度考核不合格、工作成效不明显的集团进行调整。动态管理与调整主要是以学年度考核、财政经费绩效考评等为依据。2012 年的市级首次备案，对在 2010 年调研中存在问题以及 2011 年考核年度工作考核不合格的 25 个名校集团予以取消，确认了 91 个区（市）县名校集团（包括 2009 年市级直接批准的 24 个集团），同时对考核中发现的与名校集团发展方向、价值、要求等不符的行为和方式，予以强制调整，遵循公办优质教育资源的公共属性，两所以民办学校为龙头学校组建的名校教育集团未通过备案，不再纳入名校集团管理范畴。2016 年，全市取消区（市）县名校集团 4 个，新增加 24 个，退出成员学校 53 所，新增 74 所。2017 年，对新增以及成员学校有变化的 27 个名校集团进行了确认备案。

二是成长退出制度。在成都市名校集团发展进程中，一些区域和集团尝试建立了成员学校的成长退出机制，如武侯区龙江路小学分校、龙江路锦官新城小学等都已完成“孵化、培育、成熟、退出”的发展历程，成为新的高品质学校，退出了龙江路小学教育集团。其中，龙江路小学分校已成为成都市国际化特色窗口学校，并连续几年在武侯区学校综合督导评估中名列前茅，目前正在酝酿承担龙头学校重任，组建一个全新的名校集团，带领其他学校继续发展。青羊区泡桐树小学花园分校也已脱离泡桐树小学集团，恢复成都花园小学校名。成都市充分吸纳这些有效的经验与做法,并通过文件上升固化为制度,2016 年建立“鼓励已成长为优质学校或自身发展良好、具备‘造血’功能的成员学校,依程序退出名校集团”制度设计规定。目前,成都市基本确定退出标准:名校集团中的成都市二级及以上等级园(学前教育阶段)、成都市“新优质学校”(义务教育阶段)和省二级及以上学校(普通高中教育阶段)的成员学校,应退出名校集团,不再纳入名校集团管理。

三是再生退出机制。2009 年,成都市提出建立名校集团再生机制,促进成员学校在集团内成为新的品牌学校,鼓励成员学校成长为优质品牌学校后脱离名校集团,并以自己为龙头,利用其品牌和优质教育资源组建新的名校集团,形成名校资源和名校集团的再生机制,产生名校资源的增量。锦江区成师附小万科分校从建校之初,由成师附小以“名校 + 新校”方式领办,与成师附小以同一法人、同一法人单位方式进行捆绑发展。通过 6 年的发展,成师附小万科分校逐渐成为独立法人,进入从本部分离出来的“松绑”阶段, 2011 年底,完全从成师附小集团中分离出来, 2012 年,锦江区组建以成师附小万科分校为龙头学校的名校集团并通过市级备案,以自身优质资源辐射和带动成员学校——菱窠路小学,开启新一轮名校集团发展机制探索。通过传承与融合,成都市三幼天府幼儿园于 2013 年正式从成都市三幼集团脱离出来,恢复为成都市第二幼儿园,并成立成都市二幼集团,在区域内积极发挥示范、辐射作用,目前已经开办 5 所分园。三幼东升幼儿园于 2013 年正式脱离成都市三幼集团并恢复成都市第一幼儿园园名,于 2015 年开办分园。

四、紧抓发展成效

名校集团发展虽然是从自发自为的状态出发,但在国家和地方政策的规范和支持下,追求发展效率成为其基本指向。因此,重视发展成效是名校集团发展的必须选择。依托名校集团发展展开的区域教育治理实践,确然围绕资源配置、人员交流、服务均等、模式生成等方面产生了阶段性治理成果。

(一)破解优质教育资源流动壁垒

结合优质教育资源的校际分布特点,成都市以联盟为主要手段,将优质学校与薄弱学校、新建学校、农村学校组团联合起来，实行名校集团管理，突破了教育资源流通的两个壁垒：一是观念壁垒，名校集团通过将不同办学水平的学校纳入同一个发展共同体，有效促进了学校主体间的教育理念交互，跳出了“各自为政”和“绝对竞争”的视角，从“既见森林又见树木”的维度来看待和理解教育。二是资源壁垒，名校集团通过教育资源的校际整合、流动与共享，使教育资源从原来的“学校所有”变为“集团所有”，实现教育资源的需求侧与供给侧对接，同时，利用龙头学校的优质教育资源的辐射、带动功能，促进成员学校和集团整体发展、成员学校与龙头学校同频发展。

结合优质教育资源的区域分布特点，成都市进行了市级统筹区域教育联盟框架下的名校进县城、托管到乡镇的制度设计，扩大了优质教育资源均衡配置的视角和范围，进一步突破了教育资源流通的行政壁垒。区域教育联盟框架鼓励名校集团龙头学校与成员学校间的跨区域组建，有效打破了优质名校地域界限，消除了学校主体间的地方保护和流通障碍，实现优质资源跨区域的优化整合和共享，从而整体提升和优化了区域教育质效。

（二）丰富干部教师交流制度

名校集团发展的核心是资源流动，资源流动的核心是龙头学校和成员学校之间的干部教师交流。成都市名校集团发展的干部教师交流制度包含两个方面：一是制度性安排，市、区（县）两级教育行政部门打破名校在优质教育资源上的绝对优势格局，使优秀的教育管理者、骨干教师从原来的名校独享、县域独享转变为学校间和区域间共享。二是自主性安排，集团内部根据集团、龙头学校、不同成员学校的实际情况进行自主性安排，关注教师的自愿意识和专业成长需要，做到个人自愿和集团需求相结合、教师专业成长与集团整体发展相结合，使教师在新环境中重新审视自我，认识自己的价值和差距。这种交流制度，相对目前国家、省市总体要求的义务教育教师交流制度而言，具有显著的“柔性”交流制度特点。

通过上述交流机制，名校集团龙头学校既发挥辐射带动作用，向成员学校输出优秀干部和骨干教师，又发挥教师成长基地、培养基地以及名师孵化基地的作用，成为成员学校新教师、后备骨干教师成长的摇篮；成员学校也借助名校集团发展平台，快速培养了一大批优秀的后备干部和骨干教师。可以说，名校集团内龙头学校与成员学校的干部教师交流，是对时下区域内干部教师交流制度的有益补充，有效规避了刚性交流制度存在的形式化、功利化等倾向，健全了干部教师交流机制。

（三）助推基本公共教育服务均等

成都市名校集团发展，旨在充分发挥名校示范作用，带动一般学校共同发展，适时、适度控制并逐步消除不同主体间、区域间和城乡间的教育差距，促进优质教育在区域内均衡配置，助推基本公共教育服务均等化，有效化解择校等社会问题。

目前，成都全市义务教育校际均衡指数为 0.28，全市教育现代化发展水平总体达成度为 84.23%，各区（市）县教育国际化总实现度均值为 73.94%。通过名校集团发展在区域范围内实施优质公共教育资源共建共享，优质公共教育资源得到了快速扩张，助推成都市教育资源供给结构发生了显著变化，全市公办和公益性幼儿园学位覆盖率达 87.3%，优质学前教育覆盖率达 73.3%，全市义务教育优质资源覆盖率达 55.53%，全市各级示范性普通高中覆盖率达 80% 以上，近郊、远郊就读示范性普通高中学校的学生比例达到 85% 以上。随着名校集团发展，全市义务教育“非正常跨区域入学”人数及其比例连续 7 年下降，比例从 9.1% 降至 1.52%，就近入学进入新常态。目前，成都市已经基本实现名校教育资源全域辐射，学生在家门口就可以享受优质教育，在极大程度上引导了生源转移和分流，降低了择校需求与预期。

发展成果表明，成都市名校集团走出了一条符合成都实际、具有成都特色的集团化办学之路，是一项富有成效的探索，在一定程度上丰富了集团化办学的理论与实践，贡献了教育公共治理的区域模式。

第四节　名校集团化的反思与启示

经过 10 余年实践和研究，成都市名校集团阶段性实现了发展初衷，较好地以名校为原点，辐射带动了大量新校、弱校、农校发展，有效契合了统筹城乡教育发展和城乡教育一体化的宏观战略,适时策应了“优教成都”战略启动,较好满足了农村学生对优质教育的需求。成都市名校集团10余年发展中,既有成果也有问题,既有经验也有不足,除了梳理具体做法和成效,还应对发展中呈现的问题有所省思,如此方能推动成都市名校集团纵深发展。

一、正确把握名校集团化的价值取向

名校集团化的基本价值取向是教育公平。政府要在公平价值理念下,保持公共资源的公共性,追求、推动和实现优质公共教育资源公益性的尽可能最大化供给,这就要求:

一要确保公共优质教育资源的公共属性。成都市的名校集团发展,严格定位于优质公共教育资源的共建共享,其实质是政府充分履行发展公共教育、提供公共服务的职责,把握公办教育资源的公共属性,推动公共优质教育资源带动薄弱的公共教育资源,对过去曾经的“缺位”在今天进行“补位”,以此推动调结构、补差距、促公平,从而扩大公共优质教育资源的规模并实现公共优质教育资源的共享。从这个角度讲,名校集团发展,公办学校是主要对象。同时,公共教育资源的公共属性,不能以市场为主体并按照市场经济资源优化配置的原则配置教育资源,要求政府必须主动作为,加强调控力度,干预和改变教育资源分配不均、结构不合理现象,推动教育资源的流动,以此实现教育资源配置的相对均衡,教育发展水平的相对一致。当然,坚持公共教育资源的公共属性,也可以通过“政府购买服务、契约式管理”引进和鼓励优质民办学校、社会优质教育机构领办、委托管理薄弱的、农村的、新建的公办学校,发展好公共教育资源。

二要确保公共优质教育资源共享的公益性质。名校集团发展是政府扩大优质教育资源的一种管理方式创新,是政府在职责职能权限范围内调配和使用公共教育资源的一种方式,它与市场行为或企业发展集团(如投资性、实体性、经营性教育集团)具有本质性区别,它是一种精神共同体、学习共同体和发展共同体,而不是经营共同体。从这个意义上讲,需要克服名校集团发展可能出现的功利倾向,避免以基础教育的优质公共教育资源逐利;避免为追逐利益而违背名校集团的组建目的，更要杜绝违背甚至背离国家教育的基本宗旨，以集团化之名，兴产业化之实，与促进教育均衡发展、让更多人享受优质公共教育资源的愿望背道而驰。强调并确保名校集团的公益性质，要注意学校不得因成为名校集团的成员学校而改变办学性质和类别、改变财政拨款渠道和方式、提高收费标准和增加收费项目。同时，还要注意名校集团发展不能等同和简单套用于合作办学，合作办学的行为不应由名校集团发展规范，应只推动或者把符合名校集团发展要求、目的和内涵等的合作办学纳入名校集团范畴。

三要确保公共优质教育资源扩张的公平取向。政府对公共教育的职能，就是要推进基本公共教育服务均等化，促进教育公平。随着经济社会的发展，当一个城市、一个区域的公共教育资源已经存在"优"与"劣"、"好"与"差"等质的差别的时候，教育的公平，就不再是简单的"政府托底""保基本"、有学位、"有学上"的要求了，平等地享受公共优质教育资源、发展和实现有质量的公平，必然成为教育公平的本质要求和时代要求。因此，名校集团的发展，必须杜绝"强强联合""以强带强"等拉大"优质"与"薄弱"差距、继续扩大两个群体的行为，而需要采取"以强带弱""以城带乡""以优带劣"等方式，既补足教育短板，又抬高教育发展底部，同时又促进优质教育资源潜力与活力得到张扬与激发，发展更为充分。

二、客观认识名校集团化的局限性

名校集团是推进区域教育均衡发展、优质教育资源共享的一种过程性制度选择。这包含两层意思：

一是名校集团发展在时间维度上具有阶段性。任何一项政策都是基于当时的社会背景而产生的。在统筹城乡一体化发展的特殊背景下，成都市名校集团应运而生，成为促进成都市教育均衡发展的权宜之策，或者说是一种迫不得已的选择。这种集团发展模式已成为促进成都市教育均衡发展、扩张优质教育资源的较为可行的制度设计或安排，也成为政府推动城乡优质教育资源均衡覆盖的最好方式之一。

从本质上来说，成都市名校集团只是促进教育公平的阶段性的制度设计或安排,表现在目前以及未来一定时期内,名校集团发展还具有突出优势,是一种较好选择,但未必是一种长期有效的制度。名校集团一直处于发展过程中,制度的完善必将是一个长期的过程。因此,因“校”或“名校集团”制宜,突出学校、名校集团各自的特色发展很有必要,教育行政部门要利用政策指导和资源配置的杠杆作用,引导集团内各成员学校以及各名校集团进行“合理定位”,走教育特色、学校特色、集团特色之路。

二是名校集团发展在作用发挥方面具有局限性。名校集团发展是扩大优质教育资源的重要路径,但非唯一路径,要避免过度夸大名校集团的功能,避免名校集团泛滥和扩大化。

成都市名校集团发展,起源于破解城乡教育差距、促进教育均衡发展的实践探索进程之中,但它不是成都市教育均衡发展实践的唯一的路径,也不是唯一发挥作用的方式,它与成都市区域教育联盟、城乡学校结对、干部教师交流、城乡师徒牵手、全域网络覆盖以及学区制和各区域根据实际探索建立的制度、机制一道,共同构成成都市教育改革的系统内容与方向,并在不断发展与完善。因此,区域在推进名校集团发展的同时,要因地制宜积极探索实践其他有效途径,与名校集团发展一道构建起系统完备、形式多样、层次清晰、各有侧重的优质教育资源扩大和共享途径。实现教育均衡发展最终还是要建立一套以政府为主体的系统的教育资源均衡配置制度,这也是教育综合改革的要义。

三、积极澄清名校集团化的观念误区

究其根本,名校集团化是扩大名校优质教育资源的集约化、团组化效应,形成以名校为中心的辐射状教育发展生态。然而,由于优质资源的稀有性,相关主体容易对集团化过程产生阶段性、局部性观念误区。

一是“稀释论”。该观点认为,名校自身的资源包括管理、师资等是有限的,短时间内难以大规模复制和产生新的优质资源,在带动薄弱学校发展的同时,可能甚至必然稀释名校现有的这类优质资源。该观点同时认为,必须要母体实力非常强大的时候,发展教育集团,才能让新校茁壮成长。

针对这种观点,要有清醒认识,一方面适当的资源输出,不会也不可能影

响名校自身发展的根本；另一方面，要利用这种观点促进名校集团发展重视和回归要素，遵循规律，走内涵发展之路，避免名校同时带动和发展过多成员学校，出现名校集团的扩大化现象。同时，也还要利用好这种观点去克服借名校集团发展之名，以此解决教育自身发展的、关联部门的其他各种问题，最后又将出现的新问题归结为名校集团发展，由名校集团“背锅”（如因事业单位机构设置限制，新建学校无法获得机构代码而交由名校领办成为名校集团的成员学校，并以名校校区或分校的方式与名校为同一法人、同一法人单位，既让名校不堪重负、分身无术，同时又可能带来品牌泛滥、退出机制失灵等系列教育生态问题）。

二是“同质论”。该观点一种是认为名校集团发展就是彻底整合或者合并，名校集团将原来风格迥异的几所学校整合为统一的一所学校；另一种认为作为名校的龙头学校易把集团内不同的成员学校变成与名校风格相同的学校。这两种认识，认为名校集团发展会让集团内学校在学科设置、师资力量、硬件设施、后勤管理等各个方面几乎没有差别，把学校教育和管理“同质化”“一刀切”，教学理念及培养模式容易整齐划一。

事实上，名校集团发展不是几所学校的完全整合，而是基于成员学校长期历史传承和对环境不断适应而积淀下来的学校文化，通过资源整合等方式带动成员学校的发展，提升造血能力，而且在进入名校集团后的短短几年之中也不会被完全同化，反而会因双方文化的相互交融与碰撞而得到发展与升华。

三是“威胁论”。该观点基于两个方面的认识，一个是基于名校集团发展目的是单纯做大做强名校（龙头学校）自身的认识，认为名校集团集中了最好的硬件和软件配备，既容易吸引远近各类名师，也能够招揽大量优质生源，在有限的优质师资和生源的前提下，名校的周边学校教育资源匮乏乃至衰竭，可能会使基础资源配置不平等，进而引发教育资源新一轮的不平等，其实质就是认为名校集团发展就是只为做大做强名校（龙头学校）；另一个认为名校集团发展，通过龙头学校带动薄弱学校、新建学校的快速提升，将原来薄弱的资源培育成了优质资源，扩大了优质教育资源总量、规模和覆盖面，形成了更多具有竞争力的学校，可能会造成其他学校生存环境恶化，名校及其集团成员学校的周边学校教育资源匮乏乃至衰竭，可能会使基础资源配置不平等，进而引发教育资源新一轮的不平等。

事实上，名校集团的发展，既不是简单的合并发展，更不是“强强联合”，单纯做大做强龙头学校（名校）不是名校集团发展的追求。同时，龙头学校带动新建的、薄弱的、农村的成员学校发展并培育成为新优质资源、具备竞争力的观点，也恰好从另一个角度很好地反映了名校集团发展的必要性及其成效。

第四章　成都市教育均衡监测体系建设案例

当前，基于标准广泛开展教育质量监测，促进教育公平，提高教育质量，加强立法保障，已成为国际组织和许多国家教育政策的共同举措。通过建立完善的监测评估体系，提高教育督导的针对性和实效性，既是转变政府职能，做好宏观管理和科学决策的基础，也是遵循教育规律，促进教育科学又好又快发展的前提和保障。

为推进成都市统筹城乡教育综合改革试验区建设，深入推进城乡教育一体化，全面推进教育现代化，成都市不断创新政府工作机制，在全国率先建立全方位、多维度的教育均衡监测体系，推动由传统的“达标性评估”向“动态性监测评价”转变，重点针对义务教育学校之间、区域教育现代化水平和城乡教育之间的差异，对成都市教育均衡发展开展连续的一体化监测、评价和比较分析，让均衡可监测、让优质能评估，为政策科学调整、资源优化配置提供决策依据。

第一节　成都市教育均衡监测体系建设背景

一、以科学的教育监测促进教育水平的总体提升，是国际教育发展的基本要求和共同举措

从世界主要发达国家的教育改革发展来看，依靠科学的教育监测指标和结果是评价教育政策效果，推进教育快速健康发展的基本要求和共同举措。教育监测和评价在教育政策过程和管理回路中起着非常重要的作用。不少国家从战略高度出发，积极建立基础教育质量监测制度，开展基础教育质量监

测,有效提升了教育质量、促进了教育公平。

早在1969年,美国便开展了“国家教育进展评估”工作,作为该国唯一一个长期的全国性评价体系,其重要特点是“关注弱势群体,体现评价公正”。在20世纪90年代,为了让学生学业成就达到较高国际标准,芬兰建立了具有独立性、专业性、合作性、服务性等特点,以教育评价网络为核心的新型教育质量监测体系,使其连续五届在“国际学生评价项目(PISA)”中取得举世瞩目的成绩。此外,英、法、德三国将促进教育公平的指导原则贯穿于监测评估实施过程中,通过教育立法构建体系,引入独立中介机构实施监控,保证评估的公平性和专业性,从而提高监测评估的效率和效果,最大限度地促进有质量的公平。

凭借科学监测获取的评估数据来更好地服务于政策调整、科学决策也已成为国际趋势。各国通过监测数据调整本国教育政策、完善课程教学、对不同群体进行干预,以提高教育质量,促进教育公平的例子比比皆是。美国数学教育界利用1995年国际教育成就评价协会(IEA)组织的“国际教学和科学测评趋势(TIMSS)”测试结果对本国的数学教育进行认真反思,认为数学课程存在内容深度不够、数学学习观偏颇等问题,为此重新规划了21世纪数学课程,制定了新的数学课程标准。德国在2000年经济合作与发展组织(OECD)组织的PISA测试结果中发现,本国学生的阅读和计算能力远在中等水平之下,引起全国震动。为此,德国政府加大了教育投入力度,改善学校基础设施和教学条件;制定全国统一的教育标准,加强学生能力培养;建立了全国性的独立教育评估机构等。

反观国内,2007年,教育部基础教育质量中心成立并开展试点监测以来,我国构建了国家义务教育质量监测制度,为国家和地方提供了反映教育质量状况的客观数据和科学依据,为推进政府职能转变,行政决策的专业支持,引导社会树立科学全面的质量观起到了积极作用。通过积极探索,各地逐步建立和健全义务教育监测评估体系,促进了教育发展水平整体提升。长期以来,由于缺乏准确反映义务教育质量状况的客观数据,既不能全面客观地对义务教育质量作出评价,也不能有效诊断存在的问题及其根源,单纯以成绩和升学率为标准来评价学校教育教学质量的现象一直存在。以科学的教育监测促进教育水平的整体提升是转变政府职能,做好宏观管理和科学决策的基础,也是遵循教育规律、促进教育科学又好又快发展的前提和保障,应该成为区域教育改革发展的重要手段。

二、确立校际、县域和城乡三维教育均衡监测体系是科学反映教育均衡程度的基本向度

教育均衡是指在教育公平思想和教育平等原则的支配下,教育机构、受教育者在教育活动中受到平等待遇的教育理想和确保其实际操作的教育政策与法律制度。从个体看,教育均衡指受教育者的权利和机会的均等,指学生能否在德智体美劳等方面均衡发展、全面发展;从对象看,教育均衡指区域间、城乡间、学校间以及各类教育间教育资源配置是否均衡;从社会看,教育均衡指教育所培养的劳动力在总量和结构上,是否与经济、社会的发展需求达到相对的均衡。在这三个维度上,第二个维度是另外两个维度的基础和前提。

在中国基础教育均衡发展的语境中,教育发展水平主要反映在(义务教育)学校的发展、区域内教育发展以及城乡教育发展这三个维度上。其问题也主要存在于义务教育阶段学校间的发展不均衡,区域间教育水平不均衡,城乡教育的差距失衡等方面。因此,无论从教育均衡的理论认识还是教育均衡发展的现实状况,上述三个维度无疑是目前较为科学地反映教育均衡程度的基本向度。

就区域实际来说,成都市具有典型的“大城市带大农村”的城市特质。具体来说,成都市所辖的11个市辖区、4个县,代管的5个县级市,总体上分为中心城区、近郊和远郊三个圈层,其城乡、县域之间的经济社会发展水平差距明显。从全域成都教育均衡的角度来说,基于校际、县域和城乡三个维度的教育均衡监测体系的研制总体上契合全域成都教育实际。

因此,以校际、县域和城乡三个维度进行教育均衡监测,是对教育均衡内涵的科学理解、实质把握和有效实施。

三、成都市教育综合改革成果需要依据教育均衡监测科学判断和真实反映

2008年，基于成都教育的现实情况，四川省人大代表和政协委员提出“以教育均衡监测标准促进教育均衡”的提案。在当时，解决这一问题并不容易，但成都市教育局认为这应该是一个必须要解决的重要问题。同时，从成都市教育行政部门自身工作实际的角度，也需要对推动多年的城乡教育一体化发展状况及当前教育均衡的总体特征进行客观呈现和科学判断。因此，开展教育均衡监测进入决策视野。

鉴于校际均衡是人民群众观察义务教育资源配备是否均衡最直观、最生动、最深刻的形式。2008年，成都市率先从义务教育的校际均衡监测入手，借鉴联合国开发计划署关于人类发展指数的有关计算方法，研制了《义务教育校际均衡监测指标体系》，建立了义务教育校际均衡监测机制，重点对区（市）县域内义务教育校际资源配置状况、教育质量等进行年度监测和分析。2010年研制了《成都市教育现代化评估指标体系（试行）》，2011年研制了《成都市城乡教育一体化发展监测评价指标体系》。至此，成都市初步形成了以校际均衡监测、县域现代化监测和城乡教育一体化监测为基本框架的成都市教育均衡发展监测体系。

第二节　成都市教育均衡监测体系建设进程及举措

一、成都市教育均衡监测体系的建设进程

2008年，成都市研制了《义务教育校际均衡监测指标体系》，建立了义务教育校际均衡监测机制，重点对区（市）县域内义务教育校际之间资源配置状况、教育质量等进行年度监测和分析。为检验监测指标，同年，成都市教科院选择了温江区、金堂县两个区县进行试点监测。

2009年，在修正、补充的基础上，成都市将监测范围扩展到19个区（市）县和高新区。

2010 年，成都市在推动教育现代化发展的过程中，制定了《成都市教育现代化评估指标体系（试行）》，尝试开展对学校教育现代化和区（市）县教育现代化的达标评估。

2011 年，基于前期总结研究的结果，成都市决定将对区（市）县教育现代化的达标评估改为对区（市）县教育现代化发展水平的动态监测和阶段性评估相结合，促进区域教育现代化长久、持续、深入地推进。同年，成都市结合试验区建设目标任务和多年来的经验、做法，编制了《成都市城乡教育一体化发展监测评价指标体系》。

2010—2011 年间，成都市正式确立了科学可行的校际均衡监测指标体系，建立了监测报告向社会各界公开发布的机制，并完善了相关工作机制。成都市义务教育校际均衡监测工作在数据获取、报告分析、反馈监督、决策运用、社会知晓等全过程形成了规范的运行程序和有效的工作机制。

2012 年，成都市正式开始实施教育现代化发展水平年度监测，监测对象包括成都市 19 个区（市）县和成都市高新区、天府新区成都片区。

二、成都市教育均衡监测体系的举措

（一）以促进校际均衡为重点，建立县域内义务教育校际均衡监测评价机制

为有效缩小校际差距，促进校际均衡，2008 年，成都市在全国率先研制了《义务教育校际均衡监测指标体系》，建立了义务教育校际均衡监测机制，重点对区（市）县域内义务教育校际之间资源配置状况、教育质量等进行年度监测和分析，强化各级政府在缩小义务教育阶段校际差距的责任，指导各级政府科学制定缩小校际差距的办法措施。

成都市校际均衡监测以各区（市）县公办义务教育阶段的学校为对象，开展义务教育城区学校与农村学校均衡度监测、典型弱势学校监测工作。其目的是通过监测掌握义务教育城区学校与农村学校的差距及差距变化趋势，及时发现典型弱势学校及其弱势方面，以便及时扶助，促进义务教育校际均衡发展，缩小城乡差别，缩小校际差距，并比较各区（市）县义务教育发展均衡状

态。成都市义务教育校际均衡监测指标体系以资源配置和教育质量为重点，借鉴联合国开发计划署关于人类发展指数的有关计算方法来量化教育均衡指数，指标采用基尼系数分析测度区（市）县域内义务教育校际均衡的总体程度，同时运用差异系数分析法，与基尼系数分析法进行相互验证，提高监测结果的准确性，维持指标体系的连续性和一致性。[①]

目前成都市义务教育校际均衡监测指标体系从教育经费、办学条件、师资配备、教育质量四个方面来测量义务教育校际均衡程度，基本涵盖了义务教育阶段涉及教育均衡的各个方面，契合成都市义务教育均衡发展和教育公平的内涵。

在4个一级指标之下又细分为14个常规监测指标，旨在对义务教育均衡进行更为全面、微观的阐释和监测。例如，2016年义务教育均衡监测指标体系中，针对师资配置这个一级指标，下设：①生均小学专科（初中本科）及以上学历专任教师数；②生均中级及以上专业技术职务教师数；③师生比；④班额达标比例4个常规监测指标，从每个学生能够占有的教师数量、学历、职称，以及公共教育资源和师生互动机会等方面来衡量师资配备状况。指标涉及教师专业水平和教学能力、生均教育资源和教育机会等内容，在数量和质量上保证了师资配备的均衡性。

从国家层面来看，教育部印发的《县域义务教育优质均衡发展督导评估方法》提出从资源配置、政府保障程度、教育质量、社会认可度四个方面来评估义务教育均衡程度。资源配置方面具体包括教师学历、职称、生均硬件资源占有量等指标。可以看出，国家层面的义务教育均衡监测更加注重“量”的均衡，力图实现全国基础教育在硬件设施和教育机会上达到均等。而成都市义务教育校际均衡监测在“量”的基础上增加了反映“质”的指标（班额达标比例、生师比、骨干教师比例），并且深入到微观层面的均衡，如针对师生互动机会比例的监测。

---

① 蒋姗：《成都市统筹城乡教师资源均衡配置案例研究》，电子科技大学公共管理学院硕士学位论文，2015年，第41页。

除此之外，根据成都市义务教育均衡水平的提高以及教育发展要求的变化，义务教育校际均衡监测指标体系也在不断地修订、完善，从 2008 年到 2016 年，指标体系中的一级指标和常规监测指标均发生了变化（见表 4—1）。

表 4—1 成都市 2008 年、2012 年、2015 年、2016 年义务教育校际均衡监测指标体系

<table>
<tr><td rowspan="2">一级指标
常规监测指标
年份</td><td>A1 教育经费</td><td>A2 办学条件</td><td>A3 师资配备</td><td rowspan="2">A4 教育质量</td></tr>
<tr><td>2008 年：教育经费投入</td><td colspan="2">2008 年：教育的物力和人力资源配置</td></tr>
<tr><td rowspan="8">2008</td><td>B1 生均预算内教育事业费</td><td colspan="2">B3 生均教育技术装备值</td><td>B11 小学、初中学生巩固率</td></tr>
<tr><td rowspan="7">B2 生均预算内公用经费</td><td colspan="2">B4 生均占地面积</td><td>B12 小学、初中毕业考试（或者质量监测）各科一次性全科及格率（全科及格率）</td></tr>
<tr><td colspan="2">B5 生均建筑面积</td><td rowspan="6">B13 初中毕业升学率</td></tr>
<tr><td colspan="2">B6 生机比</td></tr>
<tr><td colspan="2">B7 中级及以上教师比例</td></tr>
<tr><td colspan="2">B8 骨干教师比例</td></tr>
<tr><td colspan="2">B9 生师比</td></tr>
<tr><td colspan="2">B10 平均班额数</td></tr>
<tr><td rowspan="5">2012</td><td>B1 生均公共财政预算教育事业费支出</td><td>B3 生均教学仪器设备资产值</td><td>B8 小学专科（初中本科）及以上学历专任教师比例</td><td>B13 小学六年（初中三年）巩固率</td></tr>
<tr><td rowspan="4">B2 生均公共财政预算公用经费支出</td><td>B4 生均图书册数</td><td>B9 中级及以上专业技术职务教师比例</td><td>B14 小学、初中毕业考试（或者质量监测）一次性全科及格率</td></tr>
<tr><td>B5 百名学生拥有计算机台数</td><td>B10 骨干教师比例</td><td rowspan="3">B15 初中毕业升学率</td></tr>
<tr><td>B6 生均体育运动场馆面积</td><td>B11 生师比</td></tr>
<tr><td>B7 生均教学及辅助用房面积</td><td>B12 班额达标比例</td></tr>
</table>

续表

<table>
<tr><td rowspan="2">一级指标
常规监测指标
年份</td><td>A1 教育经费</td><td>A2 办学条件</td><td>A3 师资配备</td><td rowspan="2">A4 教育质量</td></tr>
<tr><td>2008 年：教育经费投入</td><td colspan="2">2008 年：教育的物力和人力资源配置</td></tr>
<tr><td rowspan="5">2015</td><td>B1 生均公共财政预算教育事业费支出</td><td>B3 生均教学仪器设备资产值</td><td>B8 小学专科（初中本科）及以上学历专任教师比例</td><td>B12 小学六年（初中三年）巩固率</td></tr>
<tr><td rowspan="4">B2 生均公共财政预算公用经费支出</td><td>B4 生均图书册数</td><td>B9 中级及以上专业技术职务教师比例</td><td rowspan="4">B13 小学和初中毕业考试一次性全科及格率</td></tr>
<tr><td>B5 百名学生拥有计算机台数</td><td>B10 生师比</td></tr>
<tr><td>B6 生均体育运动场馆面积</td><td>B11 班额达标比例</td></tr>
<tr><td>B7 生均教学及辅助用房面积</td><td></td></tr>
<tr><td rowspan="5">2016</td><td>B1 生均公共财政预算教育事业费支出</td><td>B3 生均教学仪器设备资产值</td><td>B8 生均小学专科（初中本科）及以上学历专任教师数</td><td>B12 小学六年（初中三年）巩固率</td></tr>
<tr><td rowspan="4">B2 生均公共财政预算公用经费支出</td><td>B4 生均图书册数</td><td>B9 生均中级及以上专业技术职务教师数</td><td rowspan="4">B13 小学和初中毕业考试一次性全科及格率</td></tr>
<tr><td>B5 每百名学生拥有计算机台数</td><td>B10 师生比</td></tr>
<tr><td>B6 生均体育运动场馆面积</td><td>B11 班额达标比例</td></tr>
<tr><td>B7 生均教学及辅助用房面积</td><td></td></tr>
</table>

注：全市义务教育校际均衡总指数由教育经费（投入）、办学条件、师资配置、教育质量等指标的差异系数加权合成而得，它介于0—1之间，数值越小，表示均衡程度越高。

2008 年的校际均衡监测只有 3 个一级指标，分别是教育经费投入、教育的物力和人力资源配置、教育质量。2012 年，教育局将教育的物力和人力资源配置指标分为办学条件和师资配置两个一级指标；在办学条件的常规监测指标中,又将生均教育技术装备值改为生均教学仪器设备资产值,凸显了教学过程中仪器的使用率和占有量;将生均占地面积和生均建筑面积改为生均体育运动场馆面积和生均教学及辅助用房面积,标注了生均占地面积的具体使用方式;将生机比改为(每)百名学生拥有计算机台数,反映了成都市教育信息化水平的提高;同时还增加了生均图书册数,体现出对学生的课外活动的重视程度。在师资配备方面,2012年的指标体系在2008年的基础上增加了小学专科(初中本科)及以上学历专任教师比例这一项,对教师学科知识和专业能力提出了更高的要求;将平均班额数改为班额达标比例,说明惠及每位学生的教师资源均衡水平得以提高。

在2012年的基础上,2015年减少了骨干教师比例和初中毕业升学率两项常规监测指标;2016年又在2015年的基础上,将小学专科(初中本科)及以上学历专任教师比例和中级及以上专业技术职务教师比例改为生均小学专科(初中本科)及以上学历专任教师数和生均中级及以上专业技术职务教师数。这样的变动均说明成都市的义务教育校际均衡监测指标在不断地提高。

除了常规监测指标,成都市还根据统筹城乡教育发展的有关政策以及不同时期社会关注的热点和教育难点问题,设计当年的特别关注指标,监测一定时期内热点、难点问题的解决情况,回应人民群众的关切。随着成都市义务教育的不断发展,成都市还对特别关注指标作出相应的调整,突出不同时期的重点,体现监测指标体系的政策相关性和政策敏感性。

成都市的校际均衡监测指标体系重在对校际之间教育资源配置状况进行研究和监测,客观反映义务教育学校之间的差距以及差距发展变化的趋势,并提出行政干预措施。其具体包括以下五个机制:

1. 完善监测指标动态调整机制,丰富监测内涵

成都市在教育经费投入、办学条件、师资配置、教育质量四大方面考量义务教育公平程度的基础上,结合国家义务教育均衡监测指标,建立完善监测指标动态调整机制,定期对监测指标进行调整和丰富,先后增加了小学专科(初中本科)及以上学历专任教师比例指标,把生均教育技术装备值、生均占地面积和生均建筑面积、生机比、平均班额数分别调整为生均教学仪器设备值、生

均体育运动场馆面积和生均教学及辅助用房面积、(每)百名学生拥有计算机台数、班额达标比例。成都市同时根据不同时期社会关注的热点、教育难点问题及解决情况,将一些当年特别关注的指标作为特色指标进行监测评价,如学校信息化建设达标率,进城务工人员子女入学、择校比例,音体美教师结构等,使监测评价紧密联系教育发展实际需求,真正起到信息参考作用,回应人民群众的关切。2017年,根据国家《县域义务教育优质均衡发展评估办法(试行)(征求意见稿)》和《成都市教育事业发展“十三五”规划》,修订完善《成都市义务教育优质均衡监测指标体系》,监测指标由14项增加到20余项,更加凸显公平、优质和全域。

2. 完善数据核查机制,确保数据真实

成都市建立了学校填报、区(市)县教育督导部门审核(教育行政部门相关科室配合)的数据填报工作机制,开发了相关网络填报的数据采集系统。为避免被监测学校在填报数据过程中出现错误填报,对所监测的指标进行了再分解,要求学校只填报基础数据,监测指标值由监测研究小组最后计算。

开展成都市义务教育校际均衡发展水平的监测工作,是为教育决策提供科学依据。为此,成都市专门建立了“一个全面、两个随机、三个环节”的数据真实性核查机制。“一个全面”即全市19个区(市)县和高新区的所有义务教育阶段公办学校都是分层核查的对象,都在市级抽查的范围内,凸显了核查的普遍性。“两个随机”,一是被抽查的学校完全随机产生,二是核查的数据完全随机抽选,并在此基础上再重点核查某些数据,保证了样本的代表性和学校抽检的公平性。“三个环节”,一是学校层面的复核,校长对学校填报数据的真实性签字负责;二是区(市)县教育督导部门审核,并签字负责;三是成都市教育督导部门组织随机抽查,发现经验及时表扬和推广,发现问题通报批评,并根据问题严重程度,在相关考核中作出相应扣分。“三个环节”明晰了分工和责任,确保了数据的真实性。

数据真实性核查机制从地区、学校和个人三个层面入手,确保了数据核查的普遍性、样本的代表性和数据的真实性,三个方面相互配合、协同运作,有效地避免了监测数据失真。

3. 完善预警干涉机制，提前警示干预

数据采集完成后，成都市政府教育督导办委托第三方专业评价机构，采用基尼系数和差异系数分析方法，测算区（市）县域内义务教育校际均衡的总体程度。建立预警干涉机制：将基尼系数达到0.4以及小学、初中8项指标差异系数平均值分别达到0.60和0.50划定为非均衡“警戒线”，及时掌握义务教育城区学校与农村学校的差距及差距变化趋势，及时发现弱势学校及弱势方面。同时对基尼系数及小学、初中8项指标差异系数平均值分别达到或临近“警戒线”的区（市）县提出预警，对办学基本条件、择校、大班额等存在问题的区（市）县和学校提出干预和建议，提醒地方政府、教育主管部门和学校提前谋划，在新学期入学前采取合适的政策措施，适时调整公共教育资源配置，促进义务教育优质均衡发展。

4. 完善反馈问责机制，督促整改提升

每年以成都市人民政府教育督导团正式文件的形式，将监测报告报送市委、市人大、市政府、市政协等，印发各区（市）县政府和教育行政部门，并通过区（市）县反馈到各学校，确保各级准确掌握校际、县域、城乡之间的教育水平发展差异。

根据监测报告反映的问题，各区（市）县有针对性地调整资源配置，督促学校优化教育管理，并建立整改结果反馈、约谈问责等目标责任跟踪机制，形成“监测结果”到“整改提升”的闭合环路。

这种结果反馈和督促整改提升机制形成了双向监督的形式，这种良性循环、相互促进的方式，促进了成都市教育更加有针对性的科学决策，有效推动了成都市教育均衡发展。

5. 完善公开发布机制，接受公众监督

每年形成的年度监测总报告和区（市）县分报告，不仅印发至区（市）县政府、教育行政部门和学校，还适时对外公开发布并正式出版发行，向社会公开义务教育校际均衡监测结果，向市民呈现客观、准确的监测数据，保障人民群众知情权，接受社会监督，提高了人民群众对义务教育均衡发展成果的认同度和教育满意度。近年来，成都市义务教育阶段学校择校率连续5年下降，

“择校热”现象得到有效缓解。基础教育公众满意度在全市所有公共服务行业公众满意度调查中排名前列，其中2014年、2015年连续两年位居第一。

（二）以促进县域均衡为重点，建立区（市）县教育现代化监测评价机制

教育现代化是国家现代化的先行奠基工程。党的十八大明确提出、党的十九大再次强调要基本实现教育现代化。

2009—2010年，成都市教育科学研究院教育现代化课题组研制了《成都市区（市）县教育现代化水平评估标准》《成都市小学、初中、普通高中教育现代化水平评估标准》。2010年部分区（市）县据此尝试开展对学校教育现代化水平的评估，成都市人民政府教育督导团办公室尝试开展对部分区（市）县教育现代化水平评估。①

为研究教育现代化监测的指标及其相应的标准，动态判断区（市）县教育现代化水平，引导和促进各区（市）县积极采取针对性措施，不断提高教育现代化水平并促进区域教育现代化持续、深入推进，2010年，成都市在推进教育现代化的过程中研制了《成都市教育现代化评估指标体系（试行）》，并选择9个区（市）县进行试评估。同时决定将对区（市）县教育现代化的达标评估，改革为对区（市）县教育现代化发展水平的动态监测，通过年度监测推进教育现代化长久、持续地发展。2011年，基于前期总结研究的结果，决定将区（市）县教育现代化的达标评估改为动态监测和阶段性评估相结合。

1. 教育现代化监测指标体系（见表4—2）

表4—2　成都市教育现代化监测指标体系②

指标类型	一级指标	二级指标
常规监测指标	教育事业发展水平	3—5岁幼儿毛入学率
		义务教育巩固率
		高中阶段毛入学率
		新增劳动力平均受教育年限

① 秦建平、张惠：《成都：推进教育现代化建设重数据重定量重实证》，《中国教育报》2015年3月16日。

② 成都市政府教育督导办公室、成都市教科院编著：《成都市义务教育校际均衡监测年度报告（2012卷）》，科学出版社2013年版。

续表

指标类型	一级指标	二级指标
常规监测指标	教育公平和质量	义务教育校际均衡指数
		残障儿童少年义务教育入学率
		区（市）县内教师和干部流动比例
		学生体质健康合格率
		学生学业水平（是否变化）
		中职毕业生对口就业率
	教育经费投入	“三个增长”和财政性教育支出占政府支出比例
		生均公共财政预算教育事业费
		生均公共财政预算公共经费
	办学条件和 教育信息化水平	生均体育运动场（馆）面积
		生均教学及辅助用房面积
		生均教学仪器设备值
		班额达标比例
		生机比
		校园网连通率
		教师信息化水平
	师资队伍建设	各级教育师生比
		教师学历提高比例
		中等职业学校专业课教师达到“双师型”教师比例
		中小学教师培训进修时间达标比例
	教育国际化	各级教育专任教师到境外学习进修达到的比例
		拥有境外友好学校比例
		境外师生互访人次占师生总数的比例
	学习型社会建设水平	社区教育三级网络覆盖率
		从业人员年继续教育率
		居民社区教育年参与率
	教育管理水平和 社会满意度	重大公共教育政策、措施的决策社会参与度
		学校依法治校、民主管理水平
		社会及家长对教育的满意度

在对国际教育发展共性指标和国内教育现代化共性指标分析的基础上，成都市教育现代化监测评价指标体系遵循体现教育现代化内涵，简明易操作，具有客观性、指导性，体现动态性等系列原则，并从教育现代化的价值取向和内涵方面，结合成都本地实际情况进行分析，将国家基本实现教育现代化战略目标“实现更高水平的普及教育，形成惠及全民的公平教育，提供更加丰富的优质教育，构建体系完备的终身教育，健全充满活力的教育体制”五个方面的要求，落实为《成都市区（市）县教育现代化监测指标体系（试行）》，重点指向“县域均衡”。具体包括以下方面：教育事业发展水平、教育公平和质量、教育经费投入、办学条件和教育信息化水平、师资队伍建设、教育国际化、学习型社会建设水平、教育管理水平和社会满意度 8 个一级指标、33 个二级指标。

比如教育公平和质量指标反映各类群体入学机会保障情况和教育资源配置的合理性。该指数由义务教育校际均衡指数、残障儿童少年义务教育入学率、区（市）县内教师和干部流动比例、学生体质健康合格率、学生学业水平（是否变化）、中职毕业生对口就业率 6 个二级指标构成。其中，残障儿童少年义务教育入学率聚焦城镇化进程中的残障儿童少年这个特殊群体，反映了全纳教育的重要要求；义务教育校际均衡指数及区（市）县内教师和干部流动比例聚焦教育资源配置公平，反映了从“普及”到“均衡”、从“有学上”到“上好学”的教育发展阶段性特征，体现了成都市作为教育现代化先行地区的引领性要求。教育质量指数包括学生体质健康合格率、学生学业水平（是否变化）、中职毕业生对口就业率 3 个二级指标。任何事物都是“质”与“量”的统一，因此教育质量与教育公平一起，共同构成“人民满意教育”的主要内涵。同理，其余一级指标和二级指标都具有评价指标的代表性、引领性、可获得性、可比性等特点。

2. 基于事实和数据为基础的循证决策机制

以数据为基础的判断越来越为教育决策者和教育政策分析人员所接受。不少教育政策制定者希望多从量化角度，而不是纯理论思辨的角度了解不同区域的教育发展水平。因而评价指标选取应以客观数量指标为主，部分可量化主观指标为辅。2011 年，成都市教育局提出教育工作由模糊向数据转变，由定性向定量转变,由经验向实证转变的三个要求。由此推进的成都市教育现代化监测以及所形成的实证研究报告、督导定量监测报告,绘出了成都教育发展现状及其趋势的清晰图谱,为政府决策提供了思想新颖、务实可靠的智力支持。可以说,成都市教育由经验决策、主观决策走向以事实和数据为基础的循证决策机制的形成直接推动了成都市教育决策的科学化、现代化。①

3. 基于定量监测与定性评价结合的精准督导机制

2012 年,成都市开始公开发表全国首个教育现代化水平定量监测报告,准确地将成都市教育改革和发展引向教育现代化目标。比如指标的运用过程:运用统计和观测、调查数据计算各项指标实现度。二级指标实现度为统计或观测、调查数据与参照标准之比,乘以 100%。一级指标实现度为所包含的各二级指标的实现度分别乘以其权重,求和之后再除以该一级指标权重,再乘以 100%。总实现度为各一级指标实现度分别乘以其权重再求和,乘以 100%。从总实现度可以定量判断距离教育现代化参照标准的程度。定量监测与定性评价两者相结合的精准督导机制,使得成都市教育现代化的目标、工作重点和推进路径变得十分清晰,并由此形成了“确立目标—标准引领—路径规划—制度创新—评价助推—针对改进—确立新目标”这一科学循环、螺旋上升的教育现代化发展模式。②

4. 引入了民主参与机制

成都市在教育现代化监测过程中引入多方主体参与,做到定量与定性、动态与静态、软件与硬件、点与面、内部与外部等相结合。一是按照法定统计规范和要求,由各区(市)县通过网络系统填报监测指标数据,数据主要来源于教育事业报表和经费报表;二是委托第三方专业调查机构,对指标体系中涉及的教育决策社会参与度、教育公众满意度、依法治校等敏感指标进行调查和评价;三是由市教育督导团组织抽查式核查,建立数据核查机制,确保数据的客观、真实、准确;四是由市教科院对数据信息进行分析处理和评价,客观呈现各

---

① 赖培根:《循证决策和精准督导:成都教育现代化的关键路径》,《人民教育》2015 年第 16 期。

② 同上。

区(市)县教育现代化发展的整体水平和各项指标与全市平均达成度的差距。

这种方式充分调动了社会积极性,实现了政府、学校、社会三方良性互动,鼓励社会公众评价学校教育效果,确保评价结果客观、准确,充分体现了教育的民主性。

(三)以促进城乡均衡为重点,构建成都市城乡教育一体化发展水平监测机制

有学者认为,城乡教育一体化是城乡一体化的衍生概念,是指把城乡教育置于城市和乡村所构成的同一个大系统中,统筹城乡教育发展,整合城乡教育资源,打破城乡二元经济结构和社会结构的束缚,构建动态均衡、双向沟通、良性互动的教育体系和机制,促进城乡教育资源共享、优势互补,缩小城乡之间教育差距,有效消除地域、经济等原因造成的教育不公平,改变农村地区教育的落后状况,使均衡化的公共教育服务覆盖城乡全体居民,实现城乡教育均衡发展。①

具体来说,城乡教育一体化发展可以分为三个环节,第一环节旨在消除对农村教育在规划设计、教育投入、师资建设等方面的歧视,以及对城市教育的倾斜,建立公平的入学保障体系;第二环节在于通过政策倾斜的方式,解决过去城乡二元结构带给农村教育的遗留问题;第三环节在于构建长效机制,如政策执行的监督机制、教师资源的交流机制、城乡学校的帮扶机制,让农村教育不再长期处于落后的状态。

为了更有针对性地监测城乡教育一体化发展水平,2011年,成都市结合统筹城乡教育综合改革试验区建设目标任务和多年来的经验、做法,研制了《成都市城乡教育一体化发展监测评价指标体系》(见表4—3),该指标体系重点导向是“市域统筹”,年度监测和分析评价涵盖了教育的“起点公平、过程公平和结果公平”等核心环节,引导市域统筹资源配置,促进“全域成都”教育高位均衡、优质发展。

---

① 褚宏启:《城乡教育一体化:体系重构与制度创新——中国教育二元结构及其破解》,《教育研究》2009年第11期。

1. 成都市城乡教育一体化发展监测评价指标体系

表 4—3　成都市城乡教育一体化发展监测评价指标体系

<table>
<tr><th>一级指标</th><th>二级指标</th><th colspan="2">监测点及权重</th></tr>
<tr><td rowspan="7">A1 教育机会城乡一体化</td><td rowspan="4">B1 入学率</td><td colspan="2">G1 3—5 岁幼儿入园率城乡比率</td></tr>
<tr><td colspan="2">G2 小学学龄儿童入学率城乡比率</td></tr>
<tr><td colspan="2">G3 普通初中学龄儿童入学率城乡比率</td></tr>
<tr><td colspan="2">G4 高中阶段教育入学率城乡比率</td></tr>
<tr><td rowspan="3">B2 特殊人群入学接受教育权利的保障</td><td colspan="2">G5“三类”残疾儿童入学率城乡比率</td></tr>
<tr><td colspan="2">G6 外来务工就业农业劳动者子女在公办学校接受义务教育比例城乡比率</td></tr>
<tr><td colspan="2">G7“帮困助学”覆盖率城乡比率</td></tr>
<tr><td rowspan="24">A2 办学条件城乡一体化</td><td rowspan="5">B3 学校建设</td><td colspan="2">G8 公办和公益性幼儿园学位覆盖率城乡比率</td></tr>
<tr><td colspan="2">G9 社区教育学校（成人教育学校）乡镇（街道）覆盖率城乡比率</td></tr>
<tr><td rowspan="3">G10 生均校舍建筑面积城乡比率</td><td>小学</td></tr>
<tr><td>普通初中</td></tr>
<tr><td>普通高中</td></tr>
<tr><td rowspan="9">B4 教学设备配备</td><td rowspan="3">G11 生均教学仪器设备总值城乡比率</td><td>小学</td></tr>
<tr><td>普通初中</td></tr>
<tr><td>普通高中</td></tr>
<tr><td rowspan="3">G12 生均图书册数城乡比率</td><td>小学</td></tr>
<tr><td>普通初中</td></tr>
<tr><td>普通高中</td></tr>
<tr><td rowspan="3">G13 计算机“生机比”城乡比率</td><td>小学</td></tr>
<tr><td>普通初中</td></tr>
<tr><td>普通高中</td></tr>
<tr><td rowspan="7">B5 教育信息化</td><td rowspan="3">G14 中小学数字资源人均占有量城乡比率</td><td>小学</td></tr>
<tr><td>普通初中</td></tr>
<tr><td>普通高中</td></tr>
<tr><td rowspan="3">G15 多媒体到班率城乡比率</td><td>小学</td></tr>
<tr><td>普通初中</td></tr>
<tr><td>普通高中</td></tr>
<tr><td colspan="2">G16 成都教育城域专网建成率城乡比率</td></tr>
</table>

续表

<table>
<tr><th>一级指标</th><th>二级指标</th><th colspan="2">监测点及权重</th></tr>
<tr><td rowspan="27">A3 教师队伍建设城乡一体化</td><td rowspan="10">B6 校级干部</td><td rowspan="5">G17 校级干部本科及以上学历城乡比率</td><td>幼儿园</td></tr>
<tr><td>小学</td></tr>
<tr><td>普通初中</td></tr>
<tr><td>普通高中</td></tr>
<tr><td>中等职业学校</td></tr>
<tr><td rowspan="5">G18 校级干部获得高级以上职称比例城乡比率</td><td>幼儿园</td></tr>
<tr><td>小学</td></tr>
<tr><td>普通初中</td></tr>
<tr><td>普通高中</td></tr>
<tr><td>中等职业学校</td></tr>
<tr><td rowspan="4">B7 教师学历结构</td><td rowspan="4">G19 高一级学历教师比例城乡比率</td><td>幼儿园</td></tr>
<tr><td>小学</td></tr>
<tr><td>普通初中</td></tr>
<tr><td>普通高中</td></tr>
<tr><td rowspan="4">B8 教师职称结构</td><td rowspan="4">G20 中高级教师比例城乡比率</td><td>小学</td></tr>
<tr><td>普通初中</td></tr>
<tr><td>普通高中</td></tr>
<tr><td>中等职业学校</td></tr>
<tr><td rowspan="4">B9 教师学科结构</td><td colspan="2">G21 小学音乐、体育、美术、思品、科学专任教师比例城乡比率</td></tr>
<tr><td colspan="2">G22 初中音乐、体育、美术、政治、科学专任教师比例城乡比率</td></tr>
<tr><td colspan="2">G23 普通高中信息技术、体育与健康、音乐、美术、劳动与技术等专业教师比例城乡比率</td></tr>
<tr><td colspan="2">G24 中等职业学校“双师型”教师比例城乡比率</td></tr>
<tr><td rowspan="2">B10 骨干教师</td><td rowspan="2">G25 义务教育段县级以上青年教师比例城乡比率</td><td>小学</td></tr>
<tr><td>普通初中</td></tr>
<tr><td rowspan="3">B11 学校教师培训</td><td rowspan="3">G26 接受市级及以上培训教师比例城乡比率</td><td>小学</td></tr>
<tr><td>普通初中</td></tr>
<tr><td>普通高中</td></tr>
</table>

续表

<table>
<tr><th>一级指标</th><th>二级指标</th><th colspan="2">监测点及权重</th></tr>
<tr><td rowspan="9">A4 教育经费城乡一体化</td><td>B12 人均教育总经费支出</td><td colspan="2">G27 人均教育总经费支出城乡比率</td></tr>
<tr><td rowspan="4">B13 生均预算内教育事业费支出</td><td rowspan="4">G28 生均预算内教育事业费支出城乡比率</td><td>小学</td></tr>
<tr><td>普通初中</td></tr>
<tr><td>普通高中</td></tr>
<tr><td>中等职业学校</td></tr>
<tr><td rowspan="4">B14 生均预算内公用经费支出</td><td rowspan="4">G29 生均预算内公用经费支出城乡比率</td><td>小学</td></tr>
<tr><td>普通初中</td></tr>
<tr><td>普通高中</td></tr>
<tr><td>中等职业学校</td></tr>
<tr><td rowspan="10">A5 教育质量城乡一体化</td><td rowspan="6">B15 学生学业质量</td><td rowspan="2">G30 义务教育阶段学业测评结果城乡比率</td><td>阅读</td></tr>
<tr><td>数学</td></tr>
<tr><td rowspan="2">G31 初中毕业考试一次性全科合格率城乡比率</td><td>一次性</td></tr>
<tr><td>全科</td></tr>
<tr><td colspan="2">G32 中等职业学校毕业生对口就业率城乡比率</td></tr>
<tr><td colspan="2">G33 高考万人本科上线率城乡比率</td></tr>
<tr><td rowspan="3">B16 学生体质健康</td><td rowspan="3">G34 学生体质合格率城乡比率</td><td>小学</td></tr>
<tr><td>普通初中</td></tr>
<tr><td>普通高中</td></tr>
<tr><td>B17 社会贡献</td><td colspan="2">G35 平均受教育年限城乡比率</td></tr>
</table>

成都市城乡教育一体化发展监测评价指标体系的构建充分体现了成都特色,科学界定了“城”与“乡”的范围,既抓住重点,又体现出“市域统筹”的特性,紧紧围绕着成都市城乡教育一体化开展监测评价,设定了教育机会城乡一体化、办学条件城乡一体化、教师队伍城乡一体化、教育经费城乡一体化、教育质量城乡一体化 5 个一级指标,涵盖了教育“起点公平、过程公平和结果公平”等核心环节;一级指标下设 17 个二级指标,更加微观、全面地阐释了城乡教育从机会均等到教育质量均衡各个方面的内容,反映了城乡教育的总体差距。例如教育机会城乡一体化涉及全体受教育者入学率问题以及特殊人群接受教

育权利的保障问题，在普及的基础上重点保障残疾儿童、外来务工人员子女受教育权利，同时提升“帮困助学”的覆盖率；教育质量城乡一体化指标下设学生学业质量、学生体质健康、社会贡献3个二级指标，充分说明当前对教育质量的认识不再局限于学生学业成绩方面，而是提倡学生身心全面发展，同时强调用平均受教育年限的城乡比来反映教育质量。

监测指标的设定既采用了国家法定的统计数据，又超越了国家的法定统计数据。成都市城乡教育一体化发展监测评价指标体系根据成都市城乡教育一体化发展实际和未来发展导向，在教育信息化水平、教育质量、师资队伍建设等反映内涵的指标方面，均设计了高于统计数据要求的指标。除此之外，设立了35个监测点，全部采用可量化指标，指标内涵明确、可量化，具有典型性，指标数量简化，具有较强的可操作性。

2014年后，成都市又对指标体系进行了必要的修订和完善，增加了三个监测点：一是公办和公益性幼儿园学位覆盖率城乡比率。根据《成都市幼儿园管理办法》（成都市人民政府令第183号）提出的“坚持‘政府主导、社会参与、公办民办并举’的办园体制，构建以公共财政投入为主、以公办和公益性幼儿园为主的学前教育发展格局”[①]，将此监测点调整为公办和公益性幼儿园学位覆盖率城乡比率，以此监测公办和公益性幼儿园覆盖情况。二是中小学数字资源人均占有量城乡比率（小学、普通初中、普通高中）。该监测点的修订是因为原监测点（学校校园网检测率城乡比率）经过四年监测后，比率连续三年达到1:1，学校校园网城乡的监测情况已达良好[②]；而数字资源人均占有量能进一步监测和评价学校数字资源建设情况，故将监测点修订为中小学数字资源人均占有量城乡比率，以此来监测城市与乡村学校学生和教师学习过程中能够使用的数字化资源的差异情况。三是初中毕业考试一次性全科合格率城乡比率（一次性合格率、全科合格率）。该监测点主要为完善监测点的数

---

① 成都市政府：《成都市幼儿园管理办法》（成都市人民政府令第183号），2014年1月21日。

② 统筹城乡教育发展研究中心：《成都市城乡教育一体化发展监测与评价报告（2015年）》，2016年9月，第6页。

据收集。原监测点根据每年数据的收集情况，或以一次性合格率，或以全科合格率为该监测点的采样数据。2014 年后，成都市将一次性合格率和全科合格率都进行监测，可以更加清晰地展示该监测点需要监测的情况。

2. 市域统筹的监测导向

按照“全域”理念，成都市依据对过去工作的提炼和总结，综合和适应了部、省、市共建统筹城乡教育综合改革试验区、国家教育体制改革试点项目等要求，打破了县域界限，确立了市域统筹的监测导向。

通过多年来的倾斜化政策、手段和措施，成都市在很大程度上弥补了农村教育的短板，但城乡之间仍存在差距。承认差距是成都市研制城乡教育一体化发展监测评价指标体系的立足点，而缩小差距是研制指标体系的目的。通过对监测结果的分析，成都市综合运用引导、考核、激励、支持以及动态监测等政策和手段，采取“强弱结盟”“以城带乡”等方法，充分考虑教育资源、水平等处于优势的区（市）县对较弱区（市）县的辐射和带动作用，有组织有计划地实现农村薄弱学校与城区学校的结对发展和资源共享，弥补城乡教育差距，消除教育发展薄弱环节。

3. 以多样化的方法、多维度的评价来反映城乡教育一体化均衡程度

成都市城乡教育一体化均衡监测所使用的方法是多样的。它不是为了简单获取城乡两地的教育发展水平，而是以科学分析、评估城乡教育发展诸多指标变化趋势的比较相对值（或趋近值）来反映并调控农村教育追赶城市教育、不断缩小城乡教育差距的动态过程，最终达到城乡无差别的理想状态。因此，设定乡与城的理想比率为 1，在此过程中，乡与城之比逐渐向 1 趋近，表明城乡教育一体化在不断推进。这种动态的“城乡比率”监测数据呈现方式，科学清晰地描绘了城乡教育的动态差距和追赶过程，非常契合城乡教育一体化水平监测的实质，是成都市城乡教育一体化监测的基本方法。另外，该监督体系运用多点监测、科学计算的指标监测评估方法。指标体系中设立了 35 个监测点，利用加权平均法计算各监测点涉及的农村和城市数据值，采用基准法对监测点数据进行处理，得到相应分值。监测结果客观反映了城乡教育资源分配情况，提高了监测结果的准确性，体现了监测指标的连续性和一致性。

除了方法的多样性外,对于成都市城乡教育一体化的评价也是多维度的。比如从城乡教育一体化的整体阶段判断、发展水平综合评析、监测结果分值评析和监测数据分析等方面剖析评价城乡教育发展差距,为下一步推进城乡教育一体化、弥补教育发展短板、消除教育发展薄弱环节提供了客观科学的依据。

可以说,多样性的方法和多维度的评价共同构成了一个多视角审视成都市城乡教育一体化动态均衡发展的科学监测评价体系,对于选择和调控成都市城乡教育一体化改革的阶段性着力点、优化推进策略和方法具有重要作用。

第三节　成都市教育均衡监测结果及成效

自 2008 年以来,成都市持续推进并完善教育均衡监测体系,不仅对成都市教育综合改革成果进行了客观、真实、动态地反映,而且日益成熟的教育均衡监测运行机制也持续性地助推着成都市教育的科学决策、精准督导和教育改进,为国家教育均衡发展、督导评估贡献了地方经验,进一步提升了人民群众对教育改革和发展的满意度。

一、教育均衡监测见证了成都市教育均衡总体达成度的持续提升

(一)成都市教育现代化基本实现

通过教育均衡监测,可清晰地看到成都市教育现代化的进程。2011 年,成都市各区(市)县教育现代化指标总达成度平均值为 76.52%,达成度最高的是锦江区(88.18%)。[①] 2012 年,成都市各区(市)县教育现代化指标总达成度平均值为 84.60%,其中武侯区和新津县的达成度分别为 90.64% 和 90.10%,均超过 90%。[②] 2013 年,成都市各区(市)县教育现代化指标总达成度平均

① 成都市政府教育督导办公室、成都市教科院编著:《成都市教育现代化发展水平监测年度报告(2016 卷)》,科学出版社 2017 年版。

② 成都市政府教育督导办公室、成都市教科院编著:《成都市教育现代化发展水平监测年度报告(2013 卷)》,科学出版社 2014 年版。

值为 90.26%，且所有区（市）县达成度均超过 80%，达成度在 90% 以上的区（市）县有 11 个。[①] 2015 年，全市各区（市）县教育现代化 33 项指标总达成度平均值为 95.10%，所有区（市）县的总体达成度均超过 90%，其中达成度超过 95% 的有 15 个（见图 4—1）。

从成都市区（市）县教育现代化指标总达成度平均值的持续增长可以看出，成都市教育现代化进展显著，已经全面实现了《成都市中长期教育改革和发展规划纲要（2010—2020 年）》和《成都市教育事业发展第十二个五年规划》确定的“2015 年率先在中西部基本实现教育现代化”的目标。[②]动态的教育均衡监测清晰地体现了教育均衡持续提升的轨迹。

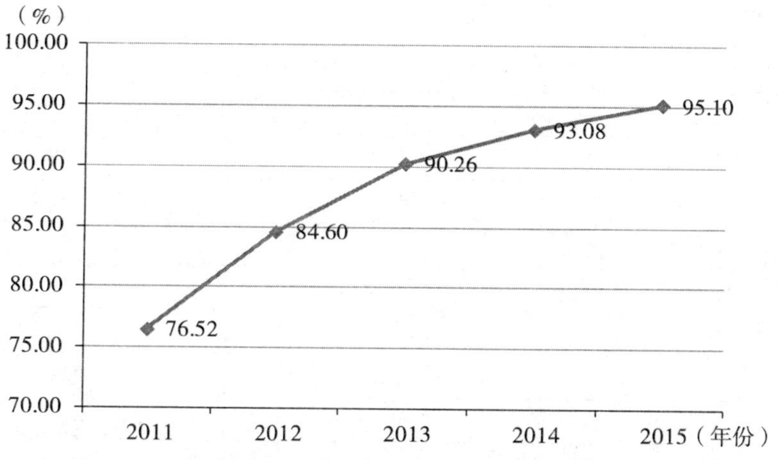

图 4—1　成都市 2011—2015 年教育现代化均衡监测变化情况

（二）县域内校际均衡水平持续提升

2011 年，成都市各区（市）县生均教育经费投入和生均教学仪器设备资产值等指标的基尼系数平均值，19 个区（市）县和高新区均小于 0.3，但超过半数的小学和初中的生均教学仪器设备资产值基尼系数超过 0.3。[③] 2012 年，成

---

① 成都市政府教育督导办公室、成都市教科院编著：《成都市教育现代化发展水平监测年度报告（2014 卷）》，科学出版社 2015 年版。

② 成都市政府教育督导办公室、成都市教科院编著：《成都市教育现代化发展水平监测年度报告（2016 卷）》，科学出版社 2017 年版。

③ 成都市政府教育督导办公室、成都市教科院编著：《成都市教育现代化发展水平监测年度报告 2012 卷》，科学出版社 2013 年版。

都市义务教育均衡总指数的平均值为0.32，有14个区（市）县的义务教育校际均衡指数小于或等于0.35，占全市的70%。[①] 2014年，成都市义务教育发展均衡总指数为0.25，除龙泉驿区、郫县、高新区和金堂县外，其他16个区（市）及天府新区的均衡指数均小于0.3。[②] 2015年，成都市义务教育均衡总指数的平均值为0.26，有19个区（市）县的义务教育校际均衡指数小于或等于0.35，占21个区（市）县的90.48%，达成度平均值为99.52%[③]（见表4—4）。

表4—4 成都市2012年、2015年义务教育均衡总指数平均值一览表

项目 / 区县	义务教育均衡总指数	
	2012年	2015年
成都天府新区		0.20
成都高新区	0.33	0.28
锦江区	0.23	0.25
青羊区	0.16	0.19
金牛区	0.30	0.22
武侯区	0.31	0.22
成华区	0.28	0.24
龙泉驿区	0.37	0.31
青白江区	0.26	0.26
新都区	0.31	0.25
温江区	0.25	0.29
金堂县	0.43	0.34
双流县	0.30	0.29
郫 县	0.46	0.36
大邑县	0.32	0.27
蒲江县	0.49	0.22

① 成都市政府教育督导办公室、成都市教科院编著：《成都市教育现代化发展水平监测年度报告（2013卷）》，科学出版社2014年版。

② 成都市政府教育督导办公室、成都市教科院编著：《成都市教育现代化发展水平监测年度报告（2014卷）》，科学出版社2015年版。

③ 成都市政府教育督导办公室、成都市教科院编著：《成都市教育现代化发展水平监测年度报告（2016卷）》，科学出版社2017年版。

续表

项目 区县	义务教育均衡总指数	
	2012 年	2015 年
新津县	0.21	0.18
都江堰市	0.31	0.23
彭州市	0.27	0.24
邛崃市	0.46	0.26
崇州市	0.42	0.38
成都市平均值	0.32	0.26

通过对“名牌学校”或者市民选择的“热点学校”与一般学校各个监测指标数值的比较，发现“名牌学校”“热点学校”在生均教育资源享有量上，已经不具有优势。在大多数监测项目上，一般学校生均教育资源享有量普遍高于“名牌学校”或者“热点学校”。教育资源重点倾向少数“名牌学校”的格局得到扭转，教育资源配置逐步走向合理。成都市 68 万余名小学生、42 万余名初中生、上百万个家庭逐渐享受到教育公平，为促进社会公平、社会和谐奠定了基础。

（三）城乡差距进一步缩小

2010 年，成都市城乡教育一体化监测综合评分为 78.10 分，一级指标中得分率最高的是教育机会城乡一体化，达到 98.50%，最低为办学条件城乡一体化，得分率为 68.64%。

2011 年，成都市城乡教育一体化监测综合评分为 80.10 分，一级指标中得分率最高的依旧是教育机会城乡一体化，达到 98.30%，最低为教育经费城乡一体化，得分率为 64.35%。

2012 年，成都市城乡教育一体化监测综合评分高达 88.65 分。2013 年、2014 年均略有下降，分别为 87.68 分、87.56 分。

2015 年，成都市城乡教育一体化发展监测与评价综合得分为 87.46 分，五个一级监测指标得分率有三个超过 90%，分别是教育机会城乡一体化（得分率 99.20%）、办学条件城乡一体化（得分率 93.04%）和教师队伍建设城乡一体化（得分率 91.13%）（见图 4—2）。参照成都市统筹城乡发展进程的划分标准，成都市城乡教育一体化已经连续四年处于“全面融合”的发展阶段，“全域成都”教育均衡发展机制已经基本建立。

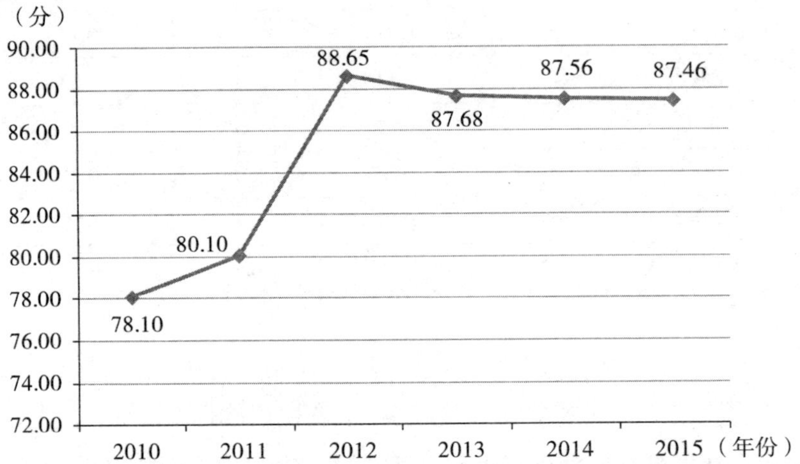

图 4—2　成都市 2010—2015 年城乡教育一体化发展监测变化情况

（四）成都市成为全国首个整体达到“义务教育基本均衡县”评定标准的副省级城市

2013 年，教育部正式启动对成都市“义务教育基本均衡县”评估认定工作，刚性标准是义务教育均衡监测结果，小学差异系数小于 0.65，初中差异系数小于 0.55。

此前，四川省政府教育督导团也组织了省督学及专家对成都市 19 个区（市）县义务教育学校，从办学基本条件、校际间均衡状况、县级人民政府推进义务教育均衡发展工作情况及公众满意度四个方面进行督导评估。

在教育部和四川省政府教育督导团的评估认定中，成都市所辖的 19 个区（市）县在该项评估认定工作中全部达标，成为全国首个整体实现县域义务教育均衡发展的副省级城市。

二、日益完善的教育均衡监测体系助推成都市教育的发展

（一）监测结果为成都市政府决策提供了科学依据

2011 年，基于前期总结研究的结果，成都市决定将对区（市）县教育现代

化的达标评估，改为对区（市）县教育现代化发展水平的动态监测和阶段性评估相结合，促进区域教育现代化持续、深入地推进。

同年，成都市义务教育校际均衡监测发现区（市）县之间、县域内校际间办学条件和教育经费投入仍然存在较大差异，不能适应新形势下教育事业发展的需要和满足人民群众对教育的要求。为此，成都市政府主要领导多次主持召开“义务教育校际均衡工作专题会议”。经反复研究论证，决定全市三年内（2012—2014 年）市、县两级财政增加 40 亿元教育经费投入，从教师编制、教师素质、技术装备、教室光环境、学校运动场、城乡学生生均公用经费拨款标准六个方面实施城乡中小学标准化建设提升工程，高标准优化配置教育资源。

种种改革举措显示，教育均衡监测结果的科学性和可靠性推动了成都市教育的发展，为成都市政府和教育行政部门的科学决策提供了重要依据。

（二）监测结果有力督促了区（市）县改进工作

从 2008 年起，成都市开始实施义务教育校际均衡监测，分析校际差距、城乡均衡和区（市）县间均衡发展状况。

2011 年，成都市教育局发布第一份《成都市义务教育校际均衡监测年度报告》。监测报告发布后，各区（市）县政府高度重视，依据监测结果，针对自己的薄弱方面，进行整改提高。如温江区制定了“三年时间完成全区学校教育技术装备满覆盖”的工作计划，投入 5200 余万元促进城乡义务教育技术装备均衡发展；成华区加大教育经费投入，小学、初中生均公用经费分别从 2011 年的 1822 元、2368 元提升到 2012 年的 2789 元和 3714 元，分别增长 53% 和 57%。

2012 年，成都市出台了《关于进一步深化区（市）县域内公共教育资源均衡配置的意见》，完善并深化“县管校用”教师管理机制。2013 年，全市义务教育学校校级干部交流任职人数达 390 人，占干部总数的 22.4%，教师交流人数达 4759 人，占应交流人数的 16.2%，促进了义务教育教师资源配置的均衡。

（三）监测结果推动教育改革重点工作的开展

从城乡教育一体化发展来看，成都市城乡教育一体化监测评价指标体系专门针对进城务工人员子女的入学机会与社会公平教育进行了监测。2011 年的监测结果显示：成都市城区外来务工农民工子女在公办学校接受义务教育比例达到79%以上，郊区（市）县达到76%以上，但随着外来务工农民工的增加，解决其子女就学问题已成为城区和郊区（市）县的一项教育难题。武侯区依据监测数据，及时采取了政策方面的保障机制，同时还采取了其他多种措施来确保外来务工农民工子女的入学机会均衡，如建立便民服务体系、加大对城郊学校的经费投入、扩大民办学校的社会参与度、强化保障专项经费补贴等。

从成都市教育现代化发展来看，2014年，教育现代化监测指标体系中一级指标增长幅度最大的是办学条件和教育信息化水平、教育国际化，分别增长12.29个、8.49个百分点；二级指标达成度平均值达到100%的有5个指标，分别是新增劳动力平均受教育年限、义务教育校际均衡指数、生机比、校园网连通率和社会及家长对教育满意度。这些指标的较高达成度与近年来成都市大力实施城乡中小学校标准化建设提升工程、深入推进义务教育学校优质均衡发展、加快推进教育国际化发展、全面推行依法治教等重点工作密切相关。

三、为国家教育均衡发展与督导评估贡献经验

基于成都市教育均衡监测工作的率先完成和引领作用，教育部多次来到成都市视察教育均衡监测工作。

2010—2012年，教育部教育督导团办公室、中央教科所共三次来到成都市进行实地调研，并邀请义务教育均衡监测课题组主要研究成员介绍监测的设计思路和实施情况等。

2011年6月，教育部教育督导团办公室在成都召开全国义务教育均衡发展督导评估座谈会，课题组成员应邀参加讨论，并发言介绍了成都经验。

2011年7月，教育部在京召开教育规划纲要颁布实施一周年座谈会，成都市相关领导应邀做了题为《推进城乡教育一体化缓解义务教育“择校热”》的经验交流，介绍了成都市推进评估标准城乡一体化，制定全市义务教育校际均衡发展监测和评估指标体系，建立义务教育校际均衡监测制度的做法。

2011年8月，联合国教科文组织总干事伊琳娜·博科娃主持了以“公平·质量·国际化”为主题的“都江堰国际论坛”。在论坛上，成都市向国际社会发布了《成都市义务教育校际均衡监测总报告（2011）》，并在全国率先

发布了教育均衡指数报告，以此作为决策的重要依据，有效地推动成都市义务教育均衡发展。

2011 年 8 月，成都市政府教育督导办相关领导应邀在乌鲁木齐召开的全国督导培训会议上交流介绍了成都市义务教育均衡监测的做法和经验。

2011 年 9—10 月，教育部教育督导办、联合国教科文组织中国全委会分别发文向全国推广成都市在教育均衡监测方面的“成都经验”。

2012 年 6 月，成都市教育督导办应北京市教育委员会督导办邀请，作了《成都市义务教育校际均衡监测的实践与研究》的报告。

2013 年 1 月，以成都市城乡教育一体化、义务教育均衡发展为核心内容的“成都经验”，获得第三届全国教育改革创新优秀奖。

2013 年 4 月，教育部在北京召开新闻发布会，介绍启动全国县域义务教育均衡发展督导评估认定相关工作。成都市教育局相关领导应邀出席，并以“成都市创新教育督导机制，率先在全国开展义务教育校际均衡监测评价”为主题，介绍了成都市推进义务教育均衡优质发展的经验、做法和成效。①

如今，教育均衡监测已经成为成都市推动教育均衡发展的有力手段，受到各级党委、政府的高度重视和社会各界的广泛关注。

四、提升了群众对教育改革和发展的满意度

成都市教育均衡监测体系的建立和实施，得到了社会和广大人民群众的一致好评。教育均衡监测体系的建立和监测结果的发布，让人民群众真正能够看到成都市教育的发展现状，并能将其与自己的生活相联系，提出自己对教育的看法，体现了人民群众的主人翁地位；同时，每年的教育均衡监测结果充分显示了当年成都市教育的现状及问题，给成都市教育改革和发展指明了方向，也使成都市教育改革真正做到惠及人民。

2012 年，教育部印发了《县域义务教育均衡发展督导评估暂行办法》，在

① 成都市义务教育均衡监测课题组：《四川省教学成果——均衡监测研究报告(2013)》，第 30 页。

全国建立义务教育均衡发展督导评估制度，部署开展义务教育发展基本均衡县（市、区）评估认定工作。四川省随即制定均衡发展督导评估实施办法，并率先组织开展了对成都市19个区（市）县的督导评估工作。评估结果显示，各区（市）县公众满意度均在88.7%以上。

2013年，国家教育督导检查组就“义务教育基本均衡县”评估认定工作对成都市进行了全面的调查，其中包括公众满意度。调查过程中，国家教育督导检查组就义务教育均衡发展的相关问题，征求了当地人大代表、政协委员、校长、教师、家长、学生等不同群体的意见，采用了问卷、座谈会、随机访谈等方式，得出的调查结果与四川省调查的情况基本相符。

2015年，成都市教育现代化监测指标体系中的“社会及家长对教育的满意度”指标显示：成都市21个区（市）县的社会及家长对教育的满意度均已达到100%。①

第四节　教育均衡监测体系建设的反思与启示

目前，成都市教育均衡监测体系已经成为成都教育走向均衡、迈向现代化的重要推手。那么，成都市教育均衡监测为国家贡献了怎样的“成都经验”呢？未来成都市教育均衡监测体系还需要在哪些方面进一步完善与优化？

一、教育均衡监测的“成都经验”

（一）由校际均衡监测、县域内教育现代化监测和城乡教育一体化均衡监测共同构成的成都教育均衡监测体系，在政府责任、教育公平、动态过程以及个体发展等四个方面均呈现不断优化态势，体现出成都对教育均衡监测探索的理论共识和实践成果

关于教育均衡的理解存在四种视角，分别是责任观视角、公平观视角、过

① 成都市政府教育督导办公室、成都市教科院编著：《成都市教育现代化发展水平监测年度报告（2016卷）》，科学出版社2017年版。

程观视角以及人本观视角。从责任观视角看待教育均衡，更多的是审视政府的教育责任，认为教育均衡发展首先是政府责任。自然，基于这一视角监测教育均衡，重点是看在教育公共产品的供给中，政府到底都做了什么？政府是否做到了自己该做的事情？从公平观视角看待教育均衡，更多的是审视教育（软硬件）资源配置、教育权利的生均获得。它的评价重点更多放在教育公平，特别是教育机会公平的量化呈现上，重点审视的是学生到底获得了什么样的教育机会？从过程观视角看待教育均衡，审视的是教育进程的相对性、具体性和发展性，即教育均衡发展应是"均衡—不均衡—均衡"螺旋式上升的循环发展的动态过程，所以，从过程观视角看待教育均衡，则更加强调全面、协调、可持续的动态、科学发展，重点是看教育进程基于时间轴的变化。从人本观视角看待教育均衡，审视的是每一个个体（身心）的发展向度，认为教育均衡发展重点看政府的努力、资源的配置、过程的均衡最终是否真正推动了个体的发展，实现了每一个人的身心健全。自然，基于这一视角监测教育均衡，重点在于审视适合每个孩子的结果公平。上述四个维度，不存在孰优孰劣，只是基于时空坐标，侧重点不同而已。①

基于上述理解，可进一步分析出成都市教育均衡监测系统的三个维度各自的特点。第一，对于义务教育校际均衡监测，其监测指标体系的构建体现出教育均衡的公平观以及政府责任观。比如，校际均衡指标中对于生均指标的重视，对于政府提供的教育经费、办学条件、师资配备维度的重视。第二，对于区（市）县域内教育现代化监测，其指标体系的构建重点体现出教育均衡的公平观和人本观。比如在教育现代化监测指标中，集中强调更高水平的普及、公平教育，以及更加丰富的优质教育。其中，义务教育校际均衡指数、县域内教师流动比例、学生体质健康合格率、教育管理的民主管理水平、社会及家长对教育的满意度等指标，都对现代教育的"公平、优质、民主、法治、创新"等特质做了充分体现，较为充分地体现了"量"与"质"两个维度在更高程度上的

---

① 李伟涛：《教育现代化监测评价研究——一个制度分析的框架》，《教育发展研究》2015年第1期。

均衡。第三,对于城乡教育一体化的均衡监测,则非常清晰地体现出教育均衡的过程观和公平观。比如,在城乡教育一体化监测指标体系中,基于多样化方法、多个维度对城乡教育发展诸多指标变化趋势的比较相对值(或趋近值)呈现,就客观、真实地反映了农村教育追赶城市教育、不断缩小城乡教育差距的动态过程。另外,成都市城乡教育一体化监测打破县域,确立了“市域统筹”的监测导向,这体现出非常鲜明的教育均衡的公平观,准确地把握住了城乡教育一体化监测的核心要义。

尽管三个维度的教育均衡监测在指标体系构建时,所倚重的视角有所不同,但从成都市教育均衡监测指标整体系统看,总体上始终围绕政府责任、教育公平、动态过程以及个体发展四个方面在不断优化。从这个意义上来讲,成都市教育均衡监测指标体系在紧扣各自侧重点的同时,也体现出教育均衡探索的理论共识和实践成果。

(二)成都市教育均衡监测体系建设中创生的若干运行机制推动着成都教育由“达标性评估”向“动态性监测评估”转变,折射出成都市教育均衡监测体系建设的科学精神

成都市教育均衡监测体系的推进过程始终秉承让教育改革和发展水平看得见、摸得着、测得准、信得过的基本原则,形成了一系列卓有成效的运行机制,并推动着成都教育由“达标性评估”向“动态性监测评估”转变。

在成都市教育均衡监测运行中,形成了一系列运行机制,如数据真实性核查机制、动态调标机制、监测结果反馈和督促整改提升机制、预警干涉机制、监测报告公开发表接受社会监督机制、基于事实和数据为基础的循证决策机制、基于定量监测与定性评价相结合的精准督导机制等。除了数据真实性核查机制是作为保障监测数据客观、准确的基本目的以外,其余几个机制都从不同角度指向“动态性监测评估”这一共同特点。

比如,监测结果反馈和督促整改提升机制,意在反推各级政府和教育行政部门根据问题有针对性地调整资源配置,督促学校优化教育管理。这种机制形成了双向监督、良性循环、相互促进的模式,是“动态性监测评估”的重要体现。从监测数据变化方面来说,年与年之间数值的变化反映了成都市教育均

衡监测的整体情况。以 2015 年度成都市教育现代化发展水平监测结果为例，全市各区（市）县教育现代化 33 项指标总达成度平均值为 95.10%，较 2014 年的 93.08% 增长了 2.02 个百分点，8 项一级指标达成度在 90% 以上的有 7 个，占一级指标总数的 87.5%，较 2014 年度提高了 12.5 个百分点，其中增长幅度最大的是教育国际化、教育经费投入两项指标。但 2015 年度教育管理水平和社会满意度指标达成度下降了 0.33 个百分点，出现了负增长。这些数据反映出 2015 年成都市现代化建设在推进国际理解教育、加强国际交流与合作方面取得了显著的成效，同时也提醒了政府和教育行政部门要加快建立现代教育治理机制并提高治理能力。

再比如，动态调标机制是一种典型的动态性检测评估机制。成都市在总体把握教育经费投入、办学条件、师资配置、教育质量等四大板块均衡监测的基础上，所建立的完善监测指标动态调整机制，实现了对监测指标的动态丰富和科学优化。成都市也始终遵循指标体系动态完善原则，在具体执行过程中不断地修订、完善指标体系。以义务教育校际均衡监测指标体系为例，2008—2016 年的指标体系均有变动：2008 年和 2012 年相比，一级指标从三个变为四个，教育的物力和人力资源配置被拆分为办学条件和师资配备，使整个指标体系更为全面且具有导向性；与 2012 年相比，2015 年、2016 年指标体系的变化更加契合成都市义务教育均衡发展方向和水平，如 2015 年，在 2012 年的基础上减少了骨干教师比例和初中毕业升学率两项常规监测指标，这说明随着义务教育均衡水平的提高，骨干教师比例和初中毕业升学率两项指标已达到期望的均衡水平，不需要再进行专门监测。这种对指标体系秉持动态完善原则本身也是科学精神的体现。

同时，成都市教育均衡监测指标体系每年都根据当年成都市教育的难点和热点问题设计特别关注指标。2010 年义务教育校际均衡监测的特别关注指标为教育信息化，2011 年特别关注进城务工人员随迁子女平等接受义务教育情况和择校生情况，2012 年特别关注学生身体健康情况，2013 年再度特别关注择校生情况，2014 年特别关注小学和初中体育教师配置，2015 年特别关注小学和初中音乐教师配置。监制指标的灵活变动不仅更贴合成都市的教育现实，而且能够更加准确地反映成都教育的现状。

通过均衡监测体系，发现县域学校之间、城乡之间的差距及差距发展变化的趋势，便于政府扶助弱势学校及其弱势方面；以监测数据预警形成快速响应能力和教育均衡发展的推动力；基于教育均衡监测结果的决策依据作用和工作督促作用推动教育走向更高水平的均衡。可以说，依托这些行之有效的运行机制，成都市教育逐渐实现了由“达标性评估”向“动态性监测评估”的转变。

这种动态性的监测评价体系打破了传统的终结性的、静态的、结果性的评估方式，体现出鲜明的科学精神，为评价成都市教育发展水平提供了科学依据。

成都市教育均衡监测体系（三个子系统）监测指标体系的建立均秉持科学态度，进行了细致周密的论证。具体来说，在监测指标构建时，结合国际教育发展共性指标、国内政策精神、地方教育发展实情等三个向度的综合研判，并始终把握校际均衡、教育现代化以及城乡教育一体化等三个子系统的理论共识和科学方法的实践验证来形成教育均衡监测指标体系。

三个向度的综合研判在前文已有详述，这里仅概略呈现成都市运用科学方法进行教育均衡监测（三个子系统）指标体系构建中的科学精神。比如，在2008年义务教育校际均衡监测指标体系构建时，经过细致深入的分析研制了《义务教育校际均衡监测指标体系》，并选择了温江区、金堂县进行试点监测。2009年，在对指标体系进行修正、补充的基础上，成都市将监测范围扩展到19个区（市）县。这个指标体系的构建，经历了严格的论证过程，在试点中确保了指标体系的可靠性和有效性，之后才逐步推广。这一过程充分体现了指标建立的科学性和监测体系的严谨性。另外，2010年制定的《成都市教育现代化评估指标体系（试行）》，也是首先对9个区（市）县进行试评估。而成都市城乡教育一体化水平监测指标体系更是建立在对城乡教育一体化内涵的充分认识基础上，结合国内外教育评价指标体系和成都实际研制出的。在研制过程中，成都市根据初步建立起来的指标体系，先行设计了2010年成都市城乡教育一体化监测数据填报表，由各级各类学校根据实际情况填报，然后对填报的数据进行统计分析，基于数据诊断2010年成都市城乡教育一体化程度与指标体系中的年度目标之间的差距，最后对指标体系进行修正。

总而言之，成都市教育均衡监测体系建设中创生的若干运行机制推动着成都教育由“达标性评估”向“动态性监测评估”转变，折射出成都教育均衡监测建设中的科学精神。

（三）教育均衡监测体系建设助推成都市“一体化”战略的顶层设计，影响着成都市教育行政方式的深刻变革

在成都市教育一体化的顶层设计中，成都市始终牢牢依靠教育均衡监测所提供的系统数据和科学分析，真正做到了教育决策的科学化，下活“一盘棋”，改革“供给侧”，实现“一体化”。

成都市“一体化”发展战略是基于对“梯度发展”“城市优先”战略的反思提出的。成都市首先是公平对待所有区域、所有学校、所有群体的义务教育，提供充分而公平的义务教育供给。其次，“一体化”并不是均等化。实施“一体化”的过程，必然有差异。成都市在充分而公平的原则下，对不同区域间、城乡间、校际间、群体间的义务教育提供适当且自由的义务教育供给，满足各种差异化需求。再次，成都市结合人口变化趋势、经济社会发展趋势，做好了科学论证，基于科学的预测与预警，合理调整发展规划。最后，“一体化”也不是“孤立化”“独立化”，成都市调动不同区域间、城乡间、校际间的相互协同、相互联动，共同致力于实现成都市教育优质均衡发展。

很显然，成都市教育一体化发展不是局部的碎片化修补，而是系统化的改革工程，需要基于教育均衡监测的全局性统筹规划进行顶层设计。

在重大教育问题的教育决策中，成都市充分依托教育均衡监测开展政策规划和决策研究，采取了“大数据 + 实证研究 + 国际国内比较”的方法。依据均衡监测结果，在成都市教育科学研究院督导评估中心建立起了数据库，库中有成都市历年义务教育均衡监测数据，成都市教育现代化、国际化发展水平数据、全国15个副省级城市教育发展水平比较数据，国家教育规划纲要实施情况试点监测省市数据，部分国际教育数据，年度监测及其报告，为实现成都市教育一体化发展的顶层设计和科学决策提供了坚实的数

据系统支持。

成都市通过自身前后时间节点发展水平的监测比较，把握教育的变化与进展情况；通过与全省、全国的比较，把握自身发展水平状态；通过与自身同类城市的比较以及国际比较，发现自身教育发展的短板和薄弱环节，明确追赶方向，找到自身教育发展的新目标和发展路径。

可以说，实证研究报告、定量监测报告绘出了成都市教育发展现状及趋势的清晰图谱，为政府决策提供了思想新颖、务实可靠的智力支持，教育均衡监测助推成都市“一体化”战略的顶层设计。

同时，教育均衡监测体系的建设过程也深刻影响着成都市教育行政方式的变革。自 2008 年开始校际均衡监测以来，教育均衡监测体系日趋完善，而成都市的教育行政方式的深刻变革也愈发清晰可见。

在教育均衡监测所创生的诸多运行机制，比如循证决策机制、精准督导机制和民主参与机制，不仅体现出教育均衡监测的动态性和科学性，更是对成都政府行政方式转变的深刻推动。比如，成都市在推动教育现代化的进程中，借助教育均衡监测不断创新政府教育督导工作机制，逐渐形成了“确立目标—标准引领—路径规划—制度创新—评价助推—针对改进—确立新目标”科学循环、螺旋上升的教育现代化发展模式。在基于数据的精准督导下，教育的薄弱环节得到改进，教育硬软实力大幅提升。社会反馈的积极舆论和教育均衡发展的实际效果会对政府教育行政方式产生正向激励。另外，将教育均衡监测引入民主参与机制，也大大提升了重大公共教育决策的社会参与度，使得公众的教育决策参与度在近年来发生了很大的改变。比如，2011 年的监测结果发现，有 9 个区（市）县教育决策的社会参与度为 0，重大公共教育决策社会参与度全市的平均值仅达到 27.22%。通过监测与督导，2013 年全市平均值提升到了 81.29%。与此相关的是，民主参与度的大幅度提升带来的是教育均衡进程的显著加快。可以说，教育均衡监测引入的民主参与机制对于建立现代教育治理机制，提高治理能力，乃至构建教育治理现代化的体系，具有重要意义。

二、反思与建议

（一）教育均衡监测指标体系建设需注意技术性、教育性和时空性三个维度的统一，进一步优化和完善教育均衡监测的“底线”和“差异”指标

教育监测首先是一个“技术活”。从世界发达国家的经验和我国的实践推进来看，首先得在技术性上下功夫，建立科学、有效的指标体系。但是，仅仅强调教育监测的技术性，忽视教育均衡的教育性以及时空性，那么，教育均衡监测将只会停留在一种低层次和低水平，甚至还会导致教育均衡改革偏离正确的方向。

成都市始终注意到教育均衡监测体系建设在技术性、教育性和时空性三个维度的统一。在技术性层面，始终确保数据收集方法和分析方法的科学性。在教育性层面，努力保证教育均衡的指标测度的有效性。在时空性层面，要考虑在特定区域背景下教育均衡的当下问题和未来目标，要始终意识到，一个地区建立起来的教育均衡监测体系往往只是当前区域教育总体发展水平基础上的总体适应和适当引领。比如，前一阶段成都市教育均衡监测的总体目标是保障教育基本均衡，监测指标大多围绕教育机会、经费、师资装备等建立，目标在于将差异系数缩小到一个可接受的范围。这个目标看似简单，但对于一个典型的“大城市带大农村”的超大城市来说，能够实现实属不易。如果不考虑时空性，只关注教育监测的技术性和教育性，那么，教育均衡监测指标体系则可能无法反映区域的教育均衡实际，不仅不能助推区域教育的均衡进程，甚至会带来不良的影响。如果不考虑教育均衡监测的教育性，只关注教育均衡监测的技术性和时空性，那么，这样的均衡监测体系建设则有可能导致教育均衡监测“目中无人”，无视教育的公平进程与其他行业的差异性，最终导致教育均衡监测外化为一种控制手段，“以监测促发展”的局面难以形成。

就成都市教育均衡监测体系来看，义务教育校际均衡监测放置在县域这一特定的范围，且充分考虑义务教育阶段的教育特殊性，再思考指标的科学性、数据的真实核查、指标的动态调整等技术性问题。城乡教育一体化教育监

测始终放置在“统筹城乡”“市域统筹”的时空背景下，以“比较相对值”等关键指标捕捉城乡教育的一体化进程。这些都体现了指标体系的时空性、教育性和技术性的统一。

就教育均衡的教育性层面而言，教育均衡是从教育机会均衡、教育过程公平走向教育结果公平的过程；从结果公平而言，也绝对不是所有的学生达到相同的发展水平，而是实现每一个学生的充分发展。因此在思考教育均衡的发展路径时，一定要秉承均衡发展过程中的差异化和特色化。从成都市教育均衡监测体系的建设实践来看，成都市教育均衡监测首先达到的目标是“底线”均衡，重点针对的是未能“达标”的滞后地区。对于已经进入“底线”均衡发展的学校，则进一步强调差异性，鼓励其发挥优势和特长，进而追求“高位”均衡。

成都市于2013年成为全国首个整体达到“义务教育基本均衡县”评定标准的副省级城市，整体实现了义务教育基本均衡。但是，这只是达到了“底线”的均衡，各地区的差异性和优势、特色还需进一步持续改革和推动。接下来的发展方向主要侧重在两个方面，一是在现有的均衡水平上不断抬高“底线”，推动各区（市）县实现更高水平的均衡，即教育部提出的优质均衡。这一抬高教育均衡“底线”的进程，既需考虑教育均衡监测的技术性，更要基于时空性和教育性来渐进推进。在这一点上，成都市应加大城乡间、区域间、校际间的课程开放、教师交流、教研沟通等力度，尽力缩小各地区间的差异。二是在均衡的基础上，各地区、学校之间凸显优势和特色。而县域教育现代化监测则正是“底线”和“差异”两个向度的综合体现。教育现代化的最终目标指向的是教育优质发展基础上的区域均衡，这个区域的概念，又随着时间的推移，可以是从县域到市域再到省域，一直到国家教育现代化的过程。

所以，纵观成都市教育均衡监测在义务教育校际、县域内教育现代化和城乡教育一体化三个系统的建设努力，恰恰体现的是技术性、教育性和时空性三个维度的统一。而这三个维度的统一，又促使成都市教育均衡监测体系建设的方向是渐进抬高“底线”指标，优化“差异性”发展指标，最终推进教育现代化进程。

（二）从指标体系走向制度建设是成都教育均衡监测的必然方向

受社会民主化、政府改革与新公共管理理论影响，建立科学的指标体系来监测评价教育改革和发展，并借此推动政府、学校及有关部门履行职责，已成为发达国家的普遍做法。世界主要发达国家科学的教育监测指标和结果是推进教育快速健康发展的基本要求和共同举措。教育监测和评价在教育政策过程和管理回路中起着非常重要的作用。但是，“从近年来国际上的教育监测评价研究趋势来看，也正逐渐超越单纯数量意义的监测评价指标数据分析，与制度、改革的关联分析以及对发展政策的影响成为新的研究方向，旨在提高指标系体系及其数据的解释力，监测评价对推进改革的效用”①。

在强调教育均衡监测的科学性时，应从指标体系、指标数据以及用指数的维度着手。但是，如何用这些科学的指数来反映教育事业的进展和问题，在定量分析和定性分析中实现完美的结合，体现未来发展的方向和格局实则是一个深层次挑战。“这就要求监测评价从指标出发但不限于指标，将指标与教育发展目标紧密结合、与教育改革举措相结合，实现感性到理性的内在统一与和谐。”②

其实这种理论的研究趋势在成都市教育均衡监测推进中已有所显现。在成都市教育均衡监测体系的构建以及监测活动的推进中，成都市政府并没有钻进“指标囚笼”，陷入“监测数据泥潭”，而是始终以科学、创新的态度看待教育均衡监测这个“技术活”。除了在监测指标构建中广纳智慧，始终基于成都本地实情推进教育监测外，还广泛调动各相关机构或主体参与其中，不仅利用指标体系监测与评价、诊断与分析，而且还充分利用其激励和预警的功能，甚至在这一过程中与深化改革、激发不同实施主体的活力相结合，释放监测评价制度的多样化激励功能，从而带来成都市各级教育管理制度潜在而深刻的变革。

“制度变迁很少只有某一机制在起作用，而常常涉及多重制度逻辑和过

---

① 李伟涛：《教育现代化监测评价研究——一个制度分析的框架》，《教育发展研究》2015年第1期。

② 同上。

程。”[①]就教育均衡监测所带来的制度变革进程来看，它总体上是一个多重制度并进、交互影响、互相促进的过程。从成都市实践来看，教育均衡监测与教育改进的多方良性互推机制可以调动多主体的实质性参与。比如，由专家或机构的外在测评逐渐转向淡化排名和竞争的校本诊断与专家、机构诊断相结合，生成多主体共治机制，调动基层学校等教育机构主动参与评价，优化教育监测评价新生态。

尽管监测结果对学校改进工作具有指导作用，但仍存在两点盲区：其一，公众（社会、家长）对于监测指标的制定、数据收集过程等背后的意义和用途并不清楚，也没有渠道参与到教育均衡监测评估工作中去，对整个教育均衡监测制度的认同度和参与度都不高，这对于教育均衡监测制度的可持续发展形成了阻碍；其二，监测结果对于学校来说只是数值的变化，具体如何改进，改进过程中政府如何引导、支持等问题都不十分清晰，导致学校自我监督评估的意识淡薄，可能以一种低姿态来接受“被监测、被督导、被评估”，这必然限制了学校自我监测、自我诊断、自我治疗的自主发展能力。

所以，在接下来的教育均衡监测体系建设中，需要在逐步沉淀下来的若干运行机制的基础上，推进教育均衡治理的整体性制度变革。只有将教育均衡监测与深化教育改革、激发教育活力和推动教育制度创新关联起来，教育均衡监测体系的建设才能具有更大的意义和价值。成都市目前在这方面已有成效，但从指标体系走向深度的制度变革，继而推进现代教育治理体系的建立，还必须通过教育监测督导影响相关群体的行为方式，从而实现与教育改革活动多向互促。

（三）让教育均衡监测指向人的全面发展：教育均衡人本观的本质要求

目前成都市教育均衡监测体系建设，非常强调政府在教育均衡中的主体地位和责任意识，重视受教育者的教育资源均衡配置、教育权利平等获得，也在努力推动动态、渐进发展的教育均衡进程，但在教育均衡监测如何指向个体的全面发展方面，尚需努力。对于教育均衡人本观的强调，既是有质量的教育

---

① 周雪光：《多重逻辑下的制度变迁》，《中国社会科学》2010 年第 4 期。

公平的必然诉求，也是教育走向现代化的核心体现，更是教育之于人的意义和价值的终极目标。

在2012年国务院发布的《关于深入推进义务教育均衡发展的意见》中，对于义务教育均衡发展的重要意义与人的全面发展的关系有清晰的表述，“在区域之间、城乡之间、学校之间办学水平和教育质量还存在明显差距，人民群众不断增长的高质量教育需求与供给不足的矛盾依然突出。深入推进义务教育均衡发展，着力提升农村学校和薄弱学校办学水平，全面提高义务教育质量，努力实现所有适龄儿童少年‘上好学’，对于坚持以人为本、促进人的全面发展……进一步提升国民素质、建设人力资源强国，具有重大的现实意义和深远的历史意义。”[①] 所以，在接下来成都市教育均衡监测体系完善以及推进方向上，基于人的身心全面发展的过程性评价乃是教育均衡人本观的本质要求。

目前，成都市教育均衡监测制度在优化完善义务教育校际均衡、县域教育现代化均衡和城乡教育均衡基础上，正在走向微观层面，逐步落脚到人的均衡发展上，以促进学生健康成长为目的的学生课业负担监测、学生体质健康监测和以提高教育教学质量为目的的学生学业质量监测等也在同步有效推进。未来，成都市教育均衡监测还应该进一步推进对优质课堂、优质教师、优质学校以及学生全面发展进行评价的体系，从而构建起更加优化完善的监测体系，使其能关注到每个学生的教育机会公平、教育过程公平和教育结果公平，加快推进实现教育优质均衡发展。

---

① 《国务院关于深入推进义务教育均衡发展的意见》(国发〔2012〕48号)，2012年9月7日，见 http://www.gov.cn/zwgk/2012-09/07/content_2218783.htm。

第五章　成都市武侯区“两自一包”改革案例

——教师自聘，管理自主，经费包干

2014年，在成都市武侯区委、区政府的领导下，武侯区教育局坚持以人民群众需求为指向，以实际问题为导向，直面教育系统公办学校普遍存在的现实困境和制度困局，在新建的四川大学附属中学西区学校实施“教师自聘、管理自主、经费包干”（以下简称“两自一包”）的管办评分离改革，在全国引起强烈反响。这一实践创新不仅为成都市探索如何突破编制掣肘、破解教师从“入”到“出”全过程管理激励乏力难题、应对城市就学需求的持续增长压力、办好公办学校拓展了新的思路，而且该改革案例探索汇聚的教育管办评分离改革创新成果，对全国其他省市乃至国家层面的教育整体改革贡献了可贵的实践经验并产生了较大较好的影响。

第一节　成都市武侯区“两自一包”改革背景

一、教育管办评分离“大势所趋”

2010年7月，中共中央、国务院发布的《国家中长期教育改革和发展规划纲要（2010—2020年）》明确指出：“把改革创新作为教育发展的强大动力”，“要以体制机制改革为重点，鼓励地方和学校大胆探索和试验，加快重要领域和关键环节改革步伐”。

2013年11月，党的十八届三中全会通过的《中共中央关于全面深化改革若干重大问题的决定》指出：“深化教育领域综合改革”，“深入推进管办评分离，扩大省级政府教育统筹权和学校办学自主权，完善学校内部治理结构"。

2015 年 5 月，教育部印发的《教育部关于深入推进教育管办评分离促进政府职能转变的若干意见》中要求："为进一步提高政府效能、激发学校办学活力、调动各方面发展教育事业的积极性，必须深入推进管办评分离，厘清政府、学校、社会之间的权责关系，构建三者之间良性互动机制，促进政府职能转变"，"围绕完善和发展中国特色社会主义教育制度、推进教育治理体系和治理能力现代化这一总目标，以落实学校办学主体地位、激发学校办学活力为核心任务，加快健全学校自主发展、自我约束的运行机制"。

2015 年 5 月，四川省教育体制改革领导小组印发《关于推进教育管办评分离 促进政府职能转变的指导意见》，明确提出四川省"推进教育管办评分离，促进政府职能转变"改革的总目标："构建政事分开、权责明晰、科学规范、运行高效的教育管办评制度体系，到 2020 年，基本形成政府依法管理、学校依法自主办学、社会各界依法参与和监督的教育公共治理新格局，促进教育治理体系和治理能力现代化"。同年，四川省教育体制改革领导小组办公室连续公布两批四川省教育综合改革试点项目。四川省教育综合改革试点项目达到了 41 个，试点单位 95 个。作为区（市）县一级唯一一个区域教育综合改革试点，武侯区担负了创新改革的重要使命和责任。

二、综合改革"困局倒逼"

（一）编制困局

在教师数量方面，武侯区中小学教职工编制数自 2009 年按照当年学生数核定，至 2014 年已连续 6 年未作大的调整。然而，这 5 年间，随着武侯区经济社会的迅速发展，来武侯区定居的市民在逐年增加，符合条件的随迁子女入学数以年均 15% 的增长率递增。因此，在教育需求持续增长，而现有公办学校容纳能力逐渐饱和的情况下，新建公办学校乃是必然选择。为此，武侯区计划兴建中小学 5 所、幼儿园 12 所，以满足 1.2 万名学生（幼儿）的入学（园）需求。这需要大量的教师编制。但是，按照国家、省编制管理部门严格控制机构编制和人员，确保实现财政供养人员只减不增的工作要求，这就出现了新增教师中仅有少部分能按照相关要求和条件予以解决编制，其他大部分教师编制很难解决的问题。教师编制问题，已成为限制区域教育发展的一大困局。

（二）绩效工资困局

自2009年起，武侯区按照国家的统一部署，在全区公办中小学（幼儿园）中实行教师绩效工资制度，高（完）中参照此制度执行。绩效工资制度推行以来，虽然教育经费连年大幅增加，但教师的绩效工资总量一直未作大的调整。并且，绩效工资中，基础性绩效工资的占比较高（70%），学校通过奖励性绩效工资（30%）来调动教师工作的积极性、主动性和创造性的杠杆力度十分有限。总体而言，绩效工资制度设计对武侯区教师的激励作用微弱。学校管理因绩效工资制而处处掣肘，由此带来的缺乏办学自主权成为每一所公办中小学校面临的共同问题，缺乏办学活力、教师动力不足也成为大多数学校面临的共同难题。

（三）教师“入”与“出”的困局

在学校教师的进入、管理、退出方面，作为用人方的学校也是被动的。首先，在教师的进入上，武侯区和其他区（市）县一样，按照国家政策向社会公开招聘编制内教师。公办学校招聘公办教师都是按照“凡进必考”原则进行新进教师招聘，随着公招教师考试的主导权逐步上移到省级，学校几乎失掉了新进教师的用人主动权。这种方法在形式上对考生而言体现了公平原则，但按此方法招聘的教师，在学校教育教学实践中普遍反映出“能考不能教”，教师实际能力与招聘考试结果不相符合等问题，对于受教育的学生而言，又造成实质性的不公平。其次，在教师的管理上，传统的公办中小学校（幼儿园）的教师管理的主导原则是“身份管理”而非“岗位管理”，往往导致“岗位能上不能下，待遇能高不能低”，管理方式固化。最后，在教师的退出上，几乎无淘汰机制。即便教师因为工作态度、个人能力等原因达不到教育教学基本要求，甚至不适合教学工作，但只要其不严重违纪，学校也很难将其辞退。可以说，公办学校教师的进入、管理、退出机制不健全甚至僵化，导致学校层面的优秀师资队伍建设乏力。长此以往，必将导致教师队伍整体质量下降。

三、改革主体“审度而为”

基于国家、省、市全面推进教育综合改革的大背景以及老百姓对优质教育的热切期盼，武侯区委、区政府审时度势，锐意改革，实现了创新改革两个方面的转变和优化。第一，创新改革推进方式的转变。由具体项目、碎片化改革向全面综合改革升级。武侯区委深改办 2015 年出台的《深化区域教育综合改革　大力培育名师名校的实施方案》即是集中思路的体现。第二，创新改革推进路径的优化。既自上而下推进综合改革，也鼓励条件成熟的学校先行先试，上下结合，共同发力。

在上述实施方案的整体部署下，川大附中西区学校被确定为试点学校，从建校伊始就在区委、区政府、教育局的整体谋划下拉开了“两自一包”的改革序幕。

第二节　成都市武侯区“两自一包”改革举措

川大附中西区学校作为武侯区 2014 年新建的一所公办学校，是走老路，受制于学校缺少活力、教师缺少编制、绩效缺少杠杆作用的制度困局，还是锐意革新，大胆开创出一条办学的新路？这是学校筹建伊始就摆在武侯教育人面前的一道难题。

一直处在教育改革前沿的武侯教育迎难而上，在“办一所亮一所”的目标指导下，由武侯区政府分管教育的领导带队，北上北京、天津，南下广州、深圳，学上海、访江浙，全国上下寻访学习，然后，再根据川大附中西区学校的实际情况，制定了该校的改革思路和发展目标，即通过依法治教、简政放权，下放“财权”“人权”和“事权”，强化学校权力的监督与制衡，真正落实学校独立法人和校长负责制，扩大学校办学自主权，实行“三个转变”：一是学校经费测算和拨付由“按教师编制数、办公经费等多头测算”向“按生包干测算和拨付”的办法转变；二是实现教职工由“编制管理”向“岗位管理”转变；三是实现由“干多干少、干好干坏一个样”向“多劳多得、优劳优酬”转变，形成学校依法民主管理、教师按岗聘用取酬、办学充满活力的学校管理机制。上述思想落实到川大附中西区学校的改革实践中,集中体现为“两自一包”试点改革的形成和切实实施。

所谓“两自一包”改革,即“教师自聘,管理自主,经费包干”管办评分离改革的简称。“两自一包”改革力图破解教育系统公办学校普遍存在的教师编制的困局、教师“入”与“出”的困局和绩效工资杠杆力度太小的困局。具体做法如下:

一、教师自聘,用好教师选聘权,建立岗位激励机制

“没有编制,学校如何留得住老师?”这是摆在川大附中西区学校校长面前的第一道难题。按照既定改革方案,在人事方面,教育局只负责按照学校学生人数、班级数和课程情况核定学校校聘教师规模控制数。至于教师该怎样招聘,学校该怎么管理教师,以及如何设计科学合理的教师退出机制等都由学校自主完成。川大附中西区学校的教师自聘和管理自主制度创新主要体现在以下几个方面:

(一)规范程序,自主招聘

川大附中西区学校在建校初期,有校长、副校长和4位区教育局抽调的编制内人员共计6人。在接下来的学校教师自主招聘中,逐渐形成了由校长牵头,多部门共同参与,按照“报名—资格审查—笔试—面试(含试讲)—体检—岗位聘用—签订劳动合同”等多个环节构成的规范招聘程序。

在川大附中西区学校的自主招聘中,学校拥有最大限度的自主权。对于从武侯高级中学副校长岗位调来任校长的胡平而言,这种权力在之前的学校是难以想象的。不仅可以在招聘启事中清晰表达学校愿景、教师需求标准,而且在具体的招聘程序上,可以根据招聘中存在的问题及时调整程序。如闫青松副校长所言:“笔试和试讲只能看出老师的专业水平,但是一个真正的好老师还需要优秀的思想道德品质和对教师这门职业的热爱,这些只能通过多次面对面交谈、沟通才能了解。”于是,校长和老师们通过反复商讨和试行,最终在面试中加入更为多样化的面谈环节。可以说,教师招聘中的充分自主权对

于学校选择到更适合学校需求的教师具有重要意义。

在经过两次自主招聘后，学校最终从3000多名应聘者中精挑细选出70位聘任教师，其中14%拥有研究生学历。对于这批招来的教师，学校对其专业结构、知识素养、能力水平、个性特征等了然于胸，使教师的安排使用更加科学、有效，教师自主招聘制度的优势显露出来。“慢慢地，我们可以招到自己需要的老师了。”胡平校长这样说到。

（二）校管部用，按岗聘任

学校对教师实行真正意义上的“校管部用”。校长办公会依据学校章程确定各学部、各中心的岗位及相应薪酬总量，根据岗位设置聘任教师。教师上岗后，学部和中心以月为单位进行考核，月末根据每个岗位工作完成情况进行工资发放，实现多劳多得、优质优酬。

（三）分类聘用，依法辞退

针对传统公立学校老师端着“铁饭碗”，“旱涝保收”，得过且过的状况，川大附中西区学校对于教师的管理实行长短合同制和严格退出制。对于工作态度好、教学业绩优、家长学生口碑好的教师，签订3—5年合同；对于爱岗敬业但教学效果暂时欠佳的教师，实行一年一聘；对于达不到学校续聘要求的教师，实行严格退出制。

教师退出实行一票否决制和约谈帮扶制：对于违反国家法律法规及出现师德问题，重大安全、教学事故给学校造成重大影响的教师，实行一票否决制，直接解除合同；对于敬业态度差、教学效果差、学生满意度不高的教师，实行教师退出机制。具体有步骤如下（见图5－1）：

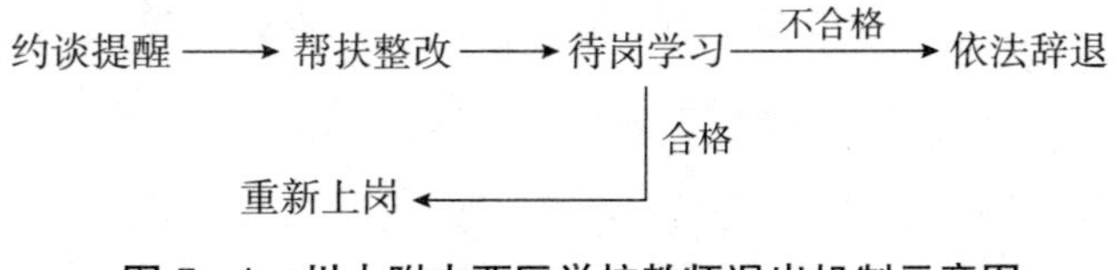

图5—1　川大附中西区学校教师退出机制示意图

第一步：由中心负责人与教研组长约谈当事人，指出其问题所在并给予帮扶，令其定期整改。

第二步：一个月后，如果没有任何改变，则由学部负责人与其约谈，再次指出其存在的问题并给予帮扶，令其限期整改。

第三步：再一个月后，如果没有明显改变和进步，则转入待岗学习阶段。学习阶段主要以听课学习为主。

第四步：待岗学习期满，进行考查。考查合格，则重新上岗。考查依旧不合格，则由学校校长与其约谈，明确告知当事人不能胜任学部聘任岗位工作，按程序终止合同。

川大附中西区学校成为打破教师“铁饭碗”和建立新型教师管理机制的突破口，开创了该区新建公办学校教师队伍主要由无编制教师构成的先河。

二、经费包干，用好经费使用权，建立优劳优酬的岗位工资管理机制

在得到教师先聘权的同时，川大附中西区学校在经费使用方面也获得了武侯区教育局的实质性赋权，即经费包干制。所谓“经费包干”是指将学校的人员经费和公用经费进行整合，称为日常运行经费，以生均经费形式打包拨付，年度包干，年初一次性拨付给学校，由学校自主管理和使用。学校的项目经费（即大型建设维修、设施设备建设、教师培训和科研经费等）除外，具体使用实行按需申报论证、审核和划拨的办法，实行年度计划并按照相应程序实施。

（一）建立完善的经费预算、使用、审计制度

首先，财务的预算程序，由年级、部门根据年度计划拟定，再由后勤服务中心汇总、编制，提交校务委员会审议，经校长批准后实施。校长只有批准年度预算和根据工作需要批准临时申请项目预算的权力，不能对任何具体财务支出签批。财务总监的签批权只能在预算内有效，不得签批预算外的任何支出。财务审批权和支出权得到了很好的限定和约束。

其次，经费的使用程序，由学部、中心根据实际需要按项目提出申请，再经部门负责人审核签字交由校长审批，通过后由学部、中心组织实施。中心、学部负责人为预算执行的第一负责人，财务总监负责预算内支出的审核工作，对是否符合财经纪律、是否符合预算要求予以把关，坚决贯彻“不让有权的人理

财，不让理财的人有权”的原则。

最后，坚持年度预算和年终决算，严格控制无预算项目的经费开支。会计账目按照规范清算统计和编制报表，妥善装订和管理一切财务凭据档案，定期向校长和校务委员会通报，接受教代会监督检查。为确保财务工作安全、规范，学校从社会招标聘请资质高、信誉好的会计师事务所对学校的年度预决算编制、财务收支和内部控制制度的建立与执行情况进行专项审计，每年度进行两次。审计工作由校长或校长委托相关人员负责，财务人员回避。审计结果报校长办公会并及时向全体教师公布。

（二）探索教师岗位工资发放机制

在“经费包干”中，人员经费是用于学校自主发放教师工资的。在传统公办学校中，在编教师的工资由政府统一发放，“干多干少、干好干坏一个样”导致公办学校教师教学动力、活力不足。川大附中西区学校胡平校长说：“我们将个人所得与育人目标有机地结合起来，在满足办学标准的前提下，尽可能将结余经费用于奖励教师。”为此，学校打破平均主义，坚持按劳分配、按岗取酬、绩优酬高、薪随岗变的分配原则，严格按照学校教代会审核通过的《四川大学附属中学西区学校岗位工资管理分配方案》发放教师工资。

1. 教师工资构成

教师月工资＝结构工资＋岗位工资。

教师年收入＝月工资部分（占75%）＋奖励工资部分（占25%）。

2. 教师工资发放

结构工资由基本工资和校龄工资构成。其中基本工资部分参照武侯区公办在编教师标准发放，体现对招聘教师待遇的公平性。校龄工资第一年按50元/（人·月）发放，前三年每年增幅50元/（人·月），第四年起每年增幅100元/（人·月），体现了对教师奉献的认可。

岗位工资则充分体现了对教师工作量多少的认定。学校岗位工资不仅包含传统的教育教学岗位，还增设了安全工作岗位、课程开发岗位、专项工作岗位等。教师的岗位工资随岗而变，岗位承担得越多工资越高，并能及时地体现在当月工资发放中，真正实现多劳多得。

奖励工资体现了对教师工作质量优劣的认定。每年奖励工资（学期奖和年终奖）分两次发放，均在期末，包括期末教学质量奖、常规考核奖和其他获奖奖励。以期末教学质量奖为例，奖励发放方式如下：由学部按《工资管理分配方案》对期末每位老师所教班级成绩进行量化打分，其次根据学校奖励总金额除以所有教师量化得分总和计算出单值，再用教师个人得分乘以单值即是该教师的奖励工资。

川大附中西区学校优劳优酬的原则在教师的工资中有较为充分的体现。同级教师因为业绩差别，每月工资差距有1200元左右，年报酬差距在2万元左右，校聘教师平均年薪达到7.3万元。这和公办学校的编制教师比起来，工资要高出很多。

学校考虑到招聘的教师没有编制，除了优劳优酬以外，还为每位无编制老师买了"六险一金"（在常规的"五险一金"外还买了大病医疗保险），增强了老师的安全感和归属感。

（三）完善经费开支公示制度

多措并举，完善经费开支公平制度。一是人员经费下拨后，学校按照内部管理制度和分配方案进行使用。二是公用经费的使用严格按照《政府采购限额标准》及相关财务规定执行，以"每月一公示、季度一汇报"的方式，定期向教代会通报经费使用情况，并在公示栏向全校教职员工公示。三是探索建立第三方一年一审计制度，保障经费依法合理地使用。

三、学校自主，用好自主管理权，建立共同治理体系

为了进一步激发学校的活力，武侯区教育局在下放"人权"和"财权"的同时，又给川大附中西区学校下放了"事权"，充分赋予学校自主管理权利，即自行制定学校发展规划，自行实施教育教学管理、课程设置开发，自主决定校内教师及其他职工的聘任和干部选聘等。学校进行自主管理之后，虽然依旧是政府管理下的校长负责制，但是学校内部组织结构发生了根本性变化，由传统的"金字塔式的科层管理"转变为"扁平化管理"，管理重心也由"事务型管理"向"学术型管理"转变。转变使权力得到了分解，不再是校长安排工作，

而是各个部门共同治理。教师不再是被动参与者，而变成了主动管理者，这样的机制激发了教师的内驱动力、创造力和活力。

（一）依法治校保规范

在武侯教育“一校一章程”的背景下，学校集众人智慧拟定了《四川大学附属中学西区学校办学章程》，章程的制定使学校发展有纲可循，有“魂”可依。在学校章程建立的基础上，相继制定了《四川大学附属中学西区学校改革发展行动纲要》《教职工代表大会制度》《学术委员会工作制度》《全员岗位聘用制度》《经费使用制度》等多项现代学校制度。通过不断建立完善各项民主管理制度，实现了学校管理与运行的制度化、规范化、程序化，依法保障了学校及师生合法权益。

（二）扁平治理增活力

在校长负责制下，实施扁平化管理，着力整合教学和教辅部门，推行“大部制”，撤掉学校办公室等行政机构，取而代之的是校长办公会、教代会、学术委员会、校务委员会、家委会等权力机构。这些机构实施分权治理和民主监督，明确各自权责和议事规则，规避了决策失误或某方面权力的过度膨胀（见图5—2）。

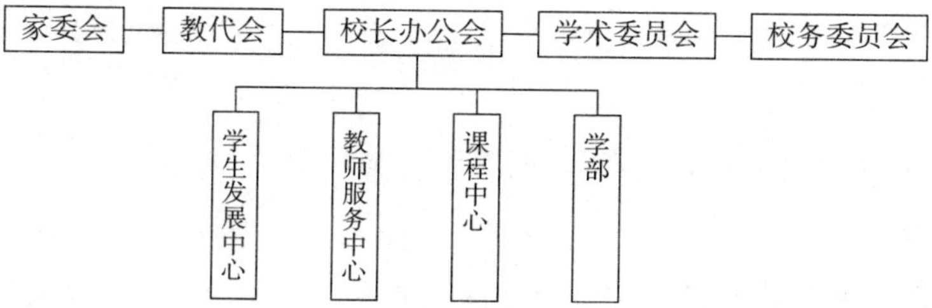

图5—2　川大附中西区学校组织结构

总体来说，校长办公会主要是起草重大事项方案，教代会对其进行审议和表决并听取中层及以上干部述职，主要负责“对学校的重大事项说行不行”。学术委员会负责教学科研部分，提高学校教育事业发展，主要负责“对人说好不好”，主要涉及教师的评优选先、职称评定以及教师奖励分配等。校务委员会和家委会参与学校的民主决策。在“五会”之下设立的“三中心一学部”，以“中心＋学部”的管理方式，负责学校日常事务管理。学校各中心和学部是并列运行、协作共事的部门。中心为学部工作提供服务指导，共同构建起一个高效低位运行机制。常规工作独立运行，重大工作分工协作，中心工作全员参与，以达到工作的专业化、效能化、集团化。

“五会”

校务委员会的职责侧重于协调学校外部关系，同时也是家庭、社会参与学校管理，维护学生权益的有效途径。校务委员会由13人组成：学校行政2人，法律顾问1人，教师代表4人，家长代表3人，社区代表3人。设主任1名（校长），秘书1名（教师服务中心负责人）。

教代会是学校实行民主治理的基本形式之一。其职责在于听取学校工作报告，审议学校重大工作、发展规划和改革措施，并提出意见和建议，同时及时收集反馈教职工对学校工作的意见，评议、监督学校行政干部，维护教职工合法权益，关心教职工生活。目前学校教代会代表共24人，占全校职工的31.57%，其中教师代表20人，占83.33%，行政代表2人，非任课教师代表2人，各占8.33%。

校长办公会负责起草重大事项方案，研究、审议、决定学校工作的重要会议，由校长根据工作需要适时召集并主持召开。校长办公会由校长、中层干部参加。

学术委员会负责教师职称初评，特级教师和市区学科带头人、骨干教师的推荐，审议学校课程的开发设置、实施督导、检查与评价，重大科研项目的招标，参与教师招聘中教学业务能力考核工作等。学术委员会由各学科组职称高、教育教学水平高、师德修养好等综合条件最优的教师组成。

家委会是为了构建学校教育、家庭教育、社会教育三位一体的教育网络，以达到同步育人的目的。家委会设会长1名，副会长1名，常务理事3名，委员10名，均由学生家长代表担任。

“三中心”

学生发展中心是为学生服务的部门，主要帮助学生更好地认识自我，寻找多种资源，唤醒潜能，展示个性，不断体验成长、成功的快乐。

教师服务中心的主要职责包括：做好学校公开招聘教师的相关服务工作，建立本校教职工人事档案，做好教师年度考核，做好校长与各中心（处室）的联系联络工作，做好校内会议的安排准备工作。

课程中心是为教育教学服务的职能部门，其主要职责包括：为教师提供编排合理的课表，负责调代课安排，负责教师教学工作量审核工作；协助学术委员会对全校教学质量实行管控；建立完备的档案管理体系，负责教学、教师、教研、成绩等相关档案的建立及管理工作。

中心采取以项目负责制为核心的高效运行机制，不属于常规管理部门。

“一学部”

学部作为学校的事业部分，全面负责学部的教育教学管理工作，主要履行的职责是负责管理学部教育教学日常事务，保证学校各项规章制度的贯彻落实及教育教学工作的正常有序进行，负责德育常规和教学常规的督促、检查工作，负责班主任和任科教师的考查、考核工作等。副校级干部或中心主任直接兼学部主任。

正如校长胡平所言：“这些机构实施分权治理和民主监督，明确各自权责和议事规则，规避了决策失误或某方面权力的过度膨胀。教育主管部门放权给学校，学校又将权力下放给教师，在内部进行再度分解。”这样，学校的扁平化管理模式使管理层级明显减少，教师、学生的事直接进入决策层面，管理的重心从“事务型管理”转变为“学术型管理”。

（三）项目制运行显特色

推动扁平治理结构有效运行的重要措施是学校诸多事务的项目制运行。这是校长胡平和他的团队想到的一个“好点子”。学校事务实行项目制，把事务打包公开在全校征集执行团队，教师可自行申请，学校给以项目经费并记录工作量，作为发放奖励工资的参考。

项目负责制度得到了学校老师们的一致好评，在他们看来，项目制能够让自己直接参与到学校的事务当中，切身体会学校的发展并从中实现自己的价值。这种“人人有岗位，人人有责任，人人都管事，管事有标准，事事要落实，经验要推广”的全员全程自主管理，不仅让每一个人都了解学校日常运行和发展状况，而且增强了教师和学生的主人翁意识，学校自然有了活力。从管理运行成本来看，项目制运行较好地降低了学校管理成本，并且激发了教师参与学校事务的热情，较好地将学校整体利益的实现和教师个体利益诉求实现整合。

第三节　成都市武侯区教育“两自一包”改革成效

自2014年开始推行的“两自一包”改革，总体经历了探索实施、发展推广、改革深化三个阶段，成都市武侯区教育“两自一包”创新改革成果得到了各级党委政府和教育主管部门的关注和肯定，改革取得了较为显著的成效。

一、构建了现代学校制度体系

按照“决策”“执行”“监督”分离的原则，初步构建起了依法办学、自主管理、民主监督、社会参与的现代学校制度体系。

二、形成了优良的教师队伍

实施“两自一包”改革的学校基本形成以综合评价和薪酬制度为核心的教师激励机制，全面激发了教师的教学积极性。川大附中西区学校实行经费包干制度后，学校经费有了保障，工资发放公开透明，教师心态平稳。按岗取酬、多劳多得、奖优罚劣的分配机制，使老师们工作更加积极主动。虽然是聘用的身份，收入却能高于在编教师，让老师们感到事业有盼头。2016年以来，川大附中西区学校教师参加各级各类比赛获国家级奖项5人次、省级奖项13

人次、市级获奖175人次。北二外成都附中研究生学历教师占比达到70%,川大附中新城分校研究生学历教师占比达到40%,教师平均年龄在30岁左右。师德高尚、业务熟练、年青向上、充满活力成为"两自一包"改革学校教师队伍的基本特征。

三、推动学校教育教学质量稳步提升

川大附中西区学校借助名校品牌来建校,依托"两自一包"创新举措来发展,初步建立了德智体美劳全面发展的教育培养体系和"分层分类个性化成才"人才培养体系。川大附中西区学校教学质量逐年提升,学生在各级各类体育艺术赛事中获奖数位居全区前列,2018年中考一次性合格率达到98.3%、全科合格率达到86.2%、重点率达到48.6%,在全市公办学校中处于较为优秀水平;2016年以来,在学校办学满意度测评中,家长满意度连续三年在97%以上,学生满意度在98%以上。

四、成为改革"孵化器"

全国各地的学校纷纷组团到成都市武侯区学习改革方法,借鉴改革经验,考察改革成果,为推动改革找寻"动力源"。成都市武侯区成为改革的"孵化器"。

截至2018年6月,成都市53所学校推行"两自一包"改革;成都市天府新区、金牛区、温江区,广州荔湾区,哈尔滨道里区等区域内外逐步推广实施"两自一包";北京、山东、浙江、湖南、河北、贵州等多地持续关注;成都市武侯区共接待各地教育考察团118批次、约2200人次到试点学校考察访问。

五、媒体广泛报道

《中国教育报》自2016年3月起,先后6次以头版头条、专版报道、专家点评、改革综述等方式报道"两自一包"改革;《光明日报》、《四川日报》、《华西都市报》、人民网、腾讯网、光明网等10余家媒体跟踪报道,改革产生了广泛影响。

六、领导充分肯定

四川省教育厅、成都市委市政府主要领导、市教育局多位领导先后到成都市武侯区试点学校调研，并给予了充分的肯定；中国教科院领导专家高度评价"两自一包"改革成效；中共中央办公厅、国家教育体改办、四川省委办公厅专报刊发"两自一包"改革经验。

2018年11月27日，四川省委书记彭清华出席四川省教育大会并讲话。他在讲到要持续用力推进教育体制机制改革时，举出了武侯区创新开展"两自一包"改革的实例。他强调："'两自一包'是体制机制改革卓有成效的举措，破解了难题，激活了学校办学活力。武侯区搞得很好，有推广价值，请大家去了解、学习。"

2018年12月15日，孙春兰副总理在《四川信息专报》上作出批示："四川'两自一包'的经验，可进一步研究并总结其经验，关键是扩大学校办学自主权后解决的办法多了，办学活力提高了。"

"两自一包"改革案例及经验成果获得诸多荣誉：荣获2016年度第五届地方制度创新奖最高荣誉；被评为2016年影响成都教育十件大事；入选2017年度四川省全面深化改革三周年典型案例；入选2018年第五届全国教育改革创新典型案例；入选教育部"党的十八大以来教育综合改革典型案例"成果集、"四川省教育改革创新发展典型"案例。

第四节 "两自一包"改革的反思与启示

改革是永恒的时代旋律。武侯区教育"两自一包"创新改革实施至今，三年有余，但带给一所学校的变化有目共睹。就目前来看，川大附中西区学校改革创新的这颗"石子"已使得武侯区甚至成都市教育这潭本已风生水起的池水激发出新活力。该校改革在接下来可能面临哪些问题？又需把握哪些着力点？其创新实践是否已经成为稳定、可复制的现代学校治理新模式？其治理模式是否已实质性触动教育质量的进一步提升？对于案例本身而言，"两自一包”所能推广的空间又有多大？对于武侯区乃至成都市教育综合改革，基于该校的教育管办评分离的探索到底作出了怎样的理论贡献？

一、对学校层面“如何抓住自主创新着力点”的反思

川大附中西区学校的“两自一包”创新改革，尚需在以下三个方面深入、完善。

（一）进一步优化、完善学校内部的扁平化管理架构，推动建立现代学校治理体系

一般而言，管理主义思维推动下的组织变革与发展趋势，是朝着极致的分工与专业化方向越走越远。由此导致的组织内部管理层次不断增加，管理幅度越来越小。作为以知识的传递和生产为中心的学校组织而言，既要吸收“科层制”管理的经验，但同时也要防止管理主义的过度影响。而川大附中西区学校的创新改革，在学校建设伊始，就力图在内部治理结构上实现从“金字塔形”结构向“扁平化”组织架构的转变，变职务管理为岗位管理，从而最终实现学校管理重心从事务管理向学术管理转变。从目前情况来看，常规工作独立运行，重大工作分工协作，中心为学部工作提供服务指导的高效低位组织运行机制初步形成。在一定意义上，这种扁平化管理模式是“两自一包”创新改革在学校组织管理层面的集中“沉淀”，是川大附中西区学校改革的重要成果。需要指出的是，尽管取得一定成效，但是离理想的学校内部治理结构还存在一定距离，因此迫切需要思考并推进以下几个方面：

第一，理顺扁平化结构的内部权责划分和权力隶属关系。在学部和中心的关系上，如何处理好中心与学部的平行部门关系，但同时又能形成以学部为主导的“中心＋学部”运行模式？这需要更为深入的实践探索和更为清晰的学部、中心职能定位和权责划定。在“五会”对于学校诸事务的管理上，尽管明确了分权治理和民主监督，但是，如果不能进一步完善委员会章程，不能进一步明晰委员会、中心、学部的权责划定和运行机制，那么，随着学校规模不断扩大带来的学校组织规模快速扩大，扁平化管理必将因管理层级少、管理幅度

大而导致更多的运行问题，低位高效运行或将受阻。换句话说，规模扩张必定对扁平化管理带来挑战。

第二，学校共治的多主体参与机制尚需优化完善。从目前来看，教师作为治理主体的参与渠道和参与机制已经初步形成，但是如何吸纳家长、社区等社会力量参与学校共治，以及参与哪些维度的治理，如何参与治理等都需有深入的认识和完善。

第三，培育教师的系统及协作素养是学校推动扁平化管理的重要着力点。需要注意的是，学校组织的结构扁平化，固然让教师跨越了原有的部门界限，绕过原来的中间管理层次，以群体和协作的优势赢得组织中的主导地位。但也正因为如此，作为参与管理的教师群体，其系统及协作素养将是维系扁平化组织良性运作的核心概念。因此，在现有的“两自一包”改革中，要有意识地推动教师在参与学校事务过程中对系统和协作素养的培育。

第四，扁平化的管理需要学校领导者跳出职权影响力的局限，从知识、信息、人格魅力等维度形成扁平化管理的综合领导力。扁平化管理必然带来权力的分散，并且，影响力并非完全来自职权，知识、信息、人格魅力等有时往往超越职权的影响范围，在决策和日常运作过程中发挥更大的作用。有鉴于此，一方面需要思考学校领导者的统筹权力如何赋予，实现更为有效的放管结合。更为重要的是，学校领导者也需意识到突破职权的范围，着力在共治的机制下形成有人格魅力、有知识、有信息素养、有领导境界的综合领导力。这既是扁平化管理带给学校领导者的挑战，同时也是校长专业成长的重要机遇。在实践中，学校领导班子的教育情怀和人格魅力等已有体现，并逐渐成为引领学校快速发展的重要力量。

（二）推动教师激励制度在“好”“善”“优”三个向度上进一步完善

川大附中西区学校的“两自一包”体制改革，能否持续发挥制度效能，关键还要看是否能真正调动、持续激励教师的工作热情以及推动教师的专业发展。从学校目前的经费包干以及自主分配管理来看，教师们的积极性已被广泛激活。但需要注意的是，目前以经济激励为主导的强激励制度设计，在带给年轻教师较强驱动力的同时，会不会带来以下两个方面的隐忧：

一是教师间的不良竞争和过劳工作问题。项目制的好处在于减少行政成本，增加教师对于学校组织目标实现的参与度和组织目标的理解，对个人利益与组织利益的和谐互促具有重要的意义。但是，如果在制度设计的时候，对于教师的激励，仅仅只按照“教师的岗位工资随岗而变，岗位承担得越多，工资越高”，那么，极有可能导致学校的主体——青年教师透支体力，过劳工作，工资收入“虚高”，工作状态疲软。另外，激烈的内部竞争如果缺乏“善”的教师激励制度的引领，必将吞噬正向的教师成长氛围，造成不容忽视的负面影响。“工作量最高限额”的预警机制设计固然是学校内部激励机制完善的重要抓手，但在“工作量最高限额”下综合思考如何切实推动教师成长平台建设才是根本着力点。

二是教师评价考核重“专业绩效”，而轻“关系绩效”的问题。目前来看，在教师工资分配中，专业绩效得到了较好的落实，但对于关系绩效的关注以及制度设计都很薄弱。所以，在教师激励的制度建设中，需秉承“精细”（而非精细化规制）管理思维，花大工夫，尽可能多地投入足够的智慧去思考教师在教育教学中的关系绩效而非单纯的专业绩效激励问题，这是教师激励制度建设中“优”向度的基本内涵。

总之，为了教师安心完成本职教学，心无旁骛地投身教育教学工作，尚需思考在工资分配结构中，加大教学质量及育人工作权重的赋值，真正实现“好”的制度对于教师教学质量的促进，“善”的制度对于教师良性竞争、绩效公平的保障，“优”的制度对于教师专业成长的引领，最终实现教师专注教学质量提升与教师参与学校行政岗位事务的良性结合。

二、区域教育统筹推进管办评分离实践探索的启示

作为武侯区综合改革的一次探索实践，以川大附中西区学校“两自一包”为基础的武侯区教育管办评分离探索，用创新改革实践生动地回答了“政府该怎样统筹”的问题。站在武侯区乃至成都市教育改革的大背景下，依托案例推进本身，对于区域教育统筹推进管办评分离实践探索的启示如下：

一是“困局倒逼”，更是“制度觉知”与“变革大智慧”。按照武侯区教育

行政部门的说法,这次改革是体制“困局倒逼”的结果,面临社会发展和教育需求大势的体制困局是此次创新改革的背景诱因。倒逼,一个方面可以理解为形势所逼,另一个方面则是为制度所困。但是,在这一时代改革“语汇”中,有一个非常重要的因素,那就是政策主导者的“制度觉知”。正如前文所分析的那样,同样为形势所逼,各地的应对之策千差万别。武侯区教育“两自一包”的改革推动者对于编制困境,教师准入、退出机制困境以及绩效工资制的激励乏力困境进行了非常清晰的梳理,并且对于未来该区以及成都新建公办学校境遇的预测,使得这项改革能够把脉沉疴,开出了基于人、财、事权力重新配置的综合改革“良方”。可以说,如果没有对既存制度框架的清晰把握,没有对于现实情形的理性分析,没有“制度觉知”基础上的“审度为之”,就不可能有这样系统性的改革创新。所以,“倒逼”这一时代语汇既体现了武侯区教育在公办学校普遍面临的困局前的积极应对,又充分彰显出它们创新改革主体的主动创造性和变革大智慧。

二是“学校变革创新”,更是政府统筹下的管办评分离革新。作为教育公共服务的一种管理模式,管办评分离的核心基础是责任主体的充分培育、职责担当和服务能力。但在中国目前的教师制度下,管办评分离的推动主体首先还是政府,即政府统筹。但是,政府是一个宽泛的概念,到底是政府的什么部门来统筹?具体又统筹什么?这些问题目前还没有完全弄清楚,这也正是试点创新改革的意义所在。从管办评分离的目标指向来看,首先是要建立多主体参与的教育治理结构和服务体系,同时,通过相应的配套制度为其提供保障。治理结构、服务体系以及保障机制的建构首先需要的就是政府的统筹力来推动。“政府对人类实现善治仍然有着决定性的作用。善政是通向善治的关键,欲达到善治,首先必须实现善政”。[①]因此,政府要在“通盘筹划”的全局观下,积极推动各相关部门(财政、人社、编办等),充分利用其自由裁量权和政策执行弹性空间,以政府为主导力量,“腾出”或者“撑起”一片制度空间,在既存制度框架中去“打通”制度的制约。

① 俞可平:《推进国家治理体系和治理能力现代化》,《前线》2014 年第 1 期。

同时,政府统筹的要义还包括如何科学有效地“放权”。这里的“放权”不仅涉及放给谁,比如,学校、中介、社会,而更重要的是放什么权。从川大附中西区学校的经验来看,“两自一包”改革集中体现了这种放权思维,是“管”内涵的另外一种表达。比如,在人事方面,政府只负责(按照学校学生人数、班级数和课程情况)核定学校校聘教师规模控制数;在经费方面,办学经费只需按预算人数的生均经费打包拨付,项目经费(包括大型建设维修、设施设备建设、教师培训和科研经费等)实行按需申报、论证、审核和划拨的办法,实行年度计划并按相应程序实施;在学校内部管理上,教育行政部门重点监管学校法定职责的履行和办事用权的法律法规底线,不得僭越。其他方面则鼓励学校大胆创新。可以说,政校权力关系的厘清,对于学校自主办学,激发活力意义重大。

正如教育部教育发展研究中心副主任汪明研究员所言,成都市武侯区给公办学校“松绑”的改革,其亮点在于改革的“整体性”,改革贯穿于师资、管理和经费等各个方面。从建立现代学校制度,完善学校内部治理结构的视角看,需要整体推进体制机制的创新。成都市武侯区的改革是一个难得的实践样本。①该案例最大的意义在于区域教育管办权力在政府“通盘筹划”中得以较为清晰地表达。在武侯区教育局与四川省教育科学研究所共同成立的改革研究课题组中,这一案例贡献凝练为“区域教育赋权学校的制度供给经验”。武侯区教育“两自一包”创新改革案例对于教育管办评分离的政府统筹作用、统筹主体、统筹内容等的实践探索,具有重要意义。如果说,在案例初期的改革探索中主要着力于管办分离的探索,在评价方面,目前也有了探索成果。首先,科学构建评价标准。针对公办中小学和公办幼儿园的不同特点,建立校长任期评价和学校年度工作评价的指标体系。将学校治理能力、学生综合素质、教师专业发展作为重要评价指标,引导学校关注自身可持续发展能力。其次,促进评价主体多元。建立教育行政部门或教育督导部门牵头,多元参加评价的机制。对学校专业性强的评价,鼓励通过委托第三方专业机构进行。最后,

① 汪明:《给公办学校松绑要解几根绳子》,《中国教育报》2016 年 3 月 29 日。

科学运用评价结果。将校长任期评价结果与校长聘用、待遇调整有机结合，将学校年度工作评价结果与资金投入、评优评先等有机结合，建立健全正向激励机制。

三是管办"分离"，亦是管办"分立、互动、协同"。管办评分离探索，固然需要厘清管、办、评的权力界限。但是，管办评分离所希望达致的教育治理，一定是多元主体参与的共同治理，其中民主化是其精髓。这里的民主既是目标，也是手段。[①] 也就是说，教育管办评分离的权力界定，还需要考虑各安其位基础上的民主参与，相互配合。

从川大附中西区学校的教育改革中可以发现，目前的成都教育改革创新已有较为清晰的组织架构支撑。就区教育局而言，武侯区教育局督导办具体负责学校制度创新发展等事务。所以，督导办公室等职能部门密切关注学校变革，更多时候是以智囊、参谋而非行政指导者的身份参与诊断、谋划，以信息的丰富性、视野的开阔性弥补制度设计、创新中可能出现的制衡失灵与统筹不力等局限和问题。该校的创新变革总体呈现不断优化和完善的发展性特征，其中政府所提供的非权力性智力支持意义重大。至于情感支持，则是智力支持的衍生体现。其对于学校变革的内生动力激发同样意义重大。可以说，在管、办权力界定清晰基础上，智力支持和情感支持编制了一张隐形的网络，在"管"和"办"之间建立了坚实的连接。但同时也需要注意的是，防止"智力支持"变异为"智力灌输"，避免"情感支持"沦为"情感施舍"，即正确处理"分离"与"分立"关系的基础。

四是"校管部用"探索，亦是"县管校聘"的实质性突破。在川大附中西区学校的"两自一包"改革中，贯彻了"校管部用"的教师管理思维和实践，对于教师动力激发和教师潜能发掘具有明显的效果，对教师队伍的稳定也起到关键作用。

将川大附中西区学校的教师"校管部用"与在成都市首先试点并逐步全国推行的"县管校聘"制度创新比较思考时，可以发现，两者的创新着眼点尽

---

① 褚宏启：《教育治理：以共治求善治》，《教育研究》2014 年第 10 期。

管有所不同，但“校管部用”其实是对“县管校聘”教师管理改革的实质性突破。从表面上来看，“县管校聘”着眼于教师的区县内流动，意在打破教师作为“学校人”的存在；而川大附中西区学校的教师管理却重在校内的教师岗位使用机制的建立，着力于教师的校内稳定和激励。另外，“县管校聘”意在破解传统公办学校编制内教师的流动机制和退出机制，是针对传统公办学校的教师管理僵化和教师资源配置不均所采取的对策。而学校的“校管部用”则意在加强新建公办学校的非编制教师的稳定性和激励性。

从目前“县管校聘”的实践探索来看，虽然有教师校际交流、轮岗等进展，但深入传统公办学校内部、破解编制困境却依旧是难题。而目前学校教师管理的“校管部用”，尽管是以非编制教师为主的新建公办学校的探索，但是，它在破解教师的编制困境，激活教师方面的创新意义非常值得关注，同时，也是推进教师分类管理在实践层面的丰富和深入。

五是新建公办学校“增量改革”的深入推进，亦是对传统公办学校“存量改革”的谋划。从改革的策略选择以及步骤谋划而言，成都市武侯区的改革者们在存量和增量改革问题上也有基于现实的把握和准确的理解。比如，对于公共教育系统的“增量”部分，改革应着力而为、量力而行，而并非盲目冒进，要考虑新建公办学校作为“增量”部分在未来公办学校系统中的比例和格局。对于公共教育系统中的“存量”部分，则总体确立稳定推进、渐进变革的基本原则。传统公办学校中，随着时间的推移会产生自然减员，学校中编制内、外教师的比例会有结构性变化。应根据此类学校内部教师的类型占比变化，本着学校自愿、区教育局支持的原则，渐进尝试。依此，逐渐在传统公办学校中获得改革创新的经验，推动“存量”学校的渐进变革。这除了需要改革勇气，更需要改革谋略、创新智慧以及多元主体的共治推动。

在政府层面，2016 年 9 月，成都市教育局联合成都市编办、人社局、财政局联合下发《关于推广武侯“两自一包”改革经验的通知》，确立了依法推进、整体推进、稳妥推进工作原则，在成都各区（市）县的新建公办中小学校、公办幼儿园中深入推广“两自一包”改革经验，进一步在教师自聘、经费包干、健全多元评价方式、健全现代法人治理体系、构建现代学校制度等维度开展深度实践探索[①]，总结改革经验，优化完善“两自一包”创新制度。2018 年 2 月，武侯区委区政府两办正式印发《在现有公办学校深化“两自一包”管理体制改革试点》的通知，持续推进改革。

在 2018 年 6 月 25 日成都市人民政府的官方网站上，来自于成都市人大关于“两自一包”教育管理体制改革推广的建议中，更是将“两自一包”改革在现有公办学校探索试点改革作为重要建议，建议全市选取一批条件成熟的公办幼儿园、小学、初中、高中学校，与新建学校同步进行“两自一包”教育管理体制改革试点。在两类学校试点改革中，通过对比分析，找准改革的共性问题，在评价体系建设、学校共同治理等方面找到改进的办法、措施，为全面推行“两自一包”教育管理体制积淀经验。2018 年 8 月，武侯区选择龙江路小学武侯新城分校、中粮祥云分校、市第三十三幼儿园推进试点改革，改革进入深水区。

不论是成都市政府的政策，还是来自于成都市人大的建议所体现出来的改革思路看，成都市是站在推动教育治理体系和治理能力现代化的高度，试图为全省、全国有条件地区提供可复制可推广可借鉴的真经验、实做法。可以说，肇始于武侯区一所新建公办学校的改革，已经在成都市、四川省，乃至全国激起了更大的涟漪。我们期待这一改革创新能够取得更大的改革成果。

---

① 成都市教育局、成都市编办、成都市人社局、成都市财政局：《关于推广武侯区“两自一包”改革经验的通知》（成教办〔2016〕5 号），2016 年 9 月 14 日，见 http://www.cdedu.gov.cn/zhengce/Show.aspx?id=57245。

第六章　成都市探索推进学区制改革案例

根据《中共中央关于全面深化改革若干重大问题的决定》的精神，按照《成都市教育局关于深化教育领域综合改革的实施意见（2014—2020年）》的要求，成都市于2015年启动义务教育学区制建设试点工作，目的在于深化义务教育综合改革，促进义务教育优质均衡发展，建设一批“家门口的好学校”。在随后两年多时间里，各试点区（市）县结合各区域实际进行了积极的探索，取得了一定成效，初步生成了具有成都区域特色的四种学区制实践方式，体现了区（市）县因地制宜、承续传统、锐意创新的探索精神，一定程度上拓展、丰富了学区制改革的新思路。但是，与此同时，成都市和全国众多省市一样，在探索推进学区制的过程中也遭遇到了诸多困境，这与我国学区制改革总体上仍处于探索试点阶段相一致。因此，成都市的探索实践可被视为一个可资改进优化的学区制试点“样本”，其本身具有重要的案例意义和价值。

基于以上考虑，我们将这一个对于成都而言并不成熟，且正在进行中的学区制探索实践以案例的形式呈现出来，其目的并不在于呈现地方改革的成功经验和具有区域意义的典范实践模式，而意在系统诊断及理论反思的基础上“回头看”并“望未来”，为成都市学区制的进一步深入推进乃至全国学区制实践探索提供案例启示。

第一节　成都市探索推进学区制改革背景

一、贯彻落实国家政策，推进教育公平，促进社会和谐稳定的迫切需求

2013年11月，党的十八届三中全会通过的《中共中央关于全面深化改革

若干重大问题的决定》提出："义务教育免试就近入学，试行学区制和九年一贯对口招生。"这是在党的文件中首次将"试行学区制"作为我国义务教育阶段教育综合改革重大举措之一来表述。

2014 年，《国务院关于深化考试招生制度改革的实施意见》中明确提出："完善中小学招生办法破解择校难题。推进九年义务教育均衡发展，完善义务教育免试就近入学的具体办法，试行学区制和九年一贯对口招生。"[①] 同年，教育部颁布《关于进一步做好小学升入初中面试就近入学工作的实施意见》，对学区制办学的目标、内容等方面做了具体规定，形成了各地区学区制探索的指导性文件。该文件明确提出："试行学区化办学，要因地制宜，按照地理位置相对就近、办学水平大致均衡的原则，将初中和小学结合成片进行统筹管理，提倡多校协同、资源整合、九年一贯。推动学区内学校之间校长教师均衡配置，促进设施设备和运动场地等教育教学资源充分共享，全面提升学区内教学管理、教师培训、学生活动、课堂改革、质量考核等工作水平。"[②]

《教育部办公厅关于进一步做好重点大城市义务教育免试就近入学工作的通知》要求，到 2015 年，重点大城市 100% 的小学实现划片就近入学，90% 以上的初中实现划片入学。19 个被点名"领命"的重点大城市（包括成都）备受关注。其主要目的就是力求教育公平，维护社会稳定。

2014 年，成都市教育局出台《成都市教育局关于深化教育领域综合改革的实施意见（2014—2020 年）》，提出："坚持促进义务教育发展从'有学上'到'上好学'转变的原则，深化义务教育综合改革"，"要深化高位均衡发展机制，加大薄弱学校扶持力度，加快培育新优质学校，探索推进学区制，优化名校集团发展机制"。[③]

2015 年，《成都市教育局关于开展义务教育学区制改革试点工作的通知》

---

① 国务院：《国务院关于深化考试招生制度改革的实施意见》，2014 年 9 月 14 日，见 http://www.gov.cn/zhengce/content/2014-09/04/content_9065.html。

② 教育部：《关于进一步做好小学升入初中免试就近入学工作的实施意见》，2014 年 1 月 26 日，见 http://politics.people.com.cn/n/2014/0126/c1001-24235532.html。

③ 成都市教育局：《关于深化教育领域综合改革的实施意见（2014—2020 年）》（成教发〔2014〕7 号），2014 年 6 月 18 日，见 http://www.cdedu.gov.cn/topics/jyzhgg/show.aspx?id=46200。

（成教函〔2015〕19号）和《成都市教育局关于锦江区等11个区（市）县开展学区制改革试点工作的通知》（成教函〔2015〕51号）出台，确立了两批包括锦江、成华、邛崃、温江等地区在内的共11个区（市）县为学区制改革先行试点区域，结合各地区推进学区制建设的实际需要，并借鉴北京、上海、西安等地学区制发展的先进经验，开始了学区制实质性建设和改革探索。

二、兄弟省市学区制的探索经验及国外学区制可见的制度意义

（一）兄弟省市学区制的探索经验

这些年来，全国各地陆续开始了对学区制的探索。2013年，国家教育督导检查组在督导检查义务教育发展基本均衡县（市、区）时发现，全国有31个区（市）县已经在进行义务教育学区制的实践探索，一些地方相继出台了有关学区制的建设方案。

纵观当时各省市学区制实践探索，总体上有以下三种类型。

第一种类型：资源共享型。它是以校际联盟、捆绑发展、优质教育带（链）、托管等紧密程度不一的方式，促进地理位置相近的相同学段（兼有一定程度跨学段）学校的资源共享、优势互补，从而达致校际均衡。其改革假设为校际差距缩小，是解决“择校热”的根本方略。这种探索类型也会在形式上回应学区入学问题，但实际上几乎不触及实质性的义务教育入学制度变革和学区重构①。在学区管理上，以牵头学校、学区长或者轮值学校等形式实施管理，重心也不在治理体系的建构上。目前，全国各省市的学区制中这种探索类型居多，西安市的大学区制、上海的学区化等都可视为这种类型。

第二种类型：贯通入学型。这种类型重在学区的科学划定，推进以学区为基本单元的义务教育入学新政，以九年一贯制、直对入学或其他方式破解择校难题。一般情况下，它也一定会吸纳第一种类型中的资源共享思维，不同的是，会更加关注纵向的校际衔接。其改革假设是学区教育资源的综合调配应

① 在优质教育资源相对缺乏、矛盾较为突出的大背景下，“单校划片＋多校划片”以及“不锁区”等政策使得“择校热”依然存在。学区依然是一个不包含贯通入学的资源共享概念。

该是直接快捷解决“择校热”的方法。这种探索类型较少，比如，2014 年之前的北京市东城区、福州市、济南市的对口直升学区改革。

第三种类型：多元共治型。它重在探索学区的职能界定、组织架构、运行机制，搭建学区治理平台，构建多方共治体系，以此综合推进学区内免试就近入学和校际均衡两个方面的工作。只不过，因对于学区职能的理解不同，其共治平台的构建会呈现差异。这种探索的理论假设是学区制改革不仅限于划定就近入学范围，推进优质教育资源共建共享、均衡发展，更应是实现以学区为主体的教育治理体系逐步构建的过程。这种探索类型近年来逐渐增多，以 2014 年后的北京市东城区、海淀区最为典型。有所区别的是，海淀区的学区制逐渐成为一级教育管理机构，具有独立的行政编制，在区县教育行政部门和学校之间起沟通连接作用；东城区则建立了区教委领导小组和教委副职领导下的学区轮值工作委员会，推行多元共治的学区治理体系。

上述省市的学区制探索几乎都先于成都，从改革成效上来说，这些地方的学区制探索取得了一定的试点成效，也在一定程度上改变了其原有的教育管理方式，打破了区域和体制的界限，实现了教育资源的优化配置和评价方式的转变。校际差距有所缩小，择校问题有一定缓解，一定程度上推动了义务教育优质均衡发展。

（二）国外学区制可见的制度意义

放眼国外，学区制有悠久的历史和可见的制度意义。

在美国，学区制可以说是伴随着美国的教育“生长”出来的，其学区建设相当成熟。学区是州政府对地方教育进行行政管理的责任单位，具有法人资格和行政级别，发挥着教育协作管理、教育资源优化、公共教育提供、教育教学研究与培训等功能。法国的学区制是三级教育行政管理体制中的一级，是连接中央和地方教育的桥梁。学区制为西方国家促进义务教育均衡，提高教育质量，实现教育公平作出了突出贡献。

从国外来看，学区制的良性运行对于实现教育优质均衡发展具有非常重要的制度意义。从国内的先行探索城市所取得的试点成绩来看，成绩和问题并存，地方探索学区制的风生水起也感召着成都市需要尽快启动学区制改革试点。

三、成都市深入推进“优教成都，办人民满意教育”的内在诉求

作为中国教育改革创新的西部高地和国家统筹城乡教育综合改革试验区，成都市在统筹城乡教育，促进教育公平方面取得了巨大成就。就教育均衡发展而言，2015 年，公办学校择校生比例为 4.14%，实现连续 4 年下降。成都市全部 19 个区（市）县在 2013 年就整体性通过国家的义务教育基本均衡县评估验收，成为全国首个整体实现“义务教育基本均衡县”的副省级城市和省会城市。就教育质量而言，成都的“全要素着力，分段纵深推进”的教育质量提升思路成效显著，多种体制机制创新促使基层学校的教育教学质量持续提升，优质教育资源的覆盖面也进一步扩大。

尽管成都市推进教育优质均衡的改革成果有目共睹，但社会日益增长的教育需求与公共教育供给相对不足之间的矛盾正在“由供给总量的短缺性矛盾，转变为优质教育供给不足而产生的结构性矛盾”。优质教育资源总量稀缺和人民对优质教育资源旺盛需求间的矛盾依旧突出，老百姓的教育公平获得感和教育质量满意度还有待进一步提升。老百姓对于优质学校依然趋之若鹜，大班额现象仍然存在，义务教育“择校热”还没有得到根本解决。要真正实现老百姓“在家门口就能享受优质教育”的愿望，切实解决区域内校际间教育不均衡的问题，深入推进以“优教成都，办人民满意教育”为主旨的学区制改革实践探索势在必行。

第二节　成都市学区制的实践探索

成都市自 2015 年启动学区制探索以来，各试点区（市）县结合本区域实际，充分发挥学区内成员学校的办学积极性和创造力，积极探索学区制办学，探索了教育主题学区、相同学段、直对入学、学区督导四种不同的学区制实践方式。

一、推进思路与举措

成都市推行学区制的总体思路是先行试点，深入探索，总结梳理，理解内涵，过程中坚持“区县为主、协调发展、稳步推进、特色发展”原则，注重行政推动，创设开放政策环境，激发区（市）县结合自身优势特点自主探索适合自己的模式或方案。试点探索具体举措如下：

（一）强化指导引领，注重过程推进

2015年，《成都市教育局关于开展义务教育学区制改革试点工作的通知》提出，坚持以县为主、统筹规划、因地制宜、差异推进的原则，统筹整合集团化办学、学校联盟、校际教学共同体等办学形式，探索多元化学区制模式。确定在前期部分区（市）县试点工作的基础上，进一步全面深入推进义务教育学区制建设试点工作。经各区（市）县自主申报和专家论证评估，同年6月，成都市印发《成都市教育局关于锦江区等11个区（市）县开展学区制改革试点工作的通知》，确定第一批4个学区制试点区（锦江区、成华区、温江区、邛崃市）和第二批7个学区制试点区（青羊区、金牛区、武侯区、高新区、新津县、金堂县、崇州市）。同时，通过召开研讨会、督导检查等多种形式推进各个区（市）县学区制的建设和交流。

为进一步促进成都市教育优质均衡发展，全面深入推进学区制建设工作，2017年，成都市印发《成都市义务教育阶段学区制建设指导意见》。该意见指出，通过学区制建设，实现区域内教育资源共建共享，扩大优质教育资源覆盖面；激发学区内成员学校办学活力，促进学区内学校特色发展；帮扶学区内相对薄弱学校发展，建设一批“家门口的好学校”；建立系统良性的学区管理体系和运行机制，形成区域层面系统筹划、资源融合、均衡持续的教育管理新格局；深化教育综合改革，探索现代教育治理体系的区域经验。①

① 成都市教育局：《成都市义务教育阶段学区制建设指导意见》，2017年2月4日，见http://www.cdedu.gov.cn/zhengce/Show.aspx?id=58393。

（二）开放组织实践方式，重点任务驱动

推进学区制过程中，成都市出台开放的试点方案，提出区（市）县为主、协调发展、稳步推进、特色发展四项基本原则，提供相同学段学区、教育主题学区、直对入学学区以及其他形式学区四种学区制实践方式（见表6-1）。

表6-1　成都市学区制的四种实践方式

相同学段学区	按相对就近的原则，把几个相同学段的学校组建为一个学区，缩小相邻学校教育教学质量差距，实现相邻学校协同发展，实现学区内义务教育校际均衡。一般可分为小学学区和初中学区
教育主题学区	根据区域特点，发挥区位优势，充分利用区域资源，确立学区主题，并紧密围绕主题开展工作
直对入学学区	结合区域内小学、初中布局，将小升初对应“单校划片”的小学和初中或九年一贯制学校组成学区单元，整合教育资源，促进学校协调发展
其他形式学区	鼓励各区（市）县结合区域实际，创新学区划分形式，创造性开展学区制建设工作

各个区（市）县可以根据本地实际进行选择，其中第四种“其他形式学区”的实践方式即为各区（市）县创造了自主探索空间，充分调动了各区（市）县的自主创新能力。各区（市）县在指导意见之下，统筹规划，因地制宜，经风险评估后，组建不同形式的学区，一个区域可以设立多种学区形式。学区内应凝练和保持各个学校的特色，避免千校一面；区（市）县内应打造学区教育品牌，形成各具特色的学区办学理念、管理风格和制度文化。

成都市对于学区制建设的重点任务提出一定要求，通过任务驱动，促使各个区（市）县的学区制建设朝预期的方向发展。

一是优化学区管理。各区（市）县可根据实际建立学区管理委员会，建立和完善学区内部组织管理框架，明确学区管理委员会与各学校校长之间的职责权力关系；构建学区管理的制度体系，包括学区建设评价机制、干部教师轮岗交流机制、优质资源共享机制、学区督学责任制度、学生评价机制等。发挥学区内优质学校引领、示范作用，在学区内推广先进的管理经验，成员学校在借鉴优质学校的管理制度基础上，因校制宜，整体提升学区内成员学校的管理

水平。

二是共享教育资源。区（市）县应统筹学区内的教育设施设备、场地，实现学区内校际间的教育软硬件设施共享，提高优质教育资源的使用效率。统筹学区内社会资源，充分利用学区内文化、体育、企事业单位教育资源，满足学生多元化学习需求。加强学区内薄弱学校软硬件设施建设，校园文化打造，办学条件提升，实现学区内教育资源整体均衡。通过信息技术平台，促进学区内优质课程资源的共建互通，实现学区内教育质量整体提升。

三是深化教师流动。扎实推进"县管校聘"人事制度改革，鼓励以学区为单位组织开展教师跨校竞聘工作，引导教师合理流动，促进师资均衡配置。组织优秀教师、骨干教师在学区内交流，鼓励音体美等紧缺学科教师在学区内走教。

四是统筹教研培训。充分发挥学区内教学骨干、学科带头人、名师的引领、示范作用，依托优秀教师教研团队、名师工作室，开展学科基地建设，积极开展跨校教研、订单式培训、小专题研究等研培活动，优化教研培训方式，提升教研培训效果。

五是推进规范入学。区（市）县教育行政部门要根据学区分布，结合学区内适龄儿童少年人数做好义务教育阶段小学划片就近入学、初中划片或划片微机排位入学工作。逐步建立学区内纵向的多层次教育体系，化解择校压力，促进教育公平。

（三）组织经费保障，强化考核评估

成都市学区制建设的推进，需要市、各区（市）县教育行政部门上下联动。各区（市）县教育行政部门全面负责本区（市）县学区制建设工作，做好学区设点布局，明确职能责任，重点解决学区办学中的难点问题，灵活设立学区督学，优化学区内的组织领导，同时要求各区（市）县设立学区制建设专项经费，保证学区日常运行、教师流动、培训学习和考核奖励等活动顺利进行。

进一步加强考核评估工作。各区（市）县可联合高校、科研机构开展相关课题研究，聘请专家、学者对各学区建设工作进行指导评估或专项督导，定期对学区管理目标的完成情况进行全面分析评估。同时对学区年度工作情况进

行考核,着重考察学区内校际差距缩小程度及学生进步、教师成长、学校持续发展情况等。

二、各区（市）县学区制实践方式

（一）锦江区——教育主题学区

锦江区围绕该区“三大总体分区”和“一核两带四片”的空间发展格局,着力构建与区域经济社会发展协调的学区制工作体系;坚持优质导向、专业引领、主体激发,注重自上而下的政策设计与自下而上的实践智慧相结合;以学区制试点建设,走集群式办学,创新办学体制机制,加强校际合作,加大优质教育资源的辐射力度,促进优质均衡发展;进一步完善学校空间布局,促进优质资源共享。

锦江区遴选了四个主题学区,学校的生源也具有明显的地域特点,既有现代的区域,又有传统的区域;既有文化的区域,又有涉农转型的区域,分别是:锦江国际新城学区,教育主题为“探寻个性化教育”;东升学区,教育主题为“学生素养提升”;狮子山学区,教育主题为“教育大环境”;三圣学区,教育主题为“适应教育”。

为保障教育主题学区的试行探索,锦江区作了如下部署:一是建立学区工作委员会。由区教育局领导担任学区工作委员会主任,学区委员会常务副主任由学区轮值学校的校长担任,负责统筹协调本学区制度体系建设及各项综合改革任务的推进及日常工作。学区内的学校校长、责任督学、相关科室、学区所在街道社区干部、公众督导员、家长代表、学生代表共同组成委员会。二是促进优质课程资源共享。三是推进骨干教师流动。四是完善招生入学制度。五是优化管理制度。六是健全治理体系,健全家长、社区参与办学的有效机制。

（二）温江区——相同学段学区

1. 地理及背景

温江区相对其他区（市）县来说,地域较小。近年来,通过农村中小学标准化建设工程及标准化建设提升工程,温江区所有的学校教育硬件已基本实现高位均衡,连续几年处于成都市前三甲的水平。但由于产业布局、人口发展、城市形态变化等历史原因,校际之间在学校管理、师资队伍、课堂质量等教育软件资源上距离高位均衡仍存在较大差距。温江区一直以来也在思考怎样促进各个学校之间在硬件、软件上的双项高位均衡。目前,温江区义务教育阶段学校 21 所,其中单设中学 3 所,单设小学 10 所,九年一贯制学校 8 所,在国家、成都市倡导之下,温江区积极响应, 2014 年开始启动学区制建设,成为成都市第一批学区制建设试点区,试图通过学区制改革的探索实践,实现区域教育优质均衡发展。

2. 实践方式

温江全区 21 所中小学,分成了 4 个相同学段学区: 小学第一学区、小学第二学区、初中第一学区、初中第二学区。经过两年多的实践,温江区形成了独特的学区管理机制(见图 6—1),具体来说,温江 4 个学区的学区制建设做法可以归纳为“2+4”模式。

“2”就是学区管理委员会轮值主席制和学校、学区、区级三级联动的模式; 区级层面由区教育局领导任组长,分管领导、相关科室人员分派到不同学区,深入参与学区工作。

“4”就是四种实践模式: 第一,洼地支撑模式。因为某个学校某方面弱,所有的优势力量、人力、物力、财力都帮扶,把弱项抬举起来,共同发展。第二,标杆引领模式。将学区内高位发展、相对领先的学校特别突出的地方形成一种引领与示范的态势,引领大家学习、共同进步。第三,主题规划推进模式。抓住核心的、永恒的研究主题,根据主题有规划地推进。第四,痛点需求推进模式。哪些方面弱,阶段性急需的是什么,根据需求推进模式来推动学区学校教育教学的优质高位均衡。

温江区 4 个学区通过“2+4”模式开展学区各项工作和活动,各个学区各具特色,例如,小学第一学区针对学区自身发展的三大主要问题——教师效率问题、教师队伍问题、德育特色问题,策划了一系列的活动进行研讨; 小学第二学区以教研为切入点,设计系列活动,增强质量意识,共同进步; 中学第二学区则聚焦课堂等。

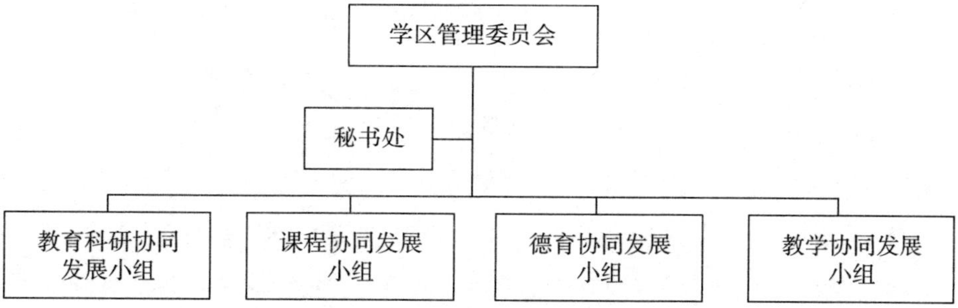

图 6—1　成都市温江学区管理机制

注：

1. 学区管理委员会委员由学区内各个学校校长、副校长组成，委员会设主任 1 名，由各个学校校长轮流担任（即轮值主席），任期一年；副主任两到三名，委员若干。

2. 秘书处设秘书处主任，不予轮流，以保持制度连续性以及常规工作的正常开展。

3. 四个协同发展小组组长不固定，选择在相应领域占优势且有想法、愿意干的人担任。

4. 每年 8—9 月，委员会、秘书处、各协同小组召开筹备会，对一学年工作作出计划，确定学年发展主题，各个协同小组需确定小组发展主题。

与此同时，温江区也强化评价考核工作，设立专项工作经费（每年 40 万—50 万元），通过学区轮值主席述职，相关专家和科室对学区和学校具体工作及效果进行捆绑考核评价，根据评价结果，采取“以奖代补”的形式，拨发下一年度学区工作经费。

温江区学区制建设以“2+4”模式为核心，开展了一系列各具学区特色的工作和活动，在教育资源共享、教育教学协同发展等方面取得成绩显著，逐步形成学区教育发展的共同体。温江区也还将紧扣“丰富内涵”发展主题，以提高学区学校教学质量为核心，以“提高课堂教学效益”为着眼点，立足学区成员“学校发展、教师发展、学生发展”三赢的发展目标，深入推进学区制改革。

（三）青羊区——直对入学学区

1. 地理及背景

2014 年，青羊区将改革的视角投到了学区制上，成为成都市学区制建设首批改革试点区。

青羊区结合本地实际，在尊重学校自愿的基础上，在三环外的清波片区试点开展学区制改革。清波片区两所小学和一所中学（金沙小学清波分校、草堂小学西区、树德实验中学清波校区）都属于新建校，建校时间短，学校的知名度和社会认可度不高，建立优质品牌是共同的追求。

2. 实践方式

青羊区提出“共建优质品牌”的理念，围绕“优质品牌”的建设，确立“中小衔接”模式，以此为切入点开展学区制试点改革工作。

首先，成立学区管理机制——联席会议制度，即由区教育局主管科室、学校、家长代表、社区代表等参与的联席会议制度，由主管科室负责召集，每学期初、学期末多方代表一起召开学区工作会议，进行讨论和总结。

其次，完善学区内的义务教育入学新政。建立相对稳定的“单校划片”入学制度，使中小学成为一条教育链（见图6—2），共同进步。

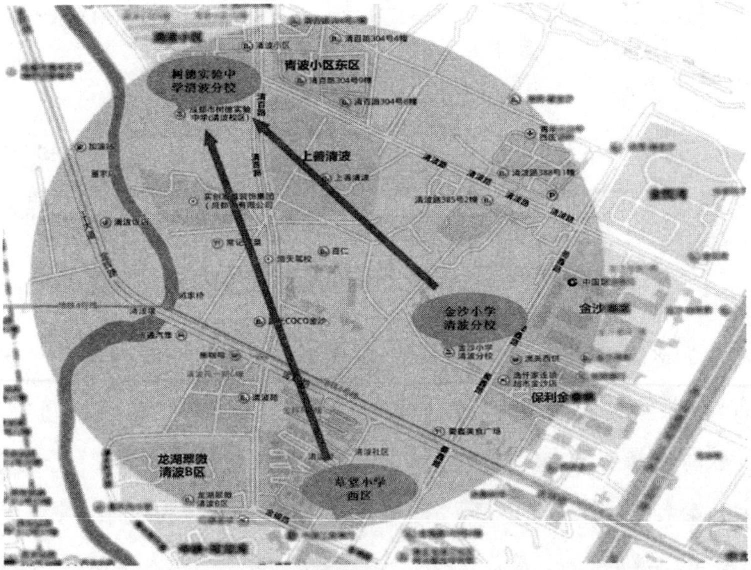

图6—2　成都市青羊区清波学区“单校划片”入学教育链

再次，围绕“中小衔接”核心模式，以丰富多彩的教育教学活动为载体，推进学区制工作深入开展。

最后，以科研项目引领学区发展。作为与中国教科院共建的全国综合教育改革试验区，青羊区与中国教科院合作以“四维八柱”项目助推全区的发展。清波学区的学区制改革参加了其中的“差异化教学及其实践研究”项目，借助科研课题研究的引领以及中央所专家的指导来提升学校教育教学质量。

典型案例

1. 开展“体验营”作为探路石。“走校体验营”的模式，分批次邀请两所小学的六年级学生到树德实验中学清波校区进行为期一周的初中短学时学习，亲身参与、体验感悟初中的学习与生活。

2. 用课程作为铺路石。量身定制了校本教材——《中小学衔接教育活动体验营之成长手册》，为参营的学生提供了涉及 8 门学科的 7 个项目的课程（见图 6—3）。

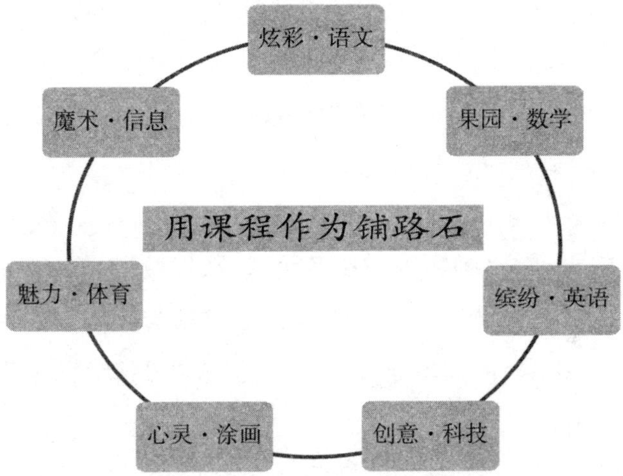

图 6—3　成都市青羊区清波学区体验营之成长手册项目课程

3. 用沙龙搭建沟通桥梁。学区内先后开展了中小学管理团队座谈、教师座谈、家长沙龙来及时反馈信息，不断改进工作。

4. 搭建“学习共同体”，创生新型的教育教学研究模式。学区内的三所学校互派教师进入对方学校交叉听课、观课、上课、评课和议课，打破传统意义上的只限本学校的师培路径，从而逐步建立“学习共同体”的教研模式。

青羊清波片区学区制的探索过程中坚持三个定位：以搭建一条教育最优之路促进学区内学生的可持续发展为工作核心；搭建人员、课程、硬件资源等互通与共享的平台，促进学区办学实力的整体提升；最终实现学区内的每一个居民和受教育者是完全平等的,建立一种共同参与学区教育管理的机制,体现科学、民主、开放、多元的教育综合治理的理念。下一步,青羊区将把学区制改革试点范围扩大到成飞片区和文家场片区,加大力度推进学区制改革和探索。

(四)高新西区——其他形式学区

高新西区结合其区域实际,创新学区划分形式,创造性地开展学区制建设工作。

1. 地理及背景

高新西区各学校学生生源主要以失地农民、进城务工人员、企事业员工子女为主,远离高新南区,教师专业发展相对滞后。然而,西区周边高校林立,社区众多,世界500强企业荟萃,有着得天独厚的办学环境,为实现西区与南区教育均衡发展、西区学校内部共同发展和教师专业素养提升提供条件。

2. 实践方式

成都市高新西区学区定位为"智慧学区":采用UGSE协同创新模式,即以高等院校(University)的研究与服务为指导,以政府(Government)的政策与管理为推手,以中小学校(School)资源共建共享与应用为抓手、以教育信息技术企业(Enterprises)的技术研发为支撑,形成"研、政、学、产"广泛参与的协同创新模式(见图6—4)。

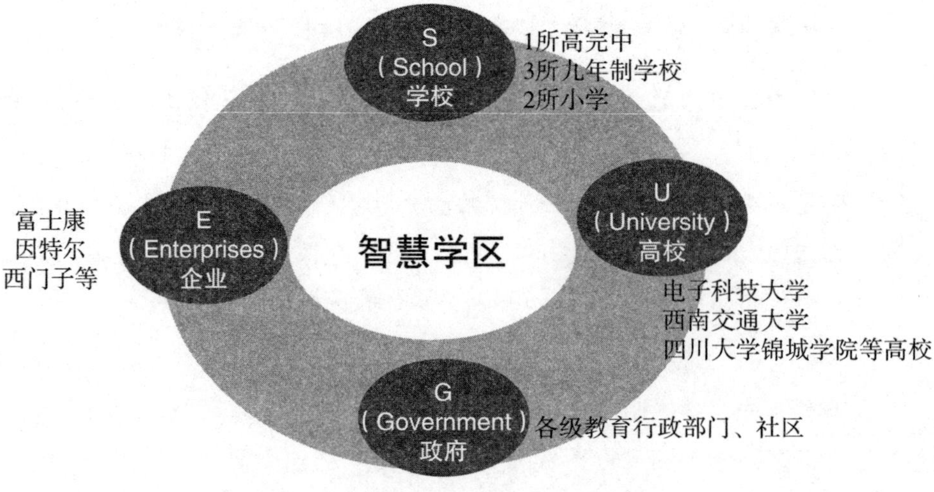

图6—4 成都市高新西区学区运行模式

高新西区6所学校（九年一贯制学校3所、小学2所、高中1所）围绕学区制建设，创新推行“首席教师制”等特色教研项目，共享教育教师资源，已形成有特色、成片区的学区制探索，打造学区UGSE协同创新模式用活区域资源，创新探索特色学区制。

为避免学区制流于形式，成都市高新西区形成了以项目为支撑的学区运行机制。根据各个学校的优势，让每所学校都牵头实施一个课题项目，联合学区内其他学校共同开展教学研究，提升教学质量。通过项目领航，推动学区发展，激发学区成员办学活力，增强学区成员办学实力，实现学区教育资源共建共享（见图6—5）。

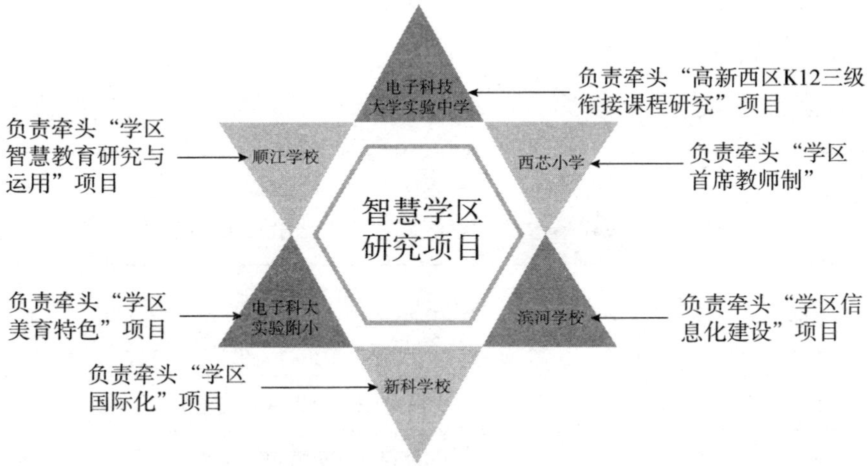

图6—5　成都市高新西区智慧学区以项目为支撑的运行机制

（五）金堂县——“学区督导”实践方式

1. 地理及背景

金堂县地处成都平原的东北部，面积达1156平方公里，西北、东南方向狭长，常住人口近百万，辖区有21个乡（镇）。整个金堂县有87所中小学及幼儿园，分布在各个乡镇。特殊的地形给教育政策的上传下达及各方面的管理都带来了难度。

20世纪70年代，金堂县实行县区乡三级管理，中小学校由区教办分片直接管理；1995年前后，区教办被撤销，由县教育局直接管理所辖学校，为了方便对学校的有效管理,成立了联校;2002 年前后,县教育局按照老区设置了 6 大片区,成立片区督导小组,对学校实行划片区管理。在 2014 年成都市开展的学区制推进探索背景下,金堂县顺势而为,在片区制的基础上进行了学区制的改革,加强了学区内学校之间的交流、教师的流动(见图 6—6)。

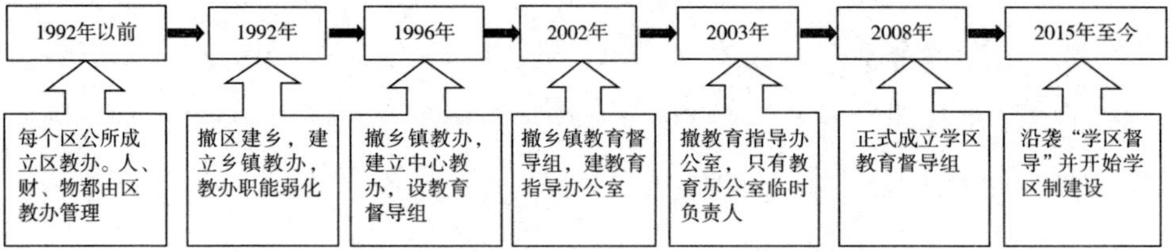

图 6—6 成都市金堂县“学区督导”实践方式的演变

2. 学区划分

金堂县各学区实行属地化网格管理,落实“对口包校责任制”和“分片包干指导制”(见表 6—2)。

表 6—2 成都市金堂县“学区督导”实践方式的学区划分

学区	包含乡镇
赵镇学区	赵镇、三星镇、栖贤乡、清江镇、官仓镇
淮口学区	淮口镇、白果镇、五凤镇
福兴学区	福兴镇、金龙镇、赵家镇
高板学区	高板镇、三溪镇、平桥乡
竹篙学区	竹篙镇、转龙镇、广兴镇、隆盛镇
土桥学区	土桥镇、云合镇、又新镇

3. 学区制管理与入学方式改革

一是就近入学、划片招生。各中小学以学区为单位,按招生计划实施招生。二是特殊情况需跨越范围就读的,由家长提出申请,由户籍所在地乡(镇)人民政府签署意见并盖章,交到拟读学校,片区督导组做好相关乡(镇)、学校的协调工作,完善审批手续后方可跨越范围入学。

三是赵镇学区进城务工随迁子女入学，由监护人提出申请，持相关手续到基础教育科审核登记，再由基础教育科统筹安排至学位有空余的就近学校就读。淮口学区、竹篙学区等进城务工随迁子女入学，由学区督导组统筹协调，根据学区内学校学位情况统筹安排。

四是赵镇城区公办初中就读，实施七中育才金堂分校与实验中学对等微机排位方式产生学生个体就读学校。

4. 学区学校管理与运行机制

第一，全县学校实行分类管理，同类学校分等定级考核。

第二，学区内学校由学区督导小组统一管理。涉及安全、常规、招生、考试等工作，以及临时重点工作，由学区督导小组进行安排。学区督导小组主要是作为教育局的派出机构身份存在，不是独立的行政主体，不能以自己的名义行使权力。它受教育局的委托对辖区内学校行使一些学校教育行政、管理的权力和职责，起着上传下达的作用。

第三，学区内教学管理经验交流。

第四，学区内学校独立法人，接受教育局与学区督导小组的领导。

5. 学区评价激励机制

全县各级各类学校（包括学区督导小组），根据不同类别、层次，坚持定性与定量相结合的原则，实行分类定等考核。

学区督导小组也纳入年终的分类定等统一考核。由教育局组织考核（得分为所在片区义务教育阶段学校考核的平均值加督导组提升加分）。6 个学区，设一等奖 1 名，二等奖 4 名，三等奖 1 名。以二等奖为基准，每个等级之间的级差为 500 元 / 人。

6. 经费保障机制

一是保障运行经费。2015 年，片区督导小组预算经费共计 58.086 万元。赵镇学区按 7 人预设编制，预算经费共计 11.374 万元；福兴学区按 5 人预设编制，预算经费 9.238 万元；淮口学区按 5 人预设编制，预算经费 9.324 万元；高板学区按 5 人预设编制，预算经费 9.324 万元；竹篙学区按 5 人预设编制，预算经费 9.402 万元；土桥学区按 5 人预设编制，预算经费 9.424 万元。

二是保障人头经费。将学区教育督导机构人员经费全部纳入部门预算予以保障。

三是保障考核经费。将学区教育督导机构人员全部纳入年末目标考核，重点保障其绩效考核及相关专项目标考核。

四是保障专项经费。安排专项经费3万/年（在运行经费内），专项保障办公经费不足及专项考核学区特色工作，争优创先工作。

此外，金堂的学区督导模式中还对于学区学校资源配置方式、学区教师资源配置方式、学区教学研究机制有较为清晰的思路和做法。

第三节　成都市推进探索学区制的主要成效

一、完善制度建设，优化管理机制

成都市各试点区（市）县依据各自学区制试点实施方案，在学区制推行中成立学区领导机构的基础上，不断完善学区相关制度。部分制度如下：

成华区龙潭学区制定了《成都市成华区龙潭学区章程》，建立了学区教研制度、研训联动制度。

高新西区制定《成都高新西区学区制议事规则》《成都高新西区学区制章程》和《成都高新西区学区工作行事历》。

邛崃市制定了《邛崃市义务教育学校学区制建设方案（试行）》，建立了学区校长联席会议制度、学区教学研究与管理中心、学区德育研究与管理中心、学区后勤管理与服务中心。

崇州市建立了学区制教学研究机制，制定了各项管理制度，明确学区制研究机构及人员的工作职责，制定了《关于保障试点学区制怀远学区人员配备和部分学科教师走校激励机制建立工作措施》。

新津县建立学区制试点推进督查督办制度。每季度对学区制推进情况、责任单位工作情况、相关单位工作落实情况进行一次督查，并对重点项目相关审批手续办理等工作进行督办。

二、统筹教研教学，共享优质资源

通过学区制建设，成都市各试点区（市）县不同程度统筹学区内的教研教学，实现了优质资源的互通共享。校际之间以强带弱、优势互补，充分发挥教学骨干、学科带头人、名师的示范引领作用，依托优秀的教研团队，不断优化研培方式，提升研培实效。

锦江区三圣学区通过课程共构共享、教师培训共享、管理提升共享、社区资源共享等方式，努力推进城乡教育一体化、中小学教育一体化以及学校社区教育一体化。

温江区在小学第一学区启动了学区教育教学协同发展工作试点，力争通过三年时间，实现学区内管理“四个协同发展”：德育管理协同发展、教学管理协同发展、教育科研协同发展、课程改革协同发展。

崇州市怀远学区构建了教学研究网络，搭建优秀教师活动平台，建立了语文、数学、科学、英语、艺体等共同体学科基地，开展了教学视导工作。

新津县试点学区将成员校的学科教研组进行对接，成立以各校“教研组长、备课组长”为主要成员的分学科联合教研组，指导学区的学科教学、教研工作，拉近了学科教师间的距离，增强了教学教研指导的力度和密度。新津中学外国语实验学校把自己学校资源与学区另外两个学校共享，新建的录播室对学区学校开放，几所兄弟学校进行课堂教学实录，并刻制成光盘，交换观摩、彼此分享、共同提高。

成华区龙潭学区四所小学组成语文、数学、英语教学联盟，定期开展学科教研活动，统一教学进度，共享教学资源，开展学区学科教师技能大赛，学生知识竞赛等活动。三十八中初中部和双庆中学龙潭分校实现分年级对接，在2016年，初一年级开展数学和外语学科互动教研，两校教师上同课异构课4科次；初二年级两校相互听课达到四十余人次；初三年级实现了两校优秀教师的互访互学。

金牛区完善了学区资源网络数据库，在学区各校点安装会议视频录播系统，实现学区校点教学交互及学区优质资源及时共享，提高了学区教育教学效率；逐步统一学区教研制度，统筹学区内各学校的优秀教师资源，成立学区中心教研组，指导学区的学科教学工作、教研工作，定期开展活动，做到备课及研究成果学区共享；完善学区统一质量检测制度，学区每学年末组织一次统一的质量检测，做到统一试卷、统一时间、统一评卷、统一分析，并将每一次的分析结果进行备案、监控。

三、整合教育资源，促进教育均衡

成都市试行学区制试点以来，试点区（市）县有效整合了教育资源，不同程度地促进了教育均衡。部分区（市）县开展学区制试点后，直对入学率明显提高，“择校热”有所降温。新津县2016年各学区学生直对入学率均达95%以上，基本实现了教育资源共同享用，学区内管理达到“五个统一”：课程计划统一、教学进度统一、教研活动统一、考试和评价统一、校本培训统一。崇州市怀远直对入学学区，九年制学校小学毕业生直升本校初中部，怀远镇小学毕业生在学区内实行按计划随机派位的初中入学政策；搭建教师交流平台，让久违了的互助学习、共同进步的氛围再次呈现，促进了区域内资源整合，优势互补，抱团进步，弥补了小规模学校、山区学校难以形成有效的科研氛围，无竞争、无对比等不足。

部分试点学区制的区（市）县，校际之间的办学水平更加均衡，老百姓对各义务教育阶段学校的认同度趋于一致，小学初中的择校率进一步下降。邛崃市2016年小学择校率为0，初中择校率仅为1.37%，“择校热”得到有效遏制；火井小学学区的原薄弱学校高何小学现已蜚声市外，拱辰中学学区的拱辰小学、南街小学学区的下坝小学、牟礼小学学区的永丰小学已在邛崃市义务教育办学评估中处于表彰位次，摆脱了落后位置，全面实现了“脱薄”。温江区的相同学段整合资源，积极探索适合本学区特点、具有本学区特色的学区管理制模式，极大地促进了校际共同发展，显著提升了教育教学质量。

第四节　学区制实践探索反思

一、成都市学区制实践探索成果的再评价

从目前成都市学区制探索的形式来看,大致可以概括为四种实践方式,分别是教育主题学区实践方式、相同学段学区实践方式、直对入学学区实践方式、学区督导实践方式等,另外还有某些变体的实践方式。

锦江区学区制的探索思路是找准试点工作的发展点,即以教育主体功能区促学区建设,建立区域经济社会发展协调的优质教育集聚区。其学区改革延续锦江区教育一直以来“优质教育链”的发展思维,探索着眼于内涵品质建设,采取主题牵引、项目推动的方式进行。总体来看,锦江区学区制探索在招生入学制度和管理保障机制建设方面力度还有待加强。例如,由于学段间招生入学政策各有不同,家长有多元化的教育需求,很难保证学区生源真正能经历稳定的学区内十二年教育。学区在招生入学政策方面还需啃“硬骨头”,进一步作出制度性的突破,不能将教育主题学区止于校级联盟交流。

高新西区学区是成都市高新区社会事业局针对西区进行学区制探索的结果。这种学区制探索既可以归类为教育主题学区实践方式,也可以看作是着眼于实现学区制综合创新的一种探索方式。高新西区学区同样构建了跨越多学段(6所学校,其中1所高(完)中,3所九年一贯制学校,2所小学)的学区,也确立了“智慧学区”的主题发展思路。对于“智慧学区”主题的实现主要通过UGSE(研、政、学、产)协同创新模式来进行。同时,采用学区内各学段学校领办智慧主题项目来推动“智慧学区”研究项目的开展,以此达成学区内学校的平等交流,智慧共享。除此之外,高新西区学区制度建设是一个亮点。通过《成都高新西区学区制章程》《成都高新西区学区制议事规则》《成都高新西区学区工作行事历》《成都高新西区”智慧学区”建设方案》等规程搭建的制度框架有高度、有梯度、有深度。在学区制的总体运行思路、组织架构和建章立制等方面也比较清晰,但仍面临锦江区类似的跨越多学段的生源问题和招生入学政策问题。另外,高新西区学区尽管有较为规范的学区组织架构,但学区

校长联席会议制还是很难承担起吸纳社会、企业、家长等多方力量与资源平等参与学区建设的功能，在多元、多向的学区治理制度建设方面还需多思考、多探索。

成华区的龙潭学区致力于整合中小学优质教育资源，着眼于打破学段分割，实现学段贯通，致力于建立新的运行机制，推动学区内成员学校在教育管理、教育科研、教师培训、课程建设、文化打造、考核评价、生源联动等方面深度互动、资源共享、良性发展、彰显特色，实现学区内学校管理水平和教育教学质量的共同提升。总体来看是具有综合指向的学区制改革，但从实践成效和着力点来看，重心在校级联盟交流维度。

温江区实行的是一种典型的相同学段学区实践方式。基于温江区域较小以及学校硬件高位均衡的特点，温江区学区是基于相同学段内学校教育水平的差异而非空间来规划的。总的来说，温江区学区制“2+4”模式探索成效较为显著。作为第一批试点区县，温江区学区管理正在经历由“学校文化被动融合”向“学区文化主动生成”的转变。学区有助于所有的学校拥有共同的目标，让零散的学校形成一个整体，使学校在学区中感受到组织归属感。可以说，温江区学区制探索在学区学校资源配置和共享方式方面做得比较好，这与温江区长期以来的区域教改实践优势和历史传承有密切关系。但在学区制管理和入学方式的改革方面少有涉及，在学区激励评价机制方面还有待进一步深入。鉴于温江区自身在学区制建设方面已有“以奖代补”的经费保障机制，经费支持比较充足，建议深化学区督导评价机制，以此倒逼学区制发展。

青羊区的直对入学实践方式找准了目前学区制探索的核心症结。其工作重心在于两点：一是以“中小衔接”为切入点统筹推进学区工作；二是构建科学、民主、开放、多元的教育综合治理体系。而这两点是当前学区制探索最为重要的两个方面。但是，从青羊区的认识理解与实际推行进程，以及呈现出来的试点成效方面来看，与设想尚有一定距离。

成都市学区制探索中还有一类较为特殊的实践方式，即金堂县（简阳市也较为类似）的学区督导实践方式。该区域是成都“大城市带动大农村”中“大农村”的典型代表，具有鲜明的区域空间辽阔、总体发展相对落后的特点，与中心城区的学区制探索具有截然不同的思路和实践方式。该区域幅员辽阔、地域狭长，所以主要依据空间划片，在编制总量不变的原则下，在各片区组建学区督导小组。这种被当地教育局定性为“中间机构”“派出机构”（非一级行政机构）的学区督导小组，是区域教育管理的内在需求和历史传统的时代创新。学区督导小组协调、统整一个学区的教育教学管理、教师专业发展等。根据现在的资源共享和教师交流步伐来看，这种实践方式对促进教育公平、缩小学区内学校的教育差距呈现出了积极意义。但理性审视该实践方式，依然存在如下问题：第一，定位于中间机构、派出机构的学区督导小组如何避免成为一级具有实质行政职能的机构？是否可以在保持学区督导小组总体思路不变的情况下，改变借用学校编制做法，整合教育局相关督导科室、区（市）县教研室、校长（副校长）、学校教科室力量，由教育局牵头，建立学区督导制度？这样既保证了学区督导对于学区业务工作的推动作用，克服了空间地域对教育管理的影响，也可以避免学区督导因借用学校编制带来的学区管理者身份尴尬以及衍生出来的公平问题。另外，可否依托学区督导制度，吸纳社区、家长、社会力量组建学区审议委员会进而培育学区管理参与机制？这些方面可以再做探索。第二，优化完善学区督导制度的评价机制应该成为接下来工作的另一个重点。金堂县目前已经注意到评价对于学区督导制度的意义，应改变单纯依靠结果评价的方式，增加针对学区轮值督导制度的专项评价和过程性评价并辅以“以奖代补”机制实现可持续性的激励机制。第三，在现有学区划分的基础上，探索缩小城区学区和其他学区的优质教育资源差距的有效做法。建议针对“锁区”倾向，辅以跨学区的帮扶、结对、教师交流及职称评定制度，以补偿性政策缩小学区间的水平差距。如能在以上三点扎实推进，该学区探索模式当具有持续生命力和推广价值。

总之，从成都市目前学区制的探索进程来看，学区制实践取得了一定的试行成果，归纳起来有以下几个方面：

第一，初步生成了具有成都区域特色的多种学区实践方式。这些实践方式不同程度地体现出区（市）县对于学区制较为深刻的认识和理解。比如，锦江区的教育主题实践方式在探索学区制，寻找突破口方面值得借鉴，如能持续推进则成效可期；青羊区对于学区制的思考较为深入，如能切实推进试点，后效可观；高新西区的学区制具有综合探索的味道，既有教育主题确定，也有直对入学尝试，还有治理方式的初步搭建，如能充分整合、理顺关系、完善体系、切实推进则模式可现；温江区相同学段实践方式架构清晰、实践得力、成效显著，较好地呈现出一种学区制模式的初步样态，样板可待；至于金堂县（简阳市）的学区督导模式，在创新区域学区制探索方面具有较为显性的制度变迁意义，模式待优。

第二，体现了区（市）县因地制宜、承续传统、锐意创新的探索精神。成都市各区（市）县的学区制探索都比较注意直面区域的地域特征、教育实情，并能借助于自身的教育改革经验，因地制宜探索创新。锦江区对于“优质教育链”思维的进一步探索，青羊区作为成都市教育改革实践样板的理论高度和践行力度，温江区在教师资源均衡配置方面积累的经验及大胆革新、积极进取精神，高新西区前瞻的视野和较为系统开阔的变革思维，金堂县（简阳市）现实“倒逼”和管理实践智慧等无不彰显出成都教育人善思、敢为、创新的探索精神。

第三，提供了可资改进优化的试点“样本”。成都目前学区制的探索尽管没有覆盖所有的区（市）县，但相对于西安的单一大学区模式、北京东城区的学区制探索，是具有全域指向的。所以，尽管目前成都市学区制实践方式所取得的经验、存在的问题以及困境都很突出，但这都是成都市学区制本土化探索的客观存在，是经验和问题并存的“样本”。这也表明，学区制改革一定是一个涉及若干重大问题的综合改革实践，借助目前的试点探索，总结经验，提升认识，一定能推进成都市乃至全国的学区制探索取得进一步的成绩。

二、学区制内涵和意义的再认识

国外学区制大多是历史进程中的产物。比如，已实施学区制两百余年的美国，其学区制大致可以分为两类：一类是基层学区，一类是中间学区，总体上都承担着管理学校的责任。所不同的是，基层学区并不是一级教育行政机构，不从属于一般行政系统，但它由州设置。比较大的基层学区由学区教育委员会和学区督学构成,主要负责对学区学校的管理。中间学区亦称县学区,是介于州与基层学区之间的教育行政管理单位。[①]也就是说,在具有教育行政职能的县学区的领导下,基层学区承担相关职能。总体来看,美国的学区制具有非常完备的组织架构、规章制度并被赋予了清晰明确的教育职权,具有独立的财政权、人事权和课程权。学区组织架构大致包括学区教育委员会、学区教育局、学区督学以及学校等。美国的学区是被州政府赋权的最基本的行政单位,它的学区教育委员会,具有如下职能:第一,征收地方教育经费并作出预算;第二,规划学区内教育发展,制定教育政策与计划;第三,监管地方中小学教育,裁决教育纠纷;第四,具有人事管理权,可甄选、聘用学区内学校教育人员;第五,对外宣传教育信息,使学区内居民了解学区教育状况。[②]日本的学区制总体效仿美国。

法国也实行学区制,但它实行的是大学区制。它同样是源于法国的历史传统存续下来的一种教育行政管理产物。总体来看,法国教育行政管理体制由中央、学区和地方三级构成。学区是在省的行政建制之上的单列教育职能机构。大学区直接受命于拥有绝对权威的国民教育部,具有相对较大和独立的教育管理权。与美国的学区类似,法国学区也拥有教育人事权、教育财政权、规定学区内的教学方法和对教育督导的权力等。

总的来说,国外具有典型代表性的学区制设计,几乎都是基于国家的行政体制和教育权力的分配方式,而且都被赋予清晰的教育职权。当然,这些都有一个不能忽略的重要背景,即它们都是基于美、法等国家自身实情,在历史进程中顺应教育事业管理的需求,逐渐演进生成的。

从我国实际情况来看,愈演愈烈的城市义务教育"择校热"是一个不可回避的事实,这源于中国优质教育资源稀缺且不均衡。在义务教育依据户籍所在地就近入学的制度安排下,尽管以程序公正保障了适龄儿童较为公正的受教育权,从而总体上防止因家庭的经济状况或社会地位差异而带来的教育

---

① 郭元捷:《国外学区制的启示》,《人民教育》2014 年 7 月。

② [美]戴维·T. 康利:《谁在管理我们的学校——变化中的角色和责任》,侯定凯译,华东师范大学出版社 2005 年版。

机会不公正待遇。但是,优质教育资源在各社区(学区)客观上的分布不均,使得我国的“单校划片”为主的就近入学制度又在一定程度上固化了教育不公平。所以,目前探索的“单校划片”加“多校划片”组合划片入学的方式尽管考虑了小学毕业生的多种选择,也意在淡化小学之间的差距,为小学“择校热”降温。但学生面临划片选择时依然存在困境,实际情况有待观察。如何破解择校热?如何满足学生在家门口就能上好学校?这些现实问题需要有新的改革思路来推进和破解。于是,也就有了近年来的学区制探索。可以说,我国的学区制改革总体上是国家顶层设计下的政策推动,试图以一种新的改革方式,破解“择校热”,因为学区制被赋予了解决县域内教育公平的重任。另外,从全面深化教育改革、推进教育管办评分离的角度来看,借助于学区制的探索,推进多元共治,实现体制机制创新也是重要的政策诉求。

问题在于,学区制是否可以解决上述问题?欧美学区制的成功,很重要的是先以教育资源相对公平的学区划分为前提的,在此基础上才是学区内的治理行为。由此,我们不妨以三个问句来回应上述问题。一问:我们试图以学区制的探索去快速实现学区教育资源的公平配置,这是否可行呢?二问:学区共治模式的探索,是否可以在一定程度上缓解不同学区间优质教育资源不均带来的社会舆论压力,增加老百姓的教育公平获得感?三问:借助这种探索,是否可以促使基层改革者重新思考、梳理并整合已有的教育改革实践智慧,找到解决县域内教育资源均衡配置的适切路径,推进教育管办评分离的制度创新,以共治促优教呢?

上述三个问题,其实代表着对于学区制探索政策的三种理解路径。第一个问题是学区制试点最大的难点,如能突破也将是最大的成果。后两个问题是目前推进学区制探索的意义所指和路径所在。

目前所要推进的学区制探索,不是去推倒现有的制度架构,邯郸学步,照搬欧美学区制的范型,而是要因地制宜,在梳理、整合、承续区域教育改革成果和遗产的基础上,推进既具区域特质又具有推广性的学区制探索。

站在怎样的高度来看待学区制探索关涉学区制工作推进的方式和工作机制。如果把学区制看作是众多改革创新方式中一种仅具工具性的制度创新,那么制度意义将十分有限。但是，如果把学区制的探索看作是一种基于认识论和方法论基础上的制度体系的创新，那么探索学区制的思路可能就存在本质的不同。“如果我们不能按照实现教育治理体系现代化的基本精神，探索区域教育行政改革的新路，结构不动、体制不变、机制难优、生态依旧，那么，不管眼前有多少‘招数’，都只能是权宜之计，难以从根本上解决问题。”①

因此，学区制既不应该仅仅止于成为一个过于松散的资源共享交流形式，更不应该是现有教育行政架构中的一级中间行政部门，而应该是一个由若干相互关联的制度组合而成的具有立体结构的相对稳定成熟的治理体系。这种治理体系也绝不应该等同或只有一种模式，而是呈现出因地制宜特质，继承了改革传统或遗产，又有多种创新模式，致力于缩小县域内入学方式转变，促进教育资源均衡配置的总体性的、新型的治理体系，是推进教育管办评分离的试验田和可能生成教育管办评分离新范型的重要突破口。

三、学区制推进方式的再思考

就前文所呈现的成都市学区制探索的实践方式来看，总体采取的是布置任务，框定原则，区（市）县自主探索，年度总结推动，渐进总结提炼，逐步清晰思路的工作方式。这种工作方式总体上体现出柔性政策推动下的自主探索思路。其优点在于考虑成都原有“大城市带动大农村”的多样化区域特点，以及成都（市）教育改革创新传统的区（市）县特质。另外，对于学区制的本土实践内涵尚未达成准确共识、清晰理解的背景下，基于区（市）县的前期基础，遴选试点区（市）县，鼓励多样化的区（市）县自主探索，有利于充分利用区域教育行政主体的创新精神和地方智慧创生学区制的地方模式。同时，在政策设计合理、相关配套措施得力的条件下，还有可能形成积极的竞争探索格局。

相对于这种工作思路，成都市教育改革发展之所以一直都能够为国家教

---

① 沙培宁：《从“学区化”走向“学区制”——北京东城区推进“学区制”综合治理改革，凸显“多元治理”理念》，《中小学管理》2014 年第 4 期。

育创新提供“样板”“模式”和“经验”,其实一直靠的都是谋定在前、高瞻远瞩、全域视野的统一推进思路。比如,为了实践城乡教育一体化和高水平的教育均衡化发展,城乡教育事业逐步向优质化、均衡化和现代化转变,创新提出并实践了“发展规划、教育经费、办学条件、师资配备、教育质量、评估标准”六个方面的统一标准、配置和管理的工作机制(简称“六个一体化”),在教育公平和教育均衡方面取得了实质性的成果,为成都市推进教育现代化奠定了坚实的基础。从这个角度来看,学区制的推进思路总体上与成都一直以来的改革工作方式并不一样。

那么,如何来看待这种变化?如何来评价成都学区制实践方式的合理性与科学性呢?正如在上文中所谈及的那样,这种政策引导下的学区制自主探索思路总体上是合理的。这是因为无论从国家层面的“试行学区制”还是教育部所要求的“积极试点”字眼,政策释放出来的“探索”味道很浓。在2015年的文件中,成都市教育局对于学区制推进的工作原则是这样描述的:“坚持以县为主、统筹规划、因地制宜、差异推进的原则,充分发挥学区内成员学校的办学积极性和创造力,鼓励探索多元‘学区制’模式,形成多样化的学区制试点样本,积极探索学区制的目的和性质、职能与架构、运行机制与保障机制、评价与激励机制等。”① 其中所反映出来的总体工作原则契合国家及教育部所倡导的实践探索、贡献地方智慧、生成地方模式的总要求。可以说,2015年的这份文件总体上确定了比较合理的推进思路。但是从前文所呈现的成都市学区制存在的问题及困境来看,尚需进一步优化成都市推进学区制探索的工作方式和运行机制。

第一,在市教育局层面,变柔性政策引导下的自主探索向指向更加清晰、阶段目标更加明确的统一推进方向转变。从2015年、2016年、2017年成都市教育局的相关政策文件和文献来看,成都市学区制推进方式固然有许多改变,已从最初的完全自主探索到区(市)县做“选择题或填空题”(即3+1的学

① 成都市教育局:《成都市教育局关于开展义务教育学区制改革试点工作的通知》(成教函〔2015〕19号)附件1:成都市义务教育学区制改革试点工作方案,2015年3月14日。

区模式）等相对明确的方式来推进；在指导区（市）县推进学区制试点的具体组织机构设置上，有了更加清晰的规定；在前两年的探索中，没有对试点区域成立一个专门的机构，无论是松散型的还是教育层级的机构，但是在制定2017年学区制意见时，建议各区（市）县成立一个这样的学区管理机构。但从成都市教育局层面来说，应该在学区制推进的总体工作方式和运行机制上进行统一规划，在诸如学区制内涵理解的深度交流和分享机制、学区制推进的多主体（特别是区（市）县）动力驱动机制、试点经验的总结凝练和完善优化机制、试点区（市）县学区推进工作的评估和奖励机制、学区制专项经费分担与保障机制等方面都应该有更加清晰的总体思考。同时，特别重要的是，由于学区制改革是全局性的，所以需要在市教育局层面建立一个学区制整体推进的多部门协同配合工作机制，并作出全局性的部署。从目前来看，协同推进不够顺畅，探索指向不甚清晰，阶段目标不够明确。

学区制是区域内实现教育高位均衡的有效路径和重要抓手，自身有着丰富的内涵和内容。在前期点、线层面实践探索取得突破进展后，应当站在构建现代教育治理体系的高度，进一步深化对学区制的理解，意识到学区制是一个系统工程，应从学区教育规划到学区日常管理，全方位系统建立起一套科学有效的管理制度、工作方式和运行机制。

第二，成都市“选择题＋填空题”式学区制探索方式需要进一步完善和优化。直对入学的确切中学区制改革的核心，但相同学段、教育主题学区等实践方式则与学区制的核心内涵并不十分契合。因为从上述分析和评价来看，相同学段尽管倡导就近原则，但极有可能抛开地域因素，进行学段内学校的重新划分。所以，即便在管理运行机制、组织架构、资源配置交流等方面做到极致，也不过是实现一种升级版的校级联盟和交流的思路。当然，从长远来看，学段内学校的品质的总体提升一定是解决教育均衡的思路，但基于相同学段进行的学区划分在短期内很难触及学区制促进教育均衡、缓解“择校热”、探索教育管办评分离的功能定位。而教育主题学区应依托某些教育主题来实现学区内学校的联动发展，或者借助于某些教育主题来引导学区资源配置、交流、课程开发共享的方向。因此，尽管高新西区学区确立了智慧学区的思路，但该区并未停滞于此，而是进一步在学区制治理模式和运行机制以及入学方式变化等方面进行探索。所以，选择题的推进思路一定要反复确认选择项的科学性。否则，会导致选择试点的区（市）县在实践上走偏。同时，对于填空题，也不能没有任何引领与指向。因为对于学区制的探索，不管其如何，一定是基于学区制内涵理解基础上的若干核心要素的组合排布。

四、实践创新“遗产”的再提醒

在（区县）教育局层面，如何思考学区制探索和其他改革创新，比如名校集团、跨区域联盟、圈层融合、县管校用、教师交流等的关系？从对于已有创新实践和正在探索的学区制的情况来看，反映出来的问题各异。这其实是一个非常重要的问题。它涉及改革者对于区域内诸多改革创新方式纵横交错的“内核觉知”以及区域实践创新遗产的“关联理解”。成都教育进行了多种类型、多种形态的创新改革。举例来说，对于成都教育来讲，中小学标准化建设和提升工程可以说是成都市统筹城乡教育改革的原点和基础，是成都市教育均衡走向高位优质的发力点。尽管现在对于各区（市）县来说，这一曾经的改革创新已经固化为成都市的教育改革成果，但是，标化建设和提升工程的政策边界和内涵与目前成都市统筹城乡教育综合改革试验区第二个阶段的实践方式存在着密切的关联。我们可以创新发展优质均衡的改革内涵，但一定不能抛开标准化建设和提升工程的实践创新遗产而孤立论之。再如，对于2016年交由成都市代管的简阳市来讲，迎头赶上其他区（市）县的教育发展水平，中小学标准化建设和提升工程既是规定动作，但也绝不能按部就班。对于简阳市的教育行政管理者来说，推进中小学标准化建设工程，需要在新的时代背景下结合区域实情创新发展，注意到区域实践创新遗产的“关联理解”。

还有，对于名校集团而言，是成都市在特定的历史时期，为了缓解群众对于优质教育资源的旺盛需求以及优质教育资源总量不够的矛盾而做的一项创新制度安排。在目前成都市教育变革版图中，名校集团制度总体上经历了由最初的外延式规模数量扩张到目前的内涵发展，制度总体定型，对于缓解上述矛盾效果显著。名校集团发展模式覆盖成都市所有区（市）县。在此背景下，各区（市）县在理解该项制度创新时，也就一定需要把握该项政策的边界和内核，要在“觉知政策内核”和创新遗产的“关联理解”中把握不同改革创新间的边界和借鉴、移植的可能和限度，这是区（市）县形成自我创新特质和风格的前提和基础。

五、学区制探索困境的再审视

在学区制的探索实践中，会遇到很多困难。这些困难往往来源于既存制度的掣肘。这种制度掣肘或制约有可能在推进实践中时时触及，也有可能被实践推进者理性觉知。陶西平先生在谈及试行学区制管理存在难点时，总结了三个方面：第一，学区划分难以均衡；第二，学区职能难以界定；第三，学区管理难以开放。①

（一）学区划分难以均衡的问题

在区（市）县的学区划分这一问题上，优质教育资源由于历史原因在空间分布上存在着天然的不均衡，这是几乎所有地区在学区制探索时都要面临的一个非常重要的客观事实。当采取集中划片，这一客观现实和义务教育就近入学制度结合在一起时，程序的公正即刻演变为结果的不公。不集中划片，又有违就近入学初衷，导致行政区划和学区交叉甚至错位，这可以说是最为基础的制约因素。同时，学区划分难还在于学区学校所属各不相同，办学性质也存在多种类型，学校经费来源不同，人事权也不统一。最后，学区划分还要考虑城市发展进程、人口变化趋势、城市规划、资源分配等问题。对于正在试行学区制的区（市）县而言，在划分学区时，除考虑上述原因及影响因素之外，首先须对既存的制度进行详细、认真的考虑和分析。“在学区的划分过程中，应对学区内各学校发展的历史、现状与发展愿景有一个清醒的认识，以地域相近为基础，均衡分配为原则，充分考虑城市的规划设计、人口布局、资源分配等因素，广泛征集学区内不同学校的主办方和管辖单位的意见，协调处理好学区内

① 陶西平：《对试行学区制的几点看法》，《中小学管理》2014 年第 3 期。

社区单位与学校以及学校之间的关系,科学合理地划分学区。"①在难以做到均衡时,对于较为薄弱的学区,要充分使用政策手段,以补偿性政策思维,进行适当的政策倾斜,优化资源配置,渐进缩小学区差距。同时,利用学区所构建起来的治理平台,以共治疏导不满,勾画学区远景,平衡公众心态。总的来说,均衡划分学区是学区制探索中既是难点又是核心的"硬骨头",结合上述三点思路,才有助于找寻到破解学区划分难以均衡的问题。

(二)学区职能难以界定的问题

从欧美国家成熟的学区制经验来看,学区职能的界定本不该成为一个难题。但要将学区职能嵌入我国现行的教育管理制度框架中,就会成为一个很难处理的问题。另外,学区制度建设涉及教研、督导、人事等不同部门,另行构建学区制上述机构及职能,必然带来机构重叠设置的风险。概言之,学区职能的困境在于既要考虑组织效能的发挥,又要考虑现行教育行政管理体制的大背景。如何确定既不违背我国现行制度架构基本精神,适应编制只减不增、机构精简扁平化的政策要求,又能发挥组织机构的高效职能,有效解决或部分解决"择校热",促进教育优质均衡,注定不是一件简单的事情。目前可以明确的是,一定不能将学区定位为一个新的行政管理层级。但是基于组织效能有效发挥的原则,可以将学区管理机构定位为一个责权相对统一的"共治"非"管制"机构。至于这个机构需不需要有独立的人事权、财权、课程权,以及是否为独立法人,还有待理论探讨和实践验证。

(三)学区管理难以开放的问题

在理论探讨方面,共治思维已有共识,但在实践中,学区管理如何开放,吸纳社会各级平等参与,却并非易事。依据周雪光教授对于中国治理困境的观察和一统体制的制度逻辑来分析,则体现为:"中央政府权威需要以严密有效的组织制度和观念制度维护之,体现在权力、资源的向上集中,并通过中央政府政策指令在日常工作中的贯彻落实而延续和强化之。但从组织有效治理的

① 彭波、邹蓉:《学区制改革困惑与厘清——基于义务教育优质均衡的视角》,《当代教育论坛》2016年第6期。

逻辑来说，权力、资源和治理能力应该放在有效信息的层面上，即加强基层政府的能力。而这一思路与一统体制的基本原则相悖，由此产生了两者间的紧张和冲突。”[①]这种观点可以解释教育的管、办、评权力为什么难以分离。目前北京市东城区、海淀区，西安市等在学区管理机构组建方面，积累了一些经验。比如，北京市东城区在教委层面设有学区领导推动小组，在各学区成立学区工作委员会。委员会主任由教委处级领导担任，常务副主任由学区轮值主席、牵头学校的校长担任，负责统筹协调本学区制度体系建设及各项综合改革任务的推进；成员由学区内的学校校长、责任督学、教育直属部门人员、学区所在街道社区干部、属地派出所、驻区单位代表、家长代表、学生代表，以及人大代表、政协委员共同组成。学区工作委员会实行由区教委领导，学区、社区、家庭等多主体参与，共治、共建、共享的治理结构。[②]上述机构设计，理念总体科学，但要落地有效运作，实现真正的学区开放管理还有待观察。因此，在构建学区制的共治平台时，不能简单地想象将政府、利益相关群体、社会各界坐在一起开个会就可以形成治理结构了。而是真正需要广纳利益关联群体进入以后，逐步建立健全学区（工作）委员会相应的运行机制以及诉求表达机制、信息获取机制、利益凝聚机制、施加压力机制、利益协商机制和调节与仲裁机制[③]，真正开放利益关联群体的多元、多向、扁平化的民主参与通道，从而达致共治、共建、共享。

---

① 周雪光：《中国国家治理的一个深刻矛盾》，生活·读书·新知三联书店2017年版。

② 沙培宁：《从“学区化”走向“学区制”——北京东城区推进“学区制”综合治理改革，凸显“多元治理”理念》，《中小学管理》2014年第4期。

③ 晋军等：《以利益表达制度化实现社会的长治久安》，2010年4月20日，见 http://wen.org.cn/modules/article/view.article.php/1963。

主要参考文献

一、中文著作

1. 成都教育年度发展报告编写组编:《成都教育发展年度报告(2013)》,高等教育出版社 2013 年版。

2. 成都市政府教育督导办公室、成都市教科院编著:《成都市教育现代化发展水平监测年度报告》(2012 卷)、(2013 卷)、(2014 卷)、(2015 卷)、(2016 卷),科学出版社 2012 年版、2013 年版、2014 年版、2015 年版、2016 年版、2017 年版。

3. 成都市统计局编:《成都统计年鉴(2004)》,中国统计出版社 2004 年版。

4. 何东昌主编:《中国农村教育综合改革的伟大实践——农村教育综合改革案例选编》,教育科学出版社 1993 年版。

5. 国家教育行政学院编著:《国家教育体制改革试点阶段性研究报告(基础教育卷)》,教育科学出版社 2014 年版。

6. 潘治宏、贾存斗编著:《全面深化改革样本　地方改革创新实践案例研究(2017)》,中国经济出版社 2017 年版。

7. 杨东平、刘胡权主编:《激流勇进:地方教育制度变革的理论和实践——中国地方教育制度创新研究(2008—2012)》,北京理工大学出版社 2014 年版。

8. 俞可平主编:《中国地方政府创新案例研究报告》,北京大学出版社 2010 年版。

9. 张人杰主编:《国外教育社会学基本文选》,华东师范大学出版社 1989 年版。

二、译著

1.[美]戴维·T. 康利:《谁在管理我们的学校:变化中的角色和责任》,侯定凯译,华东师范大学出版社 2005 年版。

2. [美]科瓦尔斯基:《教育管理案例研究》,邱超译,中国人民大学出版社 2013 年版。

3. [美]莫塞斯:《教育管理的案例研究》,刘莉萍等译,教育科学出版社 2010 年版。

4. [美]托尼·瓦格纳、泰德·丁特史密斯:《为孩子重塑教育:更有可能成功的路》,魏薇译,浙江教育出版社 2017 年版。

三、论文

1.褚宏启:《城乡教育一体化:体系重构与制度创新——中国教育二元结构及其破解》,《教育研究》2009 年第 11 期。

2. 褚宏启:《教育治理:以共治求善治》,《教育研究》2014 年第 10 期。

3. 戴晖:《以名校集团发展扩大优质教育资源的区域探索》,《上海教育科研》2018 年第 2 期。

4. 郭元捷:《国外学区制的启示》,《人民教育》2014 年第 7 期。

5. 柯玲、谭梅:《成都城乡教育统筹发展的路径选择》,《教育与教学研究》2011 年第 9 期。

6. 赖培根:《循证决策和精准督导:成都教育现代化的关键路径》,《人民教育》2015 年第 16 期。

7. 李江源:《判断名校集团"真"或"假"的几个标准——以成都市名校集团为例》,《教育理论与实践》2016 年第 16 期。

8. 李伟涛:《教育现代化监测评价研究——一个制度分析的框架》,《教育发展研究》2015 年第 1 期。

9. 梁永丰:《农村基础教育实行分级办学、分级管理体制的理性思考》,《现代教育论丛》1998 年第 6 期。

10. 罗哲:《城乡教育一体化发展路在何方——对"成都模式"的分析》,《人民教育》2013 年第 7 期。

11. 彭波、邹蓉:《学区制改革困惑与厘清——基于义务教育优质均衡的视角》,

《当代教育论坛》2016 年第 6 期。

12. 沙培宁:《从学区化走向学区制——北京东城区推进“学区制”综合治理改革凸显“多元治理”理念》,《中小学管理》2014 年第 4 期。

13. 陶西平:《对试行学区制的几点看法》,《中小学管理》2014 年第 3 期。

14. 王定华:《关于我国农村义务教育学校布局调整的调查与思考》,《华中师范大学学报(人文社会科学版)》2012 年第 6 期。

15. 杨明:《教育治理现代化呼唤第三方评价》,《教育发展研究》2016 年第 6 期。

16. 俞可平:《推进国家治理体系和治理能力现代化》,《前线》2014 年第 1 期。

17. 袁桂林:《新机制　新希望　新问题——农村义务教育财政政策回顾与展望》,《人民教育》2006 年第 10 期。

18. 尤承建、周鸿:《论教育标准化与义务教育均衡发展》,《河北师范大学学报(教育科学版)》2009 年第 1 期。

19. 袁新文、王明峰:《成都率先实现城乡教育均衡发展——家门口就能上好学校》,《人民日报》2013 年 9 月 17 日。

20. 张新平、张冉:《义务教育学校标准化建设: 现况、问题与理路选择》,《教育发展研究》2018 年第 5 期。

21. 张烨:《教育政策分析的制度伦理视角》,《清华大学教育研究》2005 年第 1 期。

22. 张烨:《公办学校“两自一包”改革的制度创新——基于川大附中西区学校创新案例的反思与前瞻》,《中国教育学刊》2018 年第 2 期。

23. 周雪光:《多重逻辑下的制度变迁》,《中国社会科学》2010 年第 4 期。

24. 张传萍:《义务教育资源配置标准研究》,博士学位论文,华中科技大学教育科学研究院, 2012 年。

25. 崔亚超:《关于义务教育学校教师流动问题的研究》,硕士学位论文,首都师范大学教育学院, 2013 年。

26. 蒋姗:《成都市统筹城乡教师资源均衡配置案例研究》,硕士学位论文,电子科技大学公共管理学院, 2015 年。

四、报刊文章

1. 葛红林:《消除薄弱均衡发展——成都市促进城乡义务教育均衡发展的探索与实践》,《成都日报》2008 年 4 月 24 日。

2. 刘磊:“区管校用”促城乡教师流动——记成都市温江区教师人事体制新模式改革,《中国教育报》2011 年 8 月 26 日。

3. 倪秀:《一所公办学校“松绑”之后》,《中国教育报》2016 年 3 月 29 日。

4. 秦建平、张惠:《成都:推进教育现代化建设重数据重定量重实证》,《中国教育报》2015 年 3 月 16 日。

5. 汪明:《给公办学校松绑要解几根绳子》,《中国教育报》2016 年 3 月 29 日。

五、政策文件

1.《成都市建设统筹城乡教育综合改革试验区实施方案》(成委办〔2009〕34 号),2009 年 9 月 11 日,见 http://www.cdedu.gov.cn/topics/balance/show.aspx?id=29518。

2.《成都市教育局关于深化教育领域综合改革的实施意见(2014—2020 年)》(成教发〔2014〕7 号),2014 年 6 月 18 日,见 http://www.cdedu.gov.cn/topics/jyzhgg/show.aspx?id=46200。

3.《成都市人民政府关于统筹推进城乡义务教育一体化促进全域优质均衡发展的实施意见》(成府发〔2017〕28 号),2018 年 1 月 5 日,见 http://gk.chengdu.gov.cn/govInfoPub/detail.action?id=96055&tn=6。

4.《成都市农村中小学标准化建设标准(试行)》(成教〔2004〕25 号),2014 年 6 月 8 日,见 http://www.cdedu.gov.cn/news/Show.aspx?id=4895。

5.《成都市城乡中小学标准化建设提升工程实施方案》(成办发〔2012〕2 号),2012 年 1 月 21 日,见 http://www.cdedu.gov.cn/news/Show.aspx?id=36343。

6.《成都市教育局关于推进教师“县管校用”工作的意见》(成教发〔2012〕12 号),2012 年 10 月 19 日,见 http://www.cdedu.gov.cn/news/Show.aspx?id=36504。

7.《成都市人民政府办公厅关于进一步优化配置全市中小学校教师资源的指导意见》(成办发〔2014〕58 号),2014 年 12 月 20 日,见 http://www.cdedu.gov.cn/zhengce/

show.aspx?id=47235。

8.《成都市教育局关于进一步提升名校集团发展水平的意见》(成教发〔2016〕1号),2016年7月5日,见 http://www.cdedu.gov.cn/zhengce/Show.aspx?id=56403。

9.《关于推进教育管办评分离　促进政府职能转变的指导意见》(川教改〔2015〕2号),2015年6月3日,见 http://www.ceiea.com/html/201506/201506031107124520.shtml。

10.《关于推广武侯区"两自一包"改革经验的通知》(成教办〔2016〕5号),2016年9月14日,见 http://www.cdedu.gov.cn/zhengce/Show.aspx?id=57245。

11.《成都市教育局关于锦江区等11个区(市)县开展学区制改革试点工作的通知》(成教函〔2015〕51号),2015年6月8日,见 http://www.cdedu.gov.cn/edutopics/ManagingEducation/show.aspx?id=49819。

12.《成都市义务教育阶段学区制建设指导意见》(成教办〔2017〕2号),2017年2月4日,见 http://www.cdedu.gov.cn/zhengce/Show.aspx?id=58393。

后　记

近十余年来，成都市教育改革与创新一直走在全国前列，先后成为全国首个部、省、市共建的统筹城乡教育改革试验区，全国推进义务教育均衡发展先进地区，“探索城乡教育一体化发展有效途径”国家教育体制改革试点地区，全国首个整体实现县域义务教育均衡发展的副省级城市等。与此同时，作为成都市统筹城乡教育综合改革试验区重要改革成果的“六个一体化”推进方式和全域共进的“市域统筹”发展机制，也正在持续助推“优教成都”“留学成都”、办好人民满意教育目标的实现。

回顾十余年来成都市教育改革的进程，其改革步伐是坚定、清晰、有力和连贯的。应和着成都改革的时代节律，成都教育以非凡的勇气和大胆创新的改革精神，取得了一系列丰硕的成就。“成都教育”已然成为成都一张亮丽的名片，在全国各兄弟省市以及国家层面积累了良好的声誉和广泛的影响。作为始终关注成都市教育改革发展并与其共同进步的成都教育人，我们迫切希望记录下成都教育这一路走来的足迹，让成都市教育改革中那些弥足珍贵的实践智慧、改革勇气和教育情怀能以一种系统、完整、鲜活、生动、耐人寻味的方式永久地保留下来。而案例研究，无疑是最为恰当的方式。

教育改革创新案例是区域情境下教育实践方式、实践策略和实践智慧的集中体现。在对案例的始末、成效及价值的反思中，区域教育改革的历史得以留存。研究成都市教育改革创新案例，对于记录成都市教育改革创新的足迹、生动反映成都市教育改革创新的历程和轨迹、真实触摸成都市教育改革创新的历史记忆和鲜活经验大有裨益。同时，借助汇聚成都市教育改革创新案例的契机，再一次审视成都教育的变革过程，进一步深入挖掘成都教育的实践智慧和改革创新的理论意义，对于逐步实现成都市教育实践探索和理论创新上的双重引领具有重要意义。可以说，研究成都市教育改革创新案例的过程本身，也将推动成都市教育改革创新主体的又一次“集体反思”，并将其实质性成果汇集到当下乃至今后成都教育改革创新实践中去，进一步丰富成都市教育改革创新模式的内涵。换句话说，开展成都市教育创新改革案例研究，既是凝练成都市教育改革理论原创的基点，也是推动成都市教育改革实践的新起点，还是区域实践智慧对外拓展，推动其他地区以及国家层面更好地了解成都教育、理解成都教育，获得借鉴、启示和更多制度创新的重要源泉。

基于上述考虑，聚焦党的十八大以来创生的案例，以及十八大以来得到深化、仍在持续发挥作用、产生积极影响的案例，2016 年初，在成都市教育局的大力支持下，以成都市教育局综合改革处为主要推动力量，整合教育理论研究者、地方教育决策者、基层教育行动者等多方人员，组成了“成都市教育综合改革案例研究”课题组。在随后两年的时间里，围绕甄选的案例主题，课题组大量走访成都区（市）县教育基层单位，广泛深入研读相关政策文件资料，与改革亲历者、相关者、见证者、受益者等深入座谈、访谈，开展研究，最终形成了这一研究成果。

在整个研究过程中，课题组始终秉持三个基本原则。

第一，案例甄选遵循创新性、典型性和代表性原则。案例研究，首要的工作是选好案例。案例要能够充分体现成都市教育创新改革的发展历程、地方气质、引领精神，成为课题组甄选案例的基础共识。对于首批入选的六个案例，我们既考虑了单个案例的创新价值和典型性代表性，而且也充分考虑了这六个案例对于成都市教育创新整体风貌的综合呈现程度。

成都市中小学校标准化建设案例代表着成都市教育综合改革的原点和起点，是成都市在 15 年前，以非凡的勇气和远见卓识开启的第一项改革行动，对于成都教育具有深远的意义和影响，是成都教育的标识性改革。它不仅为今天的成都市城乡教育均衡发展打下了坚实基础，而且跨越近十年的两期标准化建设工程传递着清晰的改革逻辑和成都教育“DNA”。回望这次教育改革，不仅能真实触摸到成都这方教育热土的改革勇气和创新智慧，理解成都教育改革一路走来的改革初心，而且对于当前的全国义务教育学校标准化建设依然具有重要的启示意义。

成都市教师"县管校聘"体制改革，从探索的时间节点、探索方式的典型性、所取得成果的意义和价值来说，可以看作是我国教师"县管校聘"的重要制度源头之一。所以，在成都市教育创新改革的案例研究中，教师"县管校聘"体制改革一定是不能绕过的重要案例。为更好地解决目前教师"县管校聘"体制改革在全国推进中面临的问题，回顾这一制度的区域创新源头，厘清教师"县管校聘"的制度功能和制度边界，意义重大。同时，从制度创生方式的角度看，这一基于县域与市域层面双向互动的教师资源配置制度创新，也是研究我国教育制度变迁的一个典型范例。

成都市名校集团发展案例同样具有创新性、典型性和代表性。尽管这一促进优质教育资源均衡覆盖的创新思维并非成都独创，在大致同一时期全国其他地方已有一定探索，但是成都的名校集团发展却走出了独具特色的新路径。无论是成都创生名校集团的背景、探索发展历程，还是其发展方式、运行机制等，都彰显着成都本土的创新。也正是从这种意义上，我们认为，名校集团这一推进区域教育均衡发展的阶段性制度设计与安排，在一定程度上超越了其原初的制度意义，并深深地打上了成都烙印。

至于近几年让全国侧目，在新建公办学校内部治理方面结出丰硕成果的成都市武侯区"两自一包"制度创新案例，集中反映了成都当前教育制度环境的蓬勃创新能力。这一外显为一所普通新建公办学校的制度创新，内聚着基层区县多方行动者的协同努力及实践智慧。它既是教育管办评分离"大势所趋"和综合改革"困境倒逼"的结果，更是成都教育人迎难而上、锐意改革的主动而为。"两自一包"目前在成都的全面推开，特别是在传统公立学校的渐进探索试验，将赋予这一改革创新更大的制度意义。

课题组还选择了教育均衡监测体系建设案例。对于成都市城乡教育一体化而言，教育均衡监测体系是助推其快速发展的有力手段，功不可没。从全国乃至世界总体趋势来看，基于标准广泛开展教育质量监测，促进教育公平，提高教育质量，加强立法保障，已成为国际组织和许多国家教育政策的共同举措。成都基于校际、县域和城乡三大维度的教育均衡监测体系建设,其历程绝非一蹴而就,目前仍有待完善,但就案例所涉及的主题而言,意义重大。该案例将会从如何在区域教育综合改革中处理好"技术—教育"的双维共进,有效嵌入(卡尔·波兰尼,1944)"均衡监测"的技术治理角度丰富成都市教育改革创新模式的内涵。

本书还特别选择了学区制探索案例。对于这一案例的选择,课题组有特别的考虑。正如在该案例的引言中讲到的,"成都市和全国众多兄弟省市一样,在探索推进学区制的过程中也遭遇到了不少问题,面临困境。我们将这一个对于成都而言并不成熟,且正在进行中的'学区制'探索实践以案例的形式呈现出来。其目的并不在于呈现地方改革的成功经验和具有区域意义的典范实践模式,而意在系统诊断及理论反思的基础上'回头看'并'望未来',为成都'学区制'改革的进一步深入推进乃至全国'学区制'实践探索提供案例启示"。我们希望通过该案例研究能对当前国家层面的重大教育问题进行积极回应,并借此丰富案例研究的内涵。

可以说,课题组所甄选的这六个案例在一定程度上能够反映成都市教育综合改革过去的经验、现在的创新以及面向未来的探索。案例选择体现了创新性、典型性和代表性。同时需要说明的是,这六个案例不是成都市教育创新改革的全部,只是限于篇幅,优先呈现而已。

第二,始终坚持案例呈现的真实性、鲜活性、丰富性。在历时两年的研究中,课题组对于每个案例都力求做到无限地去接近真实。保证案例的真实呈现,这应该是案例研究的底线要求。但是从研究的角度而言,完全的真实又是非常困难的。有的案例时间已经较为久远,找寻当年的数据、资料颇费了一番功夫。有的案例需要追根溯源,寻求最初的改革原点,而政策亲历者、当事人却并不容易取得联系。即便是一些参与了当年改革的人员,也不一定能够清晰地回忆起当时的真实改革情境和具体细节,其感受和评价也有可能今非昔比。对于当下的教育改革案例,要做到真实呈现也不容易,由于地方利益和组织利益,有些资料掺杂着一些不实信息也在所难免。所以,基于真实的案例呈现原则,我们尽可能多方走访,比对资料,做到印证求真。

而案例呈现的鲜活性和丰富性,可以说是案例可读性的重要基础。因此,课题组力求在区域教育的多样态、基层制度创新模式的丰富性以及案例内在变迁轨迹的动态性上体现这一特点。换句话说,我们在案例的呈现和分析中,力图从纵向历史发展脉络和横向多区(市)县的多模式特点来立体呈现这种丰富性。另外需要说明的是,对于课题组获得的大量的访谈资料,由于多种原因,本书并没有予以直接呈现,而是内隐于本书的字里行间。所以,我们最初设想的要使案例研究“有骨头有肉”的目标可能并未完全实现。于读者而言,这种“骨头上的肉”,尚需凭个人兴趣去仔细咀嚼了。

第三,努力做到深度分析、耐人寻味。课题组希望本书既有对过往经验的总结提炼,也有对实践创新困境的思考,更有对进一步革新的探索和前瞻。在这方面,我们下了很大的功夫。在我们目力所及的许多案例研究成果中,对改革案例的实际做法的介绍一般较有条理,而反思和启示似乎存在不足。我们开展这项研究的重要初衷,在于实现我们在前面所讲到的成都教育人的“集体反思”。所以,在每个案例收集资料、调研的基础上,我们始终在叩问案例的意义和价值。我们无意于去拔高“成都经验”,只希望通过深度分析和总结提炼,让“成都经验”自然流露并让人信服。而实现这一目标很重要的基础在于对案例发生情境概要而充分的呈现。所以,我们力图通过对每个案例背景概要而充分地分析,去支撑起读者对改革情境的理解,从而去深入认识“彼时彼地”制度创新最难能可贵的价值和意义。同时,我们也希望案例能架起地方区域情境和全国普遍问题的桥梁,更好地分析和呈现全国教育改革中存在的普遍性问题、困境和解决方略。所以,我们努力将案例“生长”背后的制度基础勾描出来,从而使读者理解制度基础对于教育改革政策效力的深度影响。这一点在教师“县管校聘”案例、名校集团发展案例、学区制探索案例以及“两自一包”案例中有较为突出的表现。总而言之,我们力求在本书中追求案例研究的类型代表性(王宁,2007),做超越个案的概括(费孝通,1996)。尽管这一预期的目标在现有的文字中不一定充分体现,但是这种努力一直贯穿于我们的课题研究过程之中。

本书由四川师范大学张烨、成都市教育局戴晖著,其他参与写作人员包括成都市教育局蒋姗,成都大学范晓梅、刘晓、龚华云,四川省广播电视大学欧阳小明,四川师范大学丁晓、宋君君、杨枫淼、杨静怡。感谢为案例调研、资料收集、组织协调付出巨大精力的成都市教育局杨忠斌、蒋姗、缪凯等同志。感谢成都市教育局给予本课题研究的大力支持。感谢配合案例调研、为案例提供丰富素材和基层经验的成都市武侯区、青羊区、温江区、成华区、锦江区、双流区、高新区、金堂县、简阳市、大邑县、邛崃市等区(市)县教育局、相关学校及相关同志的大力支持。也要感谢为本课题研究提供精神支持和智慧滋养的国家教育发展研究中心成都教育改革基地的所有同仁。

特别感谢教育部长江学者特聘教授、南京师范大学博士生导师程天君教授拨冗为本书撰写序言。

感谢中国教育学会秘书处杨银付秘书长对本课题的关心和支持。

感谢人民出版社对于本书出版的支持,感谢责任编辑姚伟涛在文稿修改、校对过程中的辛勤付出。

我们深知,相对于成都这片教育热土所孕育的教育改革创新的丰富性,我们呈现在大家面前的这本研究成果可能还不够丰满,也一定存在诸多不足。恳请广大读者朋友们不吝批评!

张烨　戴晖

2019 年 5 月 2 日